머슬

On Muscle

우리는 왜 우리의 몸을 사랑해야 하는가

머슬
On Muscle

보니 추이 지음 | 정미진 옮김

흐름출판

이 책은 '근육muscle'이라는 키워드를 통해 인간의 잠재력, 사랑, 능력을 비롯한 모든 에너지의 원천을 파고든다. 그러면서 '힘'의 기원까지 거슬러 올라간다.

당신은 진정한 힘이 무엇인지 아는가.

이 질문이 무척 신선하게 다가온다. 힘은 나를 바꾸고, 너를 바꾸고, 세상을 바꾸는 에너지가 될 수 있다. 힘을 잘못 쓰면 내가 망가지고, 타인을 아프게 하고, 세상에 폐를 끼치게 된다. 나는 이 책을 통해 '힘을 제대로 쓰는 법, 힘을 잘 기르는 법, 나아가 근육의 힘, 마음의 힘, 삶의 힘을 제대로 기르는 법'을 배우게 되었다.

또한 근육은 단순히 힘만을 상징하는 것이 아니라 삶의 복잡한 문제를 부드럽게 다루는 정신의 유연성과도 연관된다. 우울한 감정으로부터 자신을 구할 수 있는 강인함, 인생의 난제를 풀기 위해 온갖 장애물을 극복해내는 힘도 근육의 활력으로부터 시작된다.

저자는 '남성의 힘'으로 상징되던 근육의 이미지로부터 벗어나, 남녀노소 모든 사람의 몸에 깃든 살아 있는 에너지의 언어로서의 근육을 탐구한다. 근육은 단순히 몸을 움직이게 하는 기계적 장치가 아니라, 우리의 삶을 지탱하고 감정을 표현하며 존재를 드러내는 가장 아름다운 형태의 언어다. 특히 여성의 몸에서 근육은 오랫동안 은폐되고 억눌렸던 활력의 상징이기도 하다.

근육의 활기찬 움직임을 통해 우리는 새롭게 존재하는 법을 깨닫는다. 더 이상 '타인에게 보여주기 위한 몸'이 아니라 '내가 살아가기 위한 몸'으로 존재하는 법을, 나는 이 책을 통해 배운다. 그 순간 우리의 몸은 하나의 살아 있는 증명서가 된다. 우리는 이 몸으로 걷고, 뛰고, 일어서며, 우리 자신을 제한하던 모든 틀을 깨뜨린다.

나는 이 책을 통해 '내가 그동안 얼마나 움직임에, 몸에 그리고 나 자신의 힘에 대해 무관심했는지'를 깨닫는다. 그리고 몸의 기쁨이 마음의 기쁨으로 연결되는 통로, 그것이 바로 근육임을 깨닫는다. 당신이 이 책을 통해 몸의 소중함을, 근육의 잠재력을, 나아가 삶 자체의 기쁨으로 변신하는 '움직임'의 아름다움을 흠뻑 느낄 수 있기를 소망한다.

    — 정여울,《데미안 프로젝트》,《나를 돌보지 않는 나에게》 저자

보니 추이는 놀라운 일을 해냈다. 이 책에서 그녀는 과학 글쓰기와 회고록, 에세이를 융합해낸다. 그녀는 힘과 유연성의 진정한 의미, 우리가 누구인지를 정의하는 능력 그리고 육체적 능력에 관한 이야기에서 소외된 사람들에게 근육이 어떠한 의미가 있는지를 다룬 유일무이한 책을 집필했다. 이 책은 우리를 움직이게 만드는 인체 조직인 근육을 향한 진정으로 감동적인 송가다.

    — 에드 용,《이토록 굉장한 세계》 저자, 퓰리처상 수상 작가

5

보니 추이의 글에는 특유의 우아함과 따뜻함이 흐른다. 이 책은 근육에 대해 말하고 있지만, 그보다 더 중요한 것은 움직임과 기쁨 그리고 그들이 서로 어우러지는 아름답고 놀라운 방식에 대한 이야기라는 점이다. 문학적인 동시에 매우 내밀한 개인사가 담긴 이 책은 철저한 연구를 바탕으로 쓰였으며 강력한 영감을 선사한다. 책을 읽는 동안 나는 달리기, 점프, 자전거 타기를 하고 싶어졌다. 만약 책 읽기를 멈출 수 있었다면 분명 그중 하나를 하고야 말았을 것이다.

— 메리 로치, 《인체 재활용》 저자

보니 추이는 과학, 사회학 그리고 개인적인 경험을 조화롭게 엮어 우리가 잘 안다고 생각하지만 실제로는 제대로 이해하지 못하고 있는 주제에 대해 흥미로운 이야기를 만들어낸 진정으로 뛰어난 이야기꾼이다. 이 책은, 신체적 힘이 단순히 우리 몸을 움직이게 만들 뿐만 아니라 삶의 다른 측면에도 영향을 미친다는 점을 보여준다는 점에서 천재적이다. 우리는 이 책을 통해 상상 이상으로 자신과 세상에 대해 더 많은 것을 배우게 될 것이다.

— 크리스토퍼 맥두걸, 《본 투 런》 저자, 전직 AP 통신 종군기자

보니 추이는 우리 인체의 음유시인이다. 근육은 기억이자 의미이며 마법이다. 이 책을 읽고 난 뒤, 나는 모든 면에서 더 강해졌다.
— 페기 오렌스테인,《아무도 대답해주지 않는 질문들》 저자

보니 추이의 아름답고 흥미로운 스토리텔링은 몸과 마음에 대한 새로운 이해를 선사했다. 동시에 이 세상을 이루는 한 부분으로서 나의 위치를 더 깊이 이해하도록 이끌었다.
— 데스 린든,《달릴 결심(Choosing To Run)》의 저자

문장은 아름답고, 구성은 정교하다. 이 책은 우리가 기대하는 곳으로 이끌어줄 뿐만 아니라 예상치 못한 곳으로도 안내해준다. 책에는 보디빌더와 바벨도 등장하지만 저자는 힘의 의미, 뇌와 근육의 상호작용 그리고 우리 인생에서 움직임이 갖는 중요성에 보다 더 많은 관심을 기울인다. 이 책을 한마디로 말하자면 '살아 있음'에 관한 책이다.
— 프랭크 브루니,《상실의 기쁨》 저자

수영 선수이자 서퍼인 보니 추이는 이 책에서 근육을 바라보는 통합적인 관점을 제시한다. 그녀는 근육이 단순히 힘의 역할을 하는 것을 넘어 우리 존재 전체를 움직이는 방식을 탐구한다.
— 〈뉴욕 타임스〉

의심할 여지없이 흥미로운 주제이자 '우리 삶의 생동하는 엔진'인 근육에 대해 이해하기 쉽고 신뢰할 만한 재미있는 탐구를 담았다.

— 〈커커스 리뷰〉

우리는 근육이 우리를 움직이게 한다는 것을 알고 있다. 하지만 보니 추이에 따르면, 그것은 우리가 상상도 하지 못했던 방식으로 이루어진다.

— 〈옵저버 매거진〉

강인함의 철학과 문학적인 예술이 담긴 작품.

— 〈샌프란시스코 크로니클〉

근육의 비밀을 밝혀내기 위한 탐구 결과, 그녀는 근육이 건강과 장수 그리고 무엇보다도 우리 생에 기쁨을 선사할 수 있다는 사실을 발견해냈다.

— 〈인디펜던트〉

우리 인체를 둘러싼 문화의 새로운 균형을 찾아가는 길 중 하나인 '근육적 지성주의'가 담긴 책.

— 〈월스트리트 저널〉

보니 추이는 과학적 사실과 회고록, 스토리텔링을 결합해 '근육은 우리로 하여금 힘든 일을 우아하게 이겨낼 수 있게 해주는 존재'라는 깊이 있는 성찰을 펼쳐낸다. 멋진 날 타는 자전거처럼 그 내용이 너무나 아름다워 페이지를 덮는 것이 아쉬운 책이다.

— 〈NPR〉

우리로 하여금 타인, 세계 그리고 궁극적으로 우리 자신과 연결되도록 만드는 근육의 다양한 방식에 주목하게 만드는 책.

— 〈북클리스트〉

일러두기

- 외국 인명과 지명은 국립국어원 표준국어대사전의 외래어 표기법 및 용례를 따랐습니다.
- 국내에서 출간된 책은 한국어판 제목을, 미출간된 책은 번역 제목과 원서명을 병기했습니다.

힘이 무엇인지 아는 앤디에게

차례

Contents

유연성

지구력

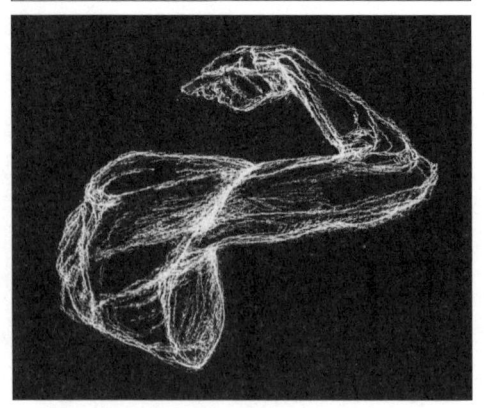

삼각근, 삼두근, 상완이두근(뒷모습). 저자가 직접 그림.

프롤로그

근육 만들어볼게.

다섯 살, 여섯 살, 일곱 살, 여덟 살 때 나는 이미 기꺼이 팔을 내밀어 이두박근을 튀어나오게 하는 법을 알고 있었다. 방 앞을 지나가던 아버지는 내 팔뚝을 꽉 쥐시고는 웃으면서 "아주 좋아"라고 말씀하시곤 했다.

그다음엔 아버지도 팔을 굽히면서 "아빠도 좀 멋지지?"라고 물으셨고, 이는 우리 가족만의 농담이 됐다.

1960년대 후반 홍콩에서 뉴욕으로 이주한 아버지는 잭 라랜Jack LaLanne(미국의 유명 피트니스 전문가 – 옮긴이)보다 이소룡의 추종자에 가까웠다. 하지만 아버지는 내가 후에 머슬 아카데미Muscle Academy라 부르게 되는 세계에서 오래전부터 여러 분야를 두루 공부해온 성실한 학생이었다. 예를 들어, 아버지는 유도, 태권도, 가라데(유도와 태권도에선 갈색 띠, 가라데에선 검은 띠까지 땄다)를 수련했을 뿐만 아니라, TV 속 보디빌딩 대회에 열중했고, 잡지 《머슬 앤 피트니스Muscle & Fitness》를 구독했으며, 유명 운동선수들의 몸을 스케치하는 등 피트니스 문화에 흠뻑 빠져 있었다. 아버지는 전문 화가셨다. 다른 많은 업적 중에서도 그는 특히 ABC의 1984년 올림픽 경기 포스터를 디자인하기도 했는데, 그 포스터를 통해 마치 운동선수들이 현대의 신이라도 되는 듯 그들을 찬양했다.

우리 집에는 늘 임시로 꾸민 헬스장이 있었는데, 그곳에는 덤벨, 악력기, 철봉과 쌍절곤, 줄넘기 줄, 육중한 샌드백까지 여러 운동 기구들이 잡다하게 갖춰져 있었다. 기억을 더듬어보면 아버지는 운동할 때 오빠와 나도 함께 하게 했다. 최근에 폴라로이드 사진을 한 장 발견했는데, 그 속에는 기저귀를 찬, 믿을 수 없을 정도로 작은 오빠와 내가 수영복 차림의 엄청나게 크고 튼튼한 아버지 옆에 서 있는 모습이 담겨 있었다. 우리는 모두 자신만만하게 웃으면서 양손으로 허리를 짚은 채 슈퍼 영웅의 포즈를 취하고 있었다. 1979년, 영화 〈슈퍼맨〉이 큰 인기를 누릴 때였다. 복장을 완성하는 데는 망토 세 장이면 충분했다. **나 좀 멋지지?**

매일 저녁 차고에서 우리는 대열을 이루어 앞차기, 옆차기, 돌려차기 등의 동작을 연습했다. 아버지는 윗몸일으키기를 하는 동안 다리를 잡아달라고 부탁하셨다. 혹은 두 마리의 새끼 원숭이처럼 아버지 팔뚝에 매달린 앤디와 나를 들어 올려 앞뒤로 흔들어주시기도 했다. 저녁을 먹은 후에는 노란 불빛을 내뿜는 동네 가로등 아래에서 소아과 병원 뒤편에 있는 1마일(약 1.6킬로미터) 떨어진 주차장까지 아빠와 함께 달렸다. 우리는 반딧불이를 뒤쫓았고 아빠를 뒤쫓았다. 어린 시절 이 모든 조기 훈련을 통해 우리는 무엇을 배웠을까? 우리는 우리 가족에게는 야간 운동이 일상적이지만 다른 가족에게는 그렇지 않다는 것 그리고 강하다는 건 우리 모두에게 똑같이 좋은 일임을 알게 됐다.

우리 집에서 운동은 늘 재미있었다. 아버지가 영원한 어린아이 같았고 우리와 정말 잘 놀아주었기 때문이다. 틀림없이 그런 아버지의 행동에는 어느 정도의 허영심이 깃들어 있었다. 상상력이 풍부했던 아버지는 우리를 당신의 미니어처 버전으로 만들어 우리를 통해 영원히 살 수 있을 거라는 환상을 품으셨다. 불멸에 대한 그만의 소박한 실험을 한 셈이다. "운동 하나 골라보렴." 아버지가 말씀하셨다. 처음에 우리는 축구를 해봤지만, 잘되지 않았다. 그리고 수영을 해봤는데, 그건 잘됐다.

이쯤에서 하나 말해둘 것이 있다. 아버지가 그처럼 근

육 단련을 열심히 한 데는 그가 입 밖에 내지 않은 존재, 할아버지의 영향이 있었다. 할아버지는 아버지에게 어려서 하는 운동의 가치를 심어준 분이셨다. 그러나 할아버지는 64세의 나이에 갑자기, 예기치 않게 심장마비로 돌아가셨다. 당시 나는 여덟 살이었다. 지금도 나는 그 소식을 전한 전화를 일종의 충격파로 기억한다. 어머니는 조용히 걱정하셨다. 그리고 그 후로 아버지는 죽음을 따돌리는 데 집착하게 되셨다.

고등학교에 다닐 즈음, 아버지는 뉴욕에 있는 우리 집보다 홍콩에서 보내는 시간이 더 많아지셨다. 그렇게 서서히 멀어지더니 어느 순간에는 아예 뉴욕으로 돌아오지 않으셨다. 그렇게 내 어린 시절의 무거운 닻이 사라졌다. 하지만 나는 아버지가 내게 일깨워준 육체적 삶을 좇아 계속 들어올리고, 스트레칭하고, 움직였다. 그리고 같은 피를 물려받은 사람으로서 죽음의 유령을 물리치려고도 노력했다.

가장 기본적인 수준에서, 근육은 우리 존재를 나아가게 하고 움직이게 한다.

생물학자이자 생물역학 분야의 선구자인 스티븐 보겔 Steven Vogel은 "근육은 우리가 지구상에 존재한 대부분의 시간 동안 인간의 유일한 엔진이었다"라고 썼다. 그는 가장 큰 고래든 가장 작은 벼룩이든, 크고 작은 생물을 움직이고 나아가게 하는 원천이 '똑같은 것'임을 지적했다. 동물들이 처음으로 근육을 움직였다는 증거는 5억 6,000만 년 전으로 거슬러 올라간다. 이 증거는 오늘날의 해파리, 산호, 말미잘을 포함하는 동물 문phylum, division, 門인 자포동물의 화석에서 최근 발견됐다. 화석에는 방사형 대칭으로 배열된 근섬유 다발이 보존되어 있었다.

'무엇이 인간인 우리를 움직이게 하는가?'라고 물었을 때 정말로 그 핵심에 접근하고 싶다면(비유적으로 말해서 그 골자에 접근하고 싶다면), 그 답은 바로 근육이다. 그렇다면 우리 몸에서 가장 강하고 큰 근육은 어디에 있을까? 여러분의 심장과 턱 그리고 엉덩이에 있다(이 이야기는 나중에 다시 하기로 하자). 한편, 우리 몸에서 가장 작고 약한 근육은 무엇일까? 바로 귀 속에 있는 1밀리미터 크기의 등자근stapedius이라는 근육이다. 등자근은 우리 몸에서 가장 작은 뼈인 등자뼈의 진동을 조절한다. 그리고 아마도 한 번도 들어본 적이 없을 근육도 있다. 소름을 돋게 하는 작은 근섬유인 털세움근pili과 같은, 재미있는 곳에 있는 아주 작은 근육이 그것이다. 어쩌면 여러분은 이 근육을 상상하는 것만으로도 소름이 돋을지 모른다.

심근cardiac muscle, 평활근smooth muscle, 골격근skeletal

muscle, 이 세 가지 다른 유형의 근육은 심장을 뛰게 하고, 음식을 장으로 밀어 넣고, 혈관으로 혈액을 내보내고, 아기를 자궁 밖으로 밀어내고, 뼈에 붙어 우리가 활동할 수 있게 도와준다. 골격근은 우리가 의지대로 움직일 수 있는 근육이다. 골격근 외의 다른 근육들은 우리가 의식적으로 노력하지 않아도 우리 몸이 스스로 제어하는 근육이다. 이 근육들은 하나씩 따로 떼어놓고 보면 서로 다른 일을 하지만, 함께 모아 살펴보면 우리가 일상을 영위할 수 있게 해준다.

근육은 지금보다 더 많은 관심을 받을 가치가 있다. 우리는 흔히 근육을 지성과는 별개의 존재라고 생각한다. 심지어 뇌의 자원을 빼앗는 대립적인 존재로 생각하기도 한다. 하지만 사실 우리의 뇌와 근육은 끊임없이 서로 소통하며 전기화학적 신호를 주고받는다. 우리의 장기적인 뇌 건강은 (특히 나이를 먹어갈수록) 근육과 근육을 움직이는 것에 달려 있다. 이처럼 근육과 정신의 밀접한 관계는 단지 생물학적인 것에 그치지 않는다.

평생 운동을 해온 사람인 동시에 작가이기도 한 나는 언어가 얼마나 강력한지 잘 안다. **근육**은 물리적 의미 그 자체보다 훨씬 더 많은 것을 의미한다. 우리는 은유적으로 공부, 사회생활, 경쟁, 연민 등 모든 것에 대해 서로 다른 근육이 필요하다는 이야기를 들으며 살아왔다. 우리는 그 근육들을 **단련**해(그러한 근육을 사용하고 규칙적인 연습에 참여시킴으로써) 근육이 제대로 그리고 믿음직하게 작동하도록 해야 한다.

우리는 근육을 이용해 힘과 영향력을 드러낸다. 우리가 지닌 근육 기억muscle memory은 우리 몸이 감각적이고, 신체적이며, 공간적인 경험을 기억하고 있음을 보여준다. 우리는 자신을 일으켜 세우고, 기쁨의 점프를 한다. 우리는 어려운 일들을 몸소 헤쳐 나가며, 이를 통해 투지를 보여준다. 아무리 힘든 일이어도 우리는 여전히 도전해보려 한다. 그러다 마침내 긴장을 풀 때, 그것은 안착과 수용, 내려놓음을 의미한다.

근육을 키우는 방법은 먼저 스스로를 분해하는 것에서 시작한다. 근섬유는 긴장과 스트레스로 손상을 입은 후, 섬유와 융합해 크기와 질량을 늘리는 특별한 줄기세포들을 활성화함으로써 회복된다. 우리는 일련의 작은 분해들을 견뎌내면서 더 강해지고, 재생, 회춘, 재성장할 수 있게 된다.

우리는 생성과 분해의 끊임없는 순환 속에 존재한다. 실제로 우리를 **존재하게** 하는 것은 이 순환이다. 순환이 멈추면 우리의 존재도 사라진다. 인간은 종으로서 생명의 주기를 연장하려 노력하지만, 현실의 벽에 끊임없이 부딪힌다.

고대 그리스인들은 건강하고 잘 단련된 몸을 고결한 것으로 여겼다. 하지만 불멸의 신들이 사랑에 빠진, 피와 살을 가진 인간은 너무나 아름다운 그 외모 때문에 벌을 받기도 했다. 그것이 순식간에 사라지는 아무리 덧없는 아름다움이라 해도 말이다.

우리는 몸을 움직여 세상을 헤쳐 나가며, 마음은 그 몸을 따른다. 예술가 파울 클레Paul Klee는 '시각 예술은 처음부터 끝까지 움직임의 기록'이라고 표현한 바 있다. 예를 들어, 무용수를 그릴 때 화가는 손을 움직여 그 무용수의 움직임을 포착한다. 그리고 완성된 작품은 관객의 계속해서 움직이는 눈을 통해 감상된다.

이 책은 우리 삶의 강력한 원동력인 근육을 다양한 방식으로 탐구한다. 이 책은 해부학 교과서도, 운동 안내서도 아니다. 하지만 여러분은 우리를 움직이게 하는 것과 그것이 왜 중요한지에 관한 이야기를 이 책에서 발견할 수 있을 것이다.

근육에 관한 책을 왜 쓰고 싶은지에 대해 가만히 생각해본 적이 있다. 그러다 그 이유 중 상당 부분이 아버지에 대한 그리움과 관련이 있다는 사실을 깨달았다. 나는 아버지와 이야기를 나눌 수 있는 것들에 관해 쓰고 싶었다. 근육을 더 깊이 이해하고 아버지를 내 삶의 궤도로 다시 끌어오고 싶었다. 한때 우리 사이에 있었던 친밀함을 어느 정도는 다시 느껴보고 싶었다.

'근육 만들어볼게.' 팔을 내밀어 근육을 만드는 어린 소녀는 재미있었다. 하지만 세월이 흐르면서 젖살이 빠지고 근육은 더 강해짐에 따라 나는 재미있다고 느끼는 대신 두려울 것이 없는 기분을 느끼게 됐다. 완전히, 늘 그런 기분인 것은 아니지만, 나는 아버지가 내 잠재력을 보도록 도와주었다는 사실을 깨달았다. 누구나 어느 시점에는 '근육을 보여달라', 그것이 눈에 보이는 것이든 아니든(힘, 유연성, 지구력 등) '수많은 것을 보여달라' 하는 말을 듣게 된다. '당신이 좋은 상태임을 보여달라. 행동하는 사람임을 보여달라. 실제 세계에 뿌리를 둔 당신의 특성을 보여달라.' 보여주는 것은 존재감을 주장하는 방법이다. **우리가 여기 있다고, 즉 의식이 있고, 육체를 지녔으며, 살아 있다고** 말하는 방법이다.

근육에 대한 이러한 철학은 고대로 거슬러 올라간다. 이 철학의 매력 중 하나는, 인간은 모두 결국 세포 시계 앞에서 무력하다는 것을 아는 데서 비롯된다. 우리가 몸을 고쳐 아름다움과 완벽함을 추구할 때도, 근육을 이용해 정치적, 경제적, 문화적, 인종적 또는 성적 힘과 지배력을 얻을 때도, 몸의 형태를 바꾸려는 노력이 왜곡과 이형증으로 이어질 때도, 한계에 도달해 변화와 초월을 추구할 때도, 불멸이라는 이룰 수 없는 꿈을 좇아 장수를 추구할 때도, 거기에는 한계가 있으며 결국 반대의 힘이 우리를 다시 잡아당기게 되어 있다.

하지만 그것이 우리의 노력을 막지는 못한다.

힘

근육만큼
의지와 깊고 독특한 관련이 있는
기관은 없다.

― G. 스탠리 홀 G. Stanley Hall

1장

몸의 힘이란 어떤 것일까?

최초의 현실 속 헐크는 아기 엄마였다. 적어도 영화 〈인 크레더블 헐크The Incredible Hulk〉의 원작자인 잭 커비Jack Kirby가 나중에 말한 바에 따르면 그렇다. 1990년 인터뷰에서 커비는 주차된 차의 발판 아래에 한 어린아이가 끼어 있는 것을 보았던 경험을 이야기해주었다. 아이의 어머니는 아들이 위험에 처했다는 사실을 깨닫고 공포에 질려 눈이 휘둥그레졌다. 평범한 여성이었지만 그녀는 급히 차로 달려가 뒤쪽 범퍼를 잡고 아기를 깔고 있는 차를 들어 올렸다.

"절박한 상황에서는 우리 모두 그렇게 할 수 있겠다는 생각이 문득 들더군요. 우리는 벽을 무너뜨릴 수 있고, 광적으로 변할 수 있습니다. 실제로 그렇게 하죠."

커비가 말했다.

"헐크의 모든 것은 그 순간부터 시작됐습니다."

그가 이어서 말했다.

"제게 캐릭터는 인위적으로 만들 수 있는 것이 아니에요. 저는 일부러 캐릭터를 만들어내는 것을 좋아하지 않습니다. 캐릭터에는 진실의 요소가 있어야 해요. 이 여성은 절박한 상황에 부닥치면 평범한 사람이라도 자기 한계를 뛰어넘어 보통 때는 하지 못할 일을 할 수 있다는 것을 보여주었죠. 저도 그런 적이 있습니다. 강철을 구부렸거든요."

헐크의 이야기는 사실 절박함에 대한 우화라고 커비는 말했다. 절박함은 인간에게 상상을 초월하는 힘, 평범한 근육에 놀라운 의지를 불어넣어 하늘과 땅을 움직일 수 있는 능력을 부여한다.

커비는 엄밀히 말해 페미니스트는 아니었다. 그는 절박한 상황에서 놀라운 힘을 통제력 있게 발휘하는 여성을 목격하고도 "그 여성이 날씬했다는 건 아니에요"라며 그녀의 몸에 대해 농담했다. 그리고 결국은 헐크를 일종의 프랑켄슈타인으로 만들었는데, 헐크에게 강렬한 감정은 통제할 수 없는 분노를 유발하는 방아쇠였다. 괴물 같은 모습으로 변한 헐크는 자신이 누구인지 전혀 기억하지 못했다.

인류 역사에서 오랜 시간 동안 여성의 힘은 부자연스럽

고 기괴한 것으로 여겨져왔다. 여성의 힘이 광기나 고도의 감정적 흥분 상태와 연관되어 있다는 생각 또한 마찬가지로 오래됐다. 인류는 위험하거나 생명을 위협하는 상황에 처했을 때 나오는 놀라운 힘, 이른바 **히스테리적인 힘**hysterical strength과 관련된 스릴 넘치는 실화의 오랜 역사를 갖고 있다. '히스테리적인hysterical'이라는 용어는 '자궁'을 뜻하는 그리스어 '히스테라hystera'에서 유래했다. 요즘에는 히스테리적인 힘이 남성과 관련된 이야기에도 적용될 수 있다. 그렇지만 이런 이야기는 그 주인공이 뜻밖의 사람일 때 가장 흥미롭다. 예를 들면 이렇다. '두 10대 소녀가 아버지 위로 넘어진 트랙터를 들어 올린다. 어머니가 어린 아들과 그 친구를 위협하는 북극곰을 물리친다. 한 대학생이 자동차 지지대가 내려앉는 바람에 차 밑에 깔려 의식을 잃은 아버지를 구하고자 차를 들어 올린다. 그녀는 아버지를 끌어낸 후 심폐 소생술을 실시한다. 아버지가 살아난다.'

1950년대 펜실베이니아 서부에서 어린 시절을 보낼 때, 얀 토드Jan Todd는 지금은 좀 뻔하게 들리는 히스테리적인 힘에 관한 한 이야기를 들었다. 차 밑에 아이가 깔리는 사고가 일어났는데, 가까스로 차를 피할 수 있었던 어머니가 차를 들어 올려 아이를 구했다는 이야기였다. 당시 이런 유형의 이야기는 그녀에게 허구처럼 들렸다(가능성의 영역을 벗

29

어난 이야기 또는 거의 사실이지만 기껏해야 개인적인 이득을 위해 과장된 이야기였다). 그녀는 언젠가 자신이 그보다 훨씬 더한 일을 할 수 있으리라고는 상상도 하지 못했다.

토드는 나중에 조지아주 메이컨Macon에 있는 대학에 진학했다. 스물다섯 살이 됐을 때 그녀는 파워리프팅 부문에서 세 개의 세계신기록을 보유하게 됐고,《스포츠 일러스트레이티드Sports Illustrated》는 그런 그녀를 '세계에서 가장 힘이 센 여성'이라 평했다. 이후 토드는 아마도 돌 들어올리기 문화의 진원지일 스코틀랜드로 관심을 돌렸다. 험준한 하일랜드에는 고대 근력 테스트의 흔적이 곳곳에 남아 있다. 지금도 이곳에서는 기원전 2,000년까지 거슬러 올라가는 전통 중 하나로 돌을 들어 올리는 경기가 매년 열린다. 힘 테스트는 동료들 앞에서 의식적으로 이루어졌다. 게일 문화권에서는 남자다움을 증명하기 위해 클라찬 토가일 clachan togail이라는 크고 무거운 돌이 사용되기도 했다. 일반적으로 이러한 돌은 크기와 매끈함 때문에 들어 올리기 어려운 둥근 화강암 돌이었지만, 불규칙하고 들기 곤란한 모양일 수도 있었다.

스코틀랜드의 이러한 돌 중 가장 잘 알려진 것은 도널드 디니Donald Dinnie의 이름을 딴 디니 스톤Dinnie Stones이다. 그는 1800년대에 표면이 거친 커다란 화강암 돌 두 개를 들어 올린 후 다리를 건너는 놀라운 묘기를 선보이며 고대 스코틀랜드 돌 들기 문화의 부흥에 박차를 가한 인물로 유명하다. 디니 스톤의 무게는 총 733파운드(약 332킬로그램)에 달한다.

1979년 얀 토드는 디니 스톤을 들어 올린 최초의 여성이 됐다. 그리고 거의 40년간 그 위업을 달성한 유일한 여성으로 남았다. 이따금 그녀는 집에서, 차도에서, 포드 피에스타Ford Fiesta(포드 사에서 출시한 소형 세단 자동차 - 옮긴이)의 옆면을 들어 올리곤 했다. 관객을 위한 경우도 있었지만, 대부분은 자신을 위해서였다.

나는 히스테리적인 힘이든 아니든 이러한 힘의 위업을 한 개인이 변화하는 이야기로 본다. 그것은 정신이 어떻게 우리를 움직여 행동하게 하는지를 보여준다.

크고 작은 면에서 삶은 우리 주변의 모든 것과 움직임에 기반한 관계를 맺고 있다. 근육은 내 손가락이 키보드 위를 날아다니게 하고, 집중할 때 이마에 주름을 만들며, 앉은 자세를 바로잡고, 시선을 창문으로 옮기고, 어깨를 펴고, 다시 키보드를 두드려 이 문장의 나머지를 완성하게 한다. 삶의 많은 부분이 가상의 것이 됐지만, 내 몸은 여전히 내 생각에 실제로 영향을 미치며 동시에 그 생각을 여러분에게 전달도 한다. 여러분의 근육은, 눈이 이 책에 쓰인 단어들을 받아들이고, 생각에 잠겨 눈을 깜박이고, 손에 턱을 괴고, 고개를 기울여 숙고할 수 있게 한다. 우리는 말 한마디 나누지 않았지만, 심지어 지면(또는 화면이나 녹음 파일)을 통해서도 우리 몸은 서로에게 말을 건네고 있다.

흔히 '정신이 물질을 지배한다. 정신이 몸을 지배한다'라고 한다. 하지만 정신(뇌)이 몸을 움직이기 위해서**만** 존재한다고 하면 어떨 것 같은가?

영국 신경과학자이자 컬럼비아대학교 교수인 다니엘 울퍼트Daniel Wolpert는 인간과 다른 동물들이 뇌를 가진 이유를 설명할 때 다음의 이야기를 자주 들려준다. 작고 보잘것없는 해양 동물인 멍게는 유생幼生일 때 붙어 지낼 만한 딱딱한 표면을 찾을 때까지 올챙이처럼 바닷속을 헤엄쳐 다닌다. 그러다 마침내 그런 표면을 찾아 거기에 붙으면 곧바로 자기 뇌와 신경계를 녹여서 먹고 소화한 다음, 장기를 재배치하고, 약간의 신경 조직만 남긴 채 성체로서 남은 평생을 거기에 붙어산다. 멍게 성체는 **더 이상 움직일 필요가 없으므로** 뇌나 신경계를 갖는 사치가 필요하지 않다. 멍게는 산란을 통해 알과 정자를 모두 생산하는데, 일부 종은 출아법을 통해 무성 생식을 하기도 한다. 뇌는 우리가 움직이고, 상호작용하고, 세상에 영향력을 행사할 수 있게 해준다는 점에서만 중요하다고 울퍼트는 설명한다. 그리고 그 일을 가능하게 해주는 것이 바로 근육이다.

세상에 영향력을 행사하는 것, 이것이 바로 현대의 **플렉스**flex에 대한 정의다.

살기 위해 움직인다는 진화적 개념은 이해하기 어렵지 않다. 가장 기본적인 근섬유 다발을 가진 지구 최초의 동물들조차도 그 다발을 구부린 데는 이유가 있다. 우리는 생존에 유리한 환경, 풍부한 먹이, 안전한 보금자리를 찾아 이동한다. 극지방을 오가며 1년에 2만 5,000마일(약 4만 킬로미터)을 비행하는, 아마도 궁극의 지구력을 지닌 새일 북극제비갈매기를 생각해보라. 북극제비갈매기는 끝없는 여름을 찾아 북극에서 남극으로 그리고 다시 반대로 비행하면서 평생을 보낸다. 좋은 날씨와 먹이를 따라 대륙에서 대륙으로 이동하지만, 늘 북극권 지역에 있는 둥지로 돌아온다.

동물들은 가령 넋을 빼놓는 춤을 춘다든가, 먹이를 갖다 바친다거나, 아름다운 둥지를 짓는 등 자신의 생식적 적합성을 강력히 과시함으로써 짝을 유혹하는데, 여기에는 상당한 육체적 노력이 필요하다. 수컷 흰점꺼끌복white-spotted pufferfish을 보자. 이 물고기는 암컷의 시선을 끌기 위해 머리와 지느러미로 바다 밑의 모래를 일주일 이상 밀어내어 자신의 몸보다 스무 배는 큰 화려한 꽃무늬를 만들어낸다. 그러면 이를 마음에 들어 하는 암컷이 짝짓기 원(수컷 흰점꺼끌복이 조개껍데기로 장식한 정교한 소용돌이 모양의 구조물)의 중앙으로 헤엄쳐 들어가 그곳에 알을 낳는다.

힘은 잠재적 짝에게 건강과 가치를 증명하고 사회적 위계를 확립하는 주요 수단 중 하나다. 한쪽 집게발(주요 집게발)이 유난히 큰 수컷 농게는 세고 빠르게 집게발을 휘둘러 우위를 과시한다. 수컷 실버백고릴라는 가슴을 두드리거나, 으스대며 걷거나, 던지고 때리고 차는 등, 공격적인 행동을 통해 집단 내에서 지배력을 강화하거나 새로운 집단의 구성원을 끌어들인다. 맹금류는 암컷이 수컷보다 크고 강하다고 알려진 동물 집단 중 하나다. 모든 맹금류의 암컷이 구애를 시작하지는 않지만, 많은 맹금류의 암컷이 그렇게 한다. 과학자들에 따르면 암컷의 더 큰 몸집(상대 수컷보다 3분의 1 정도 더 큰 암컷도 있다)은 더 실속 있는 먹잇감을 잡고 위협으로부터 둥지와 영역을 방어하는 데 도움이 된다.

그렇다면 인간은 어떨까? 남녀의 신체와 신체 능력은 대략 열 살 전까지는 비슷하다. 하지만 사춘기가 되면 보통 남성의 몸은 테스토스테론의 급증으로 빠르게 성장해 근육과 뼈가 크게 발달한다. 평균적으로 남성은 여성보다 상체 근육량이 80퍼센트 더 많고 다리 근육량은 50퍼센트 더 많다. 데이비드 엡스타인David Epstein은 그의 저서 《스포츠

유전자》에서 다른 영장류와 마찬가지로 초기 인류의 남성들도 몸집이 더 클수록, 사지가 더 길수록, 폐가 더 클수록, 혈액량이 더 많을수록 진화적으로 생존을 위한 신체적 활동(당시 인간의 삶을 특징짓는 달리기, 사냥, 짝을 얻기 위한 싸움 등)에 더 뛰어난 것으로 여겨졌다고 설명한다.

자연선택이 더는 주요한 동인이 아닌 현대에 이르러서도, 공개적인 힘의 과시는 여전히 대부분 남성을 중심으로 이루어져왔다. 여러 문화권에서 수 세기에 걸쳐 우리가 남성성에 대해 품고 있던 신화는 신체적 힘과 불가분의 관계에 있었다. 이럴 때 여성이 끼어들면 무슨 일이 벌어질까?

1973년 봄, 햇살이 내리쬐는 조지아주의 초원, 통나무 더미 옆에 있던 젊은 철학도 얀 서퍽Jan Suffolk이 세상에서 가장 강한 여성이 되기 위한 첫걸음을 이제 막 내딛으려 하고 있었다.

통나무 더미와 초원은 테리 토드Terry Todd라는 선량하고 몸집이 큰 남자의 소유였는데, 이곳에 머서대학교 소프트볼 팀에서 뛰는 교수진과 학생들이 시즌 종료 파티를 위해 모인 참이었다. 몇몇 손님들은 겨울 폭풍우가 몰아친 후 모아둔 통나무 더미 위에 앉아 있었다. 맥주를 마시는 동안 자연스레 대화 주제는 스코틀랜드의 전통적인 힘겨루기인 카버 던지기caber toss로 흘러갔다.

테리는 머서대학교에 아프리카계 미국인 연구 프로그램을 만든 교육학 교수였지만, 전 올림픽 역도 청소년 국가 챔피언이자 파워리프팅 부문 슈퍼헤비급 국가 챔피언이기도 했다. 그는 저항력 운동의 역사에 관한 박사학위 논문을 쓰기도 했다. 다시 말해, 그는 철의 게임을 잘 아는 사람이었다. 그는 손님들에게 열정적으로 카버 던지기를 설명했다. 무겁고, 한쪽으로 갈수록 조금씩 더 가늘어지는 형태의 긴 통나무 기둥('서까래'나 '들보'를 뜻하는 게일어 '카바르cabar'에서 유래한, 일명 '카버')을 상상해보라. 이제 카버의 더 가는 쪽 끝을 아래로 향하게 해 지면에 세운다. 그런 다음 그 한쪽 끝을 두 손으로 감싸들고 가슴에 기대어 들어 올린 후, 앞쪽으로 달려나간다. 카버가 기울기 시작하면 공중으로 던져 올린다. 카버는 공중에서 한 바퀴 회전하다가 더 무거운 쪽 끝이 먼저 땅에 떨어지고 다음으로 가벼운 쪽 끝이 당신에게서 더 먼 쪽으로 떨어진다. 시계 판의 12시 방향처럼 정면 맞은편을 가리키면서 말이다. 카버를 똑바로 던질수록 카버가 날아가는 거리는 더 멀어지고, 더 멀리 던지는 사람이 승자가 된다.

카버 던지기에 관한 대화는 금세 대화에 그치지 않게 됐다. 파티에서 흔히들 그러하듯 몇몇 남자들이 한 번도 해본

적이 없는 것을 몸소 보여주려 나섰다. 이 게임을 잘 아는 전문가로서 테리는 나뭇더미에서 적절한 카버를 고르는 일을 도왔고, 파티 참석자들은 모여서 그들을 지켜보며 야유를 던졌다. 한 남자가 계속해서 카버를 던져보려 버둥거리는 동안, 긴 금발 머리에 얼굴에는 주근깨가 가득한 한 어린 학생이 무리에서 모습을 드러냈다.

청바지를 입고 테니스화를 신은 얀 서픽은 차분하게 앞으로 나와 통나무의 더 가는 쪽 끝이 아래로 가도록 통나무를 세운 다음, 들어 올렸다. 그러고는 추진력을 얻으려고 앞으로 몇 걸음 내딛다가 능숙하게 통나무를 던졌다. 통나무는 그녀에게서 12시 방향으로 뚝 떨어졌다. 손님들은 환호성을 질렀다.

테리는 나중에 이렇게 썼다. '내가 기억하기로 나는 그날부터 그녀를 사랑하기 시작했다.' 1년 후 얀과 테리는 결혼했다. 테리가 얀과의 만남에 대해 그의 여동생에게 처음으로 한 말은 가족사에 길이 남을 만했다.

"있잖아, 얀은 스쿼트를 위해 태어난 것 같아."

스쿼트는 파워리프팅 스포츠를 구성하는 세 가지 고전적인 운동 중 하나다. 나머지 두 운동은 벤치프레스와 데드리프트다. 스쿼트는 어깨에 가중된 역기를 올려놓고, 마치 상

37

상 속 의자에 앉는 것처럼 몸을 낮췄다가 다시 일어서는 운동이다. 엉덩이와 다리 근육은 스쿼트와 관련된 주요 근육이다. 한편, 벤치프레스는 등을 대고 누운 채 역기를 가슴에서부터 들어 올리고 내리는 운동으로, 상체 근육, 즉 가슴, 어깨, 팔에 있는 근육이 주로 사용된다. 데드리프트는 가장 기본이 되는 운동으로, 몸을 앞으로 숙여 바닥에서 가중된 역기를 들고 일어서는 운동이다. 이 동작에는 주로 다리, 등, 엉덩이 근육이 사용된다. 이 세 가지 운동은 기능적 힘과 전반적인 신체적 힘을 드러낸다.

그래서 이름이 **파워리프팅**이다.

테리는 그의 책《파워리프팅 속으로Inside powerlifting》에서 이렇게 썼다.

"파워리프팅을 하거나 볼 때 행복하다고 느끼는 사람들에게 내가 말할 수 있는 것은 그들이 (그리고 우리가) 세상에서 가장 기본적이고 오래된 스포츠 중 하나를 선택했다는 것이다."

체육학자이자 전직 프로 파워리프팅 선수로서 테리는 파워리프팅의 유서 깊은 전통과 이를 해내는 데 필요한 신체적 노력을 모두 잘 알고 있었다. 또 코치로서 다른 사람들의 잠재적 힘을 알아보는 본능적인 감각도 갖고 있었다.

1970년대에 찍은 사진 속에서 토드 부부는 건강하고 활기찬 젊음으로 빛났다. 테리는 한눈에도 힘이 세 보였다. 수염을 기른 188센티미터에 111킬로그램의 테리는 다리가 나무 몸통만큼 두꺼웠고, 가슴은 정찬용 접시를 올려놓을 수 있을 만큼 넓었다. 연약한 10대 시절 테니스 신동이었던 그는 익숙하지 않은 왼팔의 힘을 기르기 위해 근력 운동을 시작했다. 1950년대와 60년대에 대부분의 스포츠 코치는 근력 운동에 반대했지만(근력 운동은 움직임의 범위, 속도, 민첩성을 제한해 선수들의 '근육을 뻣뻣하게' 만든다고 여겨졌다), 테리는 자신이 100킬로그램일 때보다 154킬로그램일 때 더 높이 뛸 수 있음을 깨닫게 됐다.

오늘날에는 모든 스포츠 팀에 근력 및 컨디셔닝 코치가 필수라고 여겨진다. 하지만 근력 운동이 경기력에 의미 있게, 또 실질적으로 도움이 될 수 있다는 생각은 1970년대 중반까지 주류에서 벗어나 있었다. 스쿼트, 데드리프트, 벤치프레스는 오늘날 모든 유형의 운동선수를 위한 세 가지 필수 저항력 운동으로 여겨진다. 토드 부부는 이러한 훈련 방식을 개척하고 그 변화를 기록하는 데 중요한 역할을 했다.

"테리를 만났을 때, 저는 그 세계에 대해선 아는 게 하나도 없었죠."

얀이 말했다. 나는 얀을 만나러 오스틴Austin에 있는 텍사스대학교를 방문했다. 그녀는 지금 이곳에서 신체 운동학 및 보건 교육학과장이자, 스포츠 인문학 박사과정의 책임자로 재직 중이다. 텍사스대학교는 얀과 테리가 H. L. 루처 스타크 체육 및 스포츠 센터H. L. Lutcher Stark Center for Physical Culture and Sports를 설립한 곳이기도 하다. 대학의 전설적인 풋볼 경기장 5층(스포츠 명예의 전당 바로 위)에 있는 이 센터는 박물관, 도서관, 학술 연구 자료실을 갖추고 있다.

테리는 2018년에 세상을 떠났지만, 센터 곳곳에서 그의 영향력이 느껴졌다. 이곳에는 희귀 사진, 문서, 유물 그리고 4만 권 이상의 책이 비치되어 있는데, 모두 체육, 특히 스포츠 훈련, 역도, 파워리프팅, 힘겨루기 대회, 역사적 업적, 올림픽 등 힘의 세계에 초점이 맞춰져 있다. 국제올림픽위원회IOC가 인정한 이 센터는 미국에 세 개뿐인 공식 IOC 연구 센터 중 하나다.

스타크 센터는 또한 텍사스대학교의 대학 간 경기 공식 기록 보관소로, 대학 최고의 코치들과 학생 선수들에 대한 기록을 보관하고 있다. 1986년부터 1996년까지 토드 부부는 직접 텍사스 롱혼스Longhorns 파워리프팅 팀을 지도해 남자부와 여자부를 합쳐 아홉 번의 전국 선수권대회 우승과 네 번의 종합 우승을 차지하는 성과를 거두었다.

기록적인 힘을 지닌 운동선수에서 체육 및 스포츠 분야의 최고 학자 중 한 명이 됐다? 나는 슈퍼 영웅의 이중적 정체성에 끌려 앤을 찾게 됐음을 인정한다. 아무도 기대하지 않았고 특별히 원하지도 않았을 때, 그녀는 놀랍고 짜릿할 만큼 강한 자신의 모습을 드러냈다. 그녀는 그런 몸을 갖는 것이 어떤 느낌인지, 사회적 관점에서 그것이 무엇을 의미하는지에 대해 이야기해줄 수 있는 사람이었다.

한 사람을 다른 사람보다 더 강하게 만드는 것은 무엇일까? 과학자들은 근육 발달과 성장에 관여하는 여러 유전자를 확인했지만, 이 유전자들이 개인의 근력에 어떻게 영향을 미치는지는 아직 명확하게 밝혀지지 않았다. 예를 들어, MSTN 유전자는 골격근의 성장을 억제하는 단백질인 미오스타틴을 암호화한다. 다시 말해, 미오스타틴 수치가 낮을수록 근육량은 더 **많다**. 미오스타틴 수치의 자연적인 차이로 어떤 사람들은 다른 사람들보다 더 쉽게 근육을 키울 수 있다. 하지만 이것이 근력을 결정하는 유일한 요인은 아니다. 테스토스테론을 조절하는 유전자도 마찬가지다. 일반적으로 남성은 여성보다 테스토스테론이 더 많지만, 항상 그렇지는 않다. 자연적인 차이로 어떤 여성이 어떤 남성보다 키가 큰 것처럼, 어떤 여성은 어떤 남성보다 테스토스테론 수치가 더 높다.

테스토스테론이 유발하는 근육 성장에 관한 최근 연구에 따르면, 모든 근육이 호르몬에 똑같이 반응하지는 않는다. 테스토스테론이 더 많은 관심을 받고 있지만, 에스트로겐 호르몬 역시 남녀 모두의 근육 기능에 큰 영향을 미친다. 에스트로겐은 성장과 근력을 증진하고, 근섬유를 복구하며, 부상을 줄이는 데 도움을 주고, 신진대사를 조절한다.

우리는 유전자, 생물학, 환경의 복잡한 상호작용이 우리의 신체적 능력을 형성한다는 사실을 안다. 그리고 물론 힘은 육체적인 것을 넘어 심리적인 것이기도 하다.

얀은 생물학적으로 자신이 어떻게 다른지는 모르지만, 자신의 삶이 근육을 중심으로 돌아가게 된 것에 가장 먼저 놀란 사람이다. 대학 시절, 그녀는 키도 크고 민첩했지만, 정식으로 경기에 나간 적은 없었다. 당시는 타이틀 나인 Title IX(1972년 미국 내 교육기관에서 성차별을 금지하기 위해 만든 법 - 옮긴이)이 제정되기 전이었기 때문에 여학생들이 운동 경기에 참여할 기회가 드물었다. 그녀는 고등학교에서 가장 빠른 학생이었으나 학교에는 육상 팀이 없었다. 얀이 말했다.

"할머니는 제게 너무 빨리 달리지 말라고 하셨어요. '남자애들이 네가 자기들보다 더 빠르다고 생각하면 안 돼'라면서요. 아버지는 발레도 못 하게 하셨죠. 발레를 하면 다리가 너무 근육질이 될 거라고 생각하셨거든요."

얀이 아버지에 대해 들려주는 이야기는 그녀가 자란 세상의 모습을 보여준다. 얀이 테리를 만나기 몇 년 전인 대학교 1학년 때, 얀의 아버지가 그녀를 만나러 왔다. 그리고 그해 크리스마스에는 자신을 보러 오라며 시카고행 비행기 표를 얀에게 보내주었다. 몇 년 전 부모님이 이혼한 이후 얀은 아버지를 자주 만나지 못하고 있었다. 시카고의 필드 박물관에서, 그들은 옛날 서커스에서 사용되던 근력 테스트 기구들이 가득한 한 전시관에 들어갔다.

얀의 아버지는 45세의 힘센 전직 펜실베이니아 철강 노동자로, 몸무게가 90킬로그램이 넘었다. 실제로 근육에 대한 얀의 첫 번째 기억은 아버지가 그녀와 그녀의 여동생에게 이두박근을 보여주고는 장난스럽게 불쑥불쑥 튀어 오르게 하는 것이었다. 그는 악력계를 하나 살펴보더니 손으로 꽉 쥐어보았다. 점수는 상당히 높았다(약골이 아닌 힘센 사람의 점수에 가까웠다).

다음으로 얀이 악력계를 쥐어보았다.

그녀는 훗날 그날 아버지를 이긴 것을 두고 이렇게 썼다. '그날 누가 더 놀란 건지 모르겠다. 당시 나는 겨우 열여덟 살이었고, 그때까진 역기 같은 것을 한 번도 들어본 적이 없

었기 때문이다.'

돌이켜보면, 그때는 얀이 자신의 막 자라나고 있는 힘을 처음으로 발견한 순간이었다.

'그래서 우리는 다시 악력계를 쥐어보았다.' 그녀가 이어서 썼다. '하지만 결과는 별 차이가 없었다. 아버지가 기계가 고장 난 게 틀림없다고 추측했던 기억이 난다. 이후 우리는 그 일에 관해서는 별로 얘기하지 않았다. 그 상황이 아무래도 아버지를 당황스럽게 만든 것이 분명했기 때문이다.'

'당황스러운 상황'이라.

그 후 몇 년 동안 얀은 그 순간에 대해 많은 생각을 했다.

"악력계가 마음대로 되지 않았을 때, 아버지는 충격을 받으셨어요."

그녀가 말했다. 시카고 방문은 여러모로 순탄치 못했다. 하지만 그녀는 그 일을 돌아볼 때 아버지가 쇠퇴하는 모습의 시작이자, 아버지가 자신의 삶에서 오랫동안 떠나게 된 시작을 본다. 그 일이 있고 난 뒤 두 사람은 이내 멀어졌다. 하지만 나는 다른 것을 본다. 바로 얀 자신의 부상이다.

"근육은 근육입니다."

그녀가 내게 말했다.

"다른 점은 이제 사회가 우리에게 그것을 사용할 수 있도록 허락한다는 거죠."

2장

잠재력으로서의 근육

아마도 힘을 과시하기에 무거운 물건을 들어 올리는 것보다 더 간단한 방법은 없을 것이다. 고대 이집트에서는 모래 자루를 들어 머리 위로 들어 올리는 일이 흔했다. 나일강 동쪽 기슭 가파른 석회암 비탈에 깎아 만든 거대한 공동묘지인 베니 하산Beni Hasan의 무덤에서 이러한 행위를 그린 벽화를 찾아볼 수 있는데, 그 기원은 수천 년 전으로 거슬러 올라간다.

때로 무거운 물건은 보다 심오한 의미를 지니기도 했다. 기원전 1세기 초에 이르기까지 2,500년 동안의 중국 역사를 기록한 한나라 역사가 사마천은 발이 서너 개 달린 솥인 정鼎을 들어 올리는 행위를 묘사한 바 있다. 정의 무게는 수백 파운드(1파운드는 약 0.45킬로그램 – 옮긴이)까지 나갔다.

정은 한때 음식을 준비하는 데 사용됐던 도자기 그릇이었지만, 기원전 1600년경 상나라 때부터는 청동으로 주조돼 주인과 함께 묻혔다. 정은 의식적인 의미를 지녔으며, 부와 신성, 권력의 중요한 상징이었다. 한나라 때는 정 들어올리기가 중국 무술, 곡예, 음악, 춤을 선보이는 왕족과 귀족만을 위한 공연인 백희百戲에 포함됐다.

광저우에 사시는 아버지께 이 역사에 대해 여쭤보니 아버지는 정으로 인한 죽음과 관련된 사마천의 아주 유명한 이야기를 들려주셨다. 이야기에 따르면, 진나라 무왕은 힘센 자들을 궁중에 등용할 정도로 힘을 열렬히 찬미했다. 그는 유난히 무거운 정을 들어 옮기려다가 다리가 부러졌는데, 이후 그 부상으로 사망해 진나라는 혼란에 빠졌다.

뉴욕에 있는 메트로폴리탄 미술관을 방문했을 때, 나는 바로 중국 전시관으로 달려가 이 땅딸막한 금속 솥 몇 개를 살펴보았다. 그중에는 안료가 첨가된 것도 있었고 산화돼 녹색을 띠는 것도 있었다. 솥이 크고 정교할수록 그 가문은 더 부유했고 더 존경받았다.

물론 많은 문화권에서, 들어올리기를 목적으로 하는 특별한 물건이 필요한 것은 아니었다. 그저 무거운 돌이면 충분했다. 심지어 구약 성서에도 돌을 들어 올리는 것이 힘을 시험하는 관습적인 행위로 언급돼 있다. 4세기 성직자이자 히브리어 성경을 라틴어로 번역하고 그에 대해 주석을 남긴 것으로 유명한 성경학자 성 제롬Saint Jerome에 따르면, 예루살렘을 '무거운 돌'로 묘사한 것은 돌을 들어 올리는 고대 관습과 관련이 있다. 이 관습은 성 제롬이 살았던 시대에도 팔레스타인과 유대 전역의 도시와 마을에서 흔하게 행해졌다.

성 제롬은 이렇게 기록했다. 이곳에는 "아주 무거운 둥근 돌들이 놓여 있는데, 젊은이들은 이 돌들을 가지고 운동하는 것에 익숙하다. 각자의 힘에 따라, 어떤 이들은 이 돌을 무릎까지 들어 올리고, 어떤 이들은 배꼽까지, 또 어떤 이들은 어깨와 머리까지 들어 올린다. 그런가 하면 자신의 엄청난 힘을 과시하며 두 손을 쭉 뻗어 머리 위로 돌을 들어 올리는 사람들도 있다." 성 제롬은 돌을 떨어뜨려 '깔려 죽을 수' 있는 위험이 상당하다는 점도 함께 언급했다.

일본에서는 그 기원이 적어도 8세기까지 거슬러 올라가는 수천 개의 지카라이시ちからいし(힘을 시험해보려고 들어보는 돌)가 섬 곳곳에서 발견된다. 많은 지카라이시가 신사와 사찰에 있는데, 이 돌들은 점술 의식에 사용됐을 가능성이 크다. 돌 들어 올리기는 사무라이와 농민 계급이 모두 행하는 흔치 않은 전통 스포츠였다.

아이슬란드 문화권에서 돌 들어 올리기는 한때 어선에서

일할 수 있는 자격을 시험하는 데 사용됐다. 더 무거운 돌을 들어 올리는 사람은 더 많은 물고기를 잡을 수 있음을 뜻했다.

근력은 1810년 하와이 제도를 하나의 왕국으로 통일한 카메하메하Kamehameha 초대 왕과 관련된 전설에서도 중요하게 다뤄진다. 카메하메하가 10대였을 때, 무게가 약 3,200킬로그램에 달했다고 전해지는 화산암 판인 나하 스톤Naha stone을 들어 올려 뒤집음으로써 그의 힘이 드러났고 예언이 실현됐다. 오늘날 나하 스톤은 하와이 빅아일랜드에 있는 힐로 공공 도서관 바로 앞에서 찾아볼 수 있다(최근에 이 돌을 들어 올리려는 사람이 있었는지는 알려진 게 없다).

결론적으로, 무거운 물건을 들어 올리는 행위는 원시적인 것이다. 이 행위는 오랫동안 지위, 자원, 땅, 여성, 권리를 부여해왔다. **중요**하면서 무거운 물건을 들어 올리는 행위는 그가 사람들과 재산을 지킬 수 있는 전사임을 보여주었다. 아마도 이는 오늘날 우리가 리더십 역량이라고 부르는 자질을 식별하는 원시적인 방법이라고 말할 수도 있을 것이다. 하지만 돌을 들어 올리는 전통은 오늘날에도, 아이슬란드와 인도에서 스코틀랜드와 스페인에 이르기까지 이어지고 있다. 힘의 위업은 여전히 우리의 상상력을 사로잡는다. **보아라 그리고 놀라라!** 힘은 찬양해야 할 능력이다.

힘에 대해 생각할수록 힘이 가치나 능력, 성공을 대리하는 지표로 기능한다는 생각은 점점 더 흥미롭게 느껴진다. 언젠가 한 친구가 칵테일파티에서 만난 한 벤처 투자가에 대해 내게 이야기해준 적이 있다. 친구가 그에게 돈을 투자할 사람을 어떻게 정하는지 묻자 그는 (모든 것이 도박인 불확실한 스타트업의 세계에서) 운동선수에게 투자하는 것을 선호한다고 대답했다. 그는 다른 사람들이 포기할 때, "운동선수들은 자신을 밀어붙여 고통의 지점을 넘는 방법을 알고 있다"라고 설명했다.

오늘날에도 우리는 신체적 힘을 인격의 분명한 표상으로 간주한다. 점점 더 가상적인 삶을 살게 되는 이 세상에서, 나는 정치적, 경제적, 사회적 힘을 포함한 모든 종류의 힘이 여전히 신체적 힘에서 비롯될 수 있다는 사실에 놀랐다. 캘리포니아 주지사를 지냈던 아널드 슈워제네거를 보라. 그는 '오스트리안 오크Austrian Oak'라는 별명의 보디빌더로 처음 명성을 얻기 시작했다. 그의 근육은 '터무니없는 가격표처럼 사람들의 눈길을 사로잡았다.' (슈워제네거의 수석 보좌관은 자신의 상사가 여전히 '늘' 베니스에 있는 헬스클럽에 가서 그를 처음부터 봐왔던 가장 충성스러운 '사나이들'과 관계를 유지한다고 말했다.) 또는 한때 대학 풋볼 스타였고 프로 레슬러였던 드웨인 '더 록' 존슨Dwayne 'The Rock' Johnson을 보라. 그는 현재 세계에서 가장 많은 출연료를 받는 배우이자 연예인 중 한 명이다. 그 역시 언젠가 대통령 선거에 출마할 수도 있다며 정치에 관심을 표명했다. (존슨의 개인 헬스클럽은 그가 가는 곳마다 따라간다. 아이언 파라다이스Iron Paradise로 불리는 이 헬스클럽에는 대형 트레일러트럭으로 운반해야 하는 20톤의 장비가 있다.)

힘이나 운동 능력과 같은 특성을 기준으로 사람을 선택하는 것은 부족적 본능이다. 여기서 힘 자체에 대해 설명하고 싶은 것이 있다. 육체적 힘은 남성에게 좋게 작용했지만, 여성에게는 남성만큼 그렇지 못했다. 힘의 의미는 사람마다 다를 수 있다. 누군가를 **너무** 강하다거나 **너무** 근육질이라고 말할 때, 그것은 우리가 그 사람이 사회에서 어떤 사람이길 바라는지를 반영한다.

어쩌면 잠재적인 힘은 어떤 사람들을 불안하게 만드는지도 모른다. 때로 우리는 자신이 가진 힘을 알아차리지 못한다. 마침내 그러한 힘을 발견할 기회가 주어지기 전까지는 말이다.

얀 토드는 자신의 힘을 잘 알지 못했지만, 점차 그 힘을 알아가는 중이었다. 데이트를 시작한 지 얼마 안 됐을 때 테리는 뒷마당으로 맥주 두 병을 가지고 나왔다. 그는 무심히 병뚜껑 하나를 집더니 엄지와 검지 첫째 마디 사이에 끼우곤 반으로 구부렸다. "한번 해볼래요?" 그가 안에게 물었다.

그녀가 가볍게 해내자, 테리는 난도를 좀 더 높였다. 그는 이번에는 엄지와 검지를 곧게 펴서 뚜껑을 구부렸다. 지렛대 효과가 줄었기 때문에 훨씬 더 강한 악력이 필요했다. 얀은 "한번 해볼게요"라고 말하더니 바로 뚜껑을 접었다.

테리는 훈련 없이 이런 일을 할 수 있는 사람은 흔치 않다는 것을 알고 있었다. 어쨌든 그는 악력 테스트부터 20세기 초의 힘센 남성과 힘센 여성에 이르기까지 근력 운동의 역사를 연구한 사람이었기 때문이다. 이 일은 아서왕의 전설에 나오는, 바위에 박힌 검과 같은 영역에 속했다. 얀은 또 어떤 일을 할 수 있을까?

그는 이런 생각을 혼자만 간직하고 있었다. 얀이 말했다. "결혼했을 때, 역도를 할 계획 같은 건 없었어요. 신혼 시절 저흰 좀 히피처럼 살았죠. 작은 농장에 살며 염소와 토끼를 키웠어요. 공부하느라 바쁘기도 했고요."

테리는 더는 시합에 나가지 않았지만 여전히 가끔은 근력 운동을 했던 터라 얀은 그를 따라 체육관에 나가기 시작했다. 늘 등이 굽었다고 느꼈기에 가벼운 덤벨을 이용해 자세를 교정해볼 생각이었다. 당시는 역도가 흔하지 않았고, 여성이 체육관에 모습을 드러내는 일은 더더욱 흔치 않았던 시대였다.

어느 크리스마스, 오스틴에 있는 테리의 가족 집을 방문하던 중 두 사람은 텍사스 애슬레틱 클럽Texas Athletic Club에 들러 운동을 하고 있었다. 그때 한 젊은 여성이 들어오더니 데드리프트를 시작했다.

데드리프트는 가중된 역기를 바닥에서 허벅지 중간까지들어 올리면서 다리, 등, 엉덩이의 여러 근육을 사용하는 운동임을 기억하자. 데드리프트를 할 때 특히 중요한 근육은무릎을 펴는 데 사용되는 허벅지 앞쪽의 강력한 근육인 대퇴사두근quadriceps이다. 스포츠 기자들이 '위대한 선별기the great separator'로 부르는 데드리프트는 순수하게 힘만측정하는 간단한 방법이 될 수 있다. 올림픽 역도의 용상(바벨을 두 손으로 잡아 일단 가슴 위까지 올려서 한 번 받쳐 든 다음, 허리와 다리의 반동을 이용해 다시 머리 위로 추어올리는 역도 경기종목-옮긴이)이 정밀하게 조정된 다단계 움직임을 필요로하는 것과 달리, 데드리프트는 특별한 기술이 필요하지 않기 때문에 온전히 힘만 볼 수 있다.

얀이 체육관에서 본 여성은 키는 작았지만, 역기에 무게를 계속 더해 자기 몸무게의 두 배인 약 102킬로그램까지들어 올렸다. 얀은 넋을 잃고 말았다. 한 번도 데드리프트를해본 적이 없었던 얀은 그 여성에게 다가가 이야기를 나누었다. 그리고 오후가 끝날 무렵에는 얀 자신도 약 102킬로 그램을 들어 올리게 됐다.

"처음으로 무거운 무언가를 들어 올리려 안간힘을 썼을 때, 좀 다른 기분이 들었어요. 강렬한 기분이었죠."

얀이 말했다. 얀은 강해지는 것이 굉장한 만족감을 준다는 사실을 깨닫기 시작했다.

"집에 돌아오는 길에 테리가 말하더군요. '있잖아, 옛날에 이런 운동을 하는 여자들이 있었어. 원한다면 당신도 할 수 있다고.'"

테리는 얀에게 링링 브라더스 서커스단Ringling Brothers Circus에서 프로 스트롱우먼으로 활약했던 케이티 샌드위나Katie Sandwina 이야기를 들려주었다. 그녀는 1900년대 초에 무게가 약 272킬로그램에 달하는 대포를 어깨에 메거나 몸무게가 약 73킬로그램인 남편 맥스를 공중으로 들어 올리는 연기로 유명해졌다. 샌드위나는 타이츠와 코르셋을 입고 머리에는 작은 고리 장식을 한 채 공연을 펼치곤 했다.

당시는 스트롱맨과 스트롱우먼이 유럽과 미국 전역의 서커스와 쇼에서 인기 있는 볼거리로 부상한 프로 힘꾼들의 황금기였다. 이 시기에 제작된 극적인 컬러 포스터에는 샌드위나가 마차에 올라탄 위풍당당한 발키리(북유럽 신화에서 오딘을 섬기는 전쟁의 처녀들을 가리킨다. 용감한 전사자의 영혼을 천계天界로 인도하는 역할을 한다 - 옮긴이)로 묘사되어 있다(그녀는 창을 들고 날개 달린 투구를 쓴 채 남자들을 전투로 이끈다). 또 다른 포스터에는 표범 무늬 옷이나 근육질의 팔다리가 돋보이는 미니스커트를 입은 채 가슴에 모루를 얹고 있거나 여러 명의 남자를 공중으로 들어 올리는 모습이 그려져 있다. (이러한 멋진 포스터들은 오늘날 스타크 센터 전시관에서 확인할 수 있다.)

테리는 깊은 인상을 남긴 오래된 책과 잡지를 부모님 댁에 모아두었다. 그곳에서 얀에게 뛰어난 힘을 보여준 여성의 역사에 대해 즉흥적인 속성 강좌를 해주던 중, 두 사람은 우연히 기네스북 한 권을 발견했다. 그중 특히 얀의 눈길을 사로잡은 기록이 있었는데, 그 내용은 다음과 같았다.

"여성이 양손으로 들어 올린 최고 무게는 1926년 10월 14일 프랑스 파리에서 제인 드 베슬리Jane de Vesley 양이 기록한 392파운드(약 178킬로그램)다."

얀은 자신이 단순히 강해지는 데 그치지 않고 이 훌륭한 계보의 일부를 차지할 수 있을 만큼 **기록적**으로 강해질 수 있을지 모른다고 생각했다. 이러한 깨달음은 자신의 잠재력에 대한 그녀의 인식을 바꿔놓았다. 그녀는 테리 쪽으로 몸을 돌리고는 웃으면서 말했다.

"이 기록, 깰 수 있을 것 같은데."

그들은 그것이 재미있는 목표가 될 것이라는 데 동의했다. 기네스북에 오른다면 정말로 재미있는 사건이 되지 않을까?

두 사람은 조지아로 돌아와 운동을 시작했다. 일주일에 두 번 근력 운동을 했는데, 스쿼트와 데드리프트를 주 운동으로 하고 얀의 상체와 악력을 강화하기 위해 벤치프레스를 추가했다. 나머지 날에는 체력을 끌어올리기 위해 1마일(약 1.6킬로미터)을 달리고 단거리도 몇 번씩 뛰었다.

16개월 후인 1975년 5월 3일, 얀은 테네시주 채터누가Chattanooga에서 열린 대회에서 관중들을 벌떡 일어서게 만들며 394.5파운드(약 179킬로그램)라는 여자 부문 양손 리프팅 세계신기록을 달성했다.

이후 10년 동안 얀은 148파운드(약 67킬로그램)부터 198파운드(약 90킬로그램) 이상에 이르는 다섯 체급에서 세계신기록을 세웠고, 최초의 여성 파워리프팅 챔피언십에서 우승했으며, 파워리프팅 세 종목을 합산해 총 1,000파운드(약 454킬로그램) 이상을 들어 올린 최초의 여성이 됐다. 1977년 《스포츠 일러스트레이티드》는 '힘을 근력으로 간주하고, 그 근력이 무거운 쇳덩이 단위로 측정된다'라고 보았을 때(놀랍도록 구체적인 기준) 얀은 세계에서 가장 힘이 센 여성이라고 선언했다.

이 기사는 또한 내게 획기적이라고 보이는 내용도 담고 있었다. 그것은 한 여성이 강해지는 것이 얼마나 기분 좋은 일인지, 또 그 힘으로부터 얼마나 큰 기쁨을 느끼는지에 대해 이야기하는 내용이었다.

"그런 기분을 느끼는 것이 정말 좋아요."

얀이 말했다. 그녀는 역도를 하면서 세상을 바라보는 관점이 넓어졌다고 설명했다.

얼마 후 자니 카슨Johnny Carson이 진행하는 〈투나잇 쇼〉에 출연하게 된 얀은 카슨에게 약 415파운드(약 188킬로그램)의 역기를 드는 법을 가르쳐주었다. 영상에서 볼 수 있듯이 카슨은 웃음을 터뜨리며 단 몇 센티미터도 들어 올리지 못했고, 믿기지 않는다는 듯한 표정과 자세로 놀라움을 표했다. 그는 결국 또 다른 초대 손님인 배우 칼 라이너Carl Reiner와 잭 클러그먼Jack Klugman의 도움을 받아 함께 역기를 들어 올릴 수 있었다. 물론 얀은 이 일을 혼자서 해냈는데, 당시 공식 세계 기록을 뛰어넘는 무게를 세 번이나 들어 올렸다.

이러한 모든 성취와 파워리프팅이라는 비교적 폐쇄적인 세계 밖에서 새로 얻은 명성 덕분에 얀은 케이티 샌드위나 시대의 힘꾼들처럼 그녀의 놀라운 힘을 보여달라는 요청을 자주 받게 됐다. 기네스북 관계자들도 그녀를 주 박람회에 초대했다. 그런 행사에서 공연한다면 안은 예를 들어 역기를 몇 개나 들어 올릴 수도 있었을 것이다. 하지만 그녀와 테리는 그 옛날의 스트롱맨들로부터 영감을 받아 새로운 아이디어를 생각해내기를 좋아했다. 그래서 안은 금속 대못을 구부리거나, 맨손으로 판자에 못을 박거나, 또는 관객석에서 아이들 10여 명을 선택해 큰 탁자 위에 올려놓은 다음 탁자를 등에 대고 바닥에서 들어 올렸다. 그녀는 이를 '아이 들어 올리기'라고 불렀다.

금속 대못, 못, 아이 들어 올리기는 사람들이 본능적으로 끌리고 좋아했던 힘의 언어였다. 안의 이야기에 따르면, 이때 그녀와 테리는 힘을 과시할 창의적인 방법을 고안하며 아주 즐거운 시간을 보냈다. 관객들은 쇳덩이에 찍힌 숫자가 아닌, 그들이 실생활에서 쓰는 물건을 통해 그 무게를 실감할 수 있었다.

그렇다면 크고 다루기 힘든 돌, 어쩌면 동시에 그런 돌 두 개를 들어 올리는 것은 어떨까? 그것은 누구나 금세 이해할 수 있는 일이었다.

3장

무거운 것 들어 올리기의 의미

두 개의 유명한 화강암 바위가 역사상 가장 뛰어난 파워리프팅 선수 두 명을 스코틀랜드로 이끌었다. 이는 마치 여행 가이드북의 한 구절처럼 읽힌다. 테리는 후에 《스포츠 일러스트레이티드》에 이렇게 썼다.

"내가 읽어본 모든 이야기 중 건장한 스코틀랜드인들이 야생에서 거대한 돌을 들어 올리는 이야기만큼 멋진 것은 없었다."

그는 오랫동안 하일랜드 게임Highland Games에 참가하고 싶었지만, 전성기였던 해에 미국 파워리프팅 타이틀 방어전과 일정이 겹치면서 기회를 놓치고 말았다.

테리에게 하일랜드 게임의 유구하고 다채로운 역사와 오랜 전통은 거부할 수 없는 매력으로 다가왔다(돌 들어 올리기, 포환 던지기, 카버 던지기, 해머 던지기, 줄다리기, 도보 경주 등으로 구성된 하일랜드 게임은 춤과 백파이프 연주가 함께하는 흥겨운 시골 축제 분위기 속에서 펼쳐진다). 오늘날에는 하일랜드 게임을 위한 모임과 행사가 여름 내내 스코틀랜드 전역에서 열린다. 이 게임은 분명히 특정 지역에 뿌리를 두고 있지만, 그 명성과 영향력은 오랫동안 전 세계에 뻗어 있었다.

1889년 파리 만국박람회에 근대 올림픽의 아버지이자 국제올림픽위원회의 창설자인 피에르 드 쿠베르탱Pierre de Coubertin 남작이 참석했다. 올림픽을 부활시키려는 계획을 세우던 중, 남작은 하일랜드 게임을 보고 깊은 인상을 받아 1896년 제1회 근대 올림픽에 포환 던지기 종목을 도입했다. 해머 던지기와 줄다리기도 곧 그 뒤를 따랐다. (아쉽게도 줄다리기는 1900~1920년에만 공식 종목으로서의 명맥을 유지했다. 한편, 포환 던지기와 해머 던지기는 오늘날에도 육상 종목으로 남아 있다. 또한, 여성은 1900년 올림픽에 처음 출전이 허용됐으나 참가 인원은 22명에 그쳤다. 참가할 수 있는 종목도 테니스, 골프, 요트, 크로켓, 승마로 제한됐다.)

얀은 테리가 하일랜드 게임의 최고 권위자이자 스코틀랜드 역사학자인 데이비드 웹스터David Webster와 대화하는 것을 자주 들었다. 웹스터는 이 게임에 관한 책을 썼는데, 여기에는 신성시되는 디니 스톤과 얀에게 하는 직접적인 권유처럼 보이는 한 구절이 포함돼 있었다.

"언젠가 경기 수준이 더 높아지면 힘의 돌을 들어 올리려는 여성들을 보게 될지도 모른다!"

"저는 디니 스톤 이야기에 혹했어요."

얀이 말했다. 디니 스톤 들어올리기는 그녀에게 어렵고, 특이하고, 새로운 도전이었지만, 깊은 역사적 의미가 있었다. 두 개의 화강암은 작은 돌의 경우 318.5파운드(약 144킬로그램), 큰 돌의 경우 414.5파운드(약 188킬로그램)로 그 무게가 733파운드(약 332킬로그램)에 달하는데, 각 돌에는 큰 철제 고리가 박혀 있다. 지역 전설에 따르면, 젊은 시절 도널드 디니는 석공이었던 아버지 로버트의 다리 보수 작업을 돕기 위해 포타크Potarch 다리(스코틀랜드 북동부의 옛 주인 애버딘셔Aberdeenshire의 디Dee강 위에 놓인, 돌로 된 아치형 다리)에 처음 가봤다. 이 돌들은 원래 보수 작업 중 균형추로 사용됐지만, 주로 근처 여관에서 말을 묶는 데 사용됐다. 1860년대의 언젠가 로버트는 돌들 사이에 서서 두 돌을 동시에 땅에서 들어 올리는 데 최초로 성공했다.

전설적인 이야기들이 흔히 그렇듯 그 세부 내용은 대체로 누가 말하느냐, 술을 얼마나 마셨느냐에 따라 달라진다. 일단은 도널드 디니가 돌을 들어 올린 후, 다리를 가로질러 옮겼다고만 해도 충분할 것이다. 그 후 몇 년 동안 그의 명성은 하일랜드 게임에서의 놀라운 활약과 함께 점점 더 높아져갔다.

얀은 자신이 디니 스톤을 한 번에 하나씩 들어 올릴 수 있다는 것을 알고 있었다. 하지만 돌의 크기, 불규칙한 모양 그리고 돌들 사이에 서서 돌을 동시에 들어 올려야 한다는 사실은 큰 부담이었다. 1970년대 후반까지 이 돌들을 들어 올리려 한 사람은 수천 명에 달했다. 하지만 성공한 사람은 극소수에 불과했다. 로버트와 도널드 디니 그리고 100년도 더 후에 디니 부자가 한 것처럼 장비 없이 처음으로 돌을 들어 올린 벨파스트Belfast 경찰관인 잭 섕크스Jack Shanks가 그들이었다. 또 지역 주민인 짐 스플레인Jim Splaine도 돌을 들어 올렸는데, 그는 누구보다도 더 여러 번 돌을 들어 올렸다(얀의 말에 따르면 '그는 술집에 가서 맥주를 한잔한 다음, 돌을 들어 올리고, 집에 갔다'). 그리고 (짜잔!) 〈스타워즈〉 오리지널 영화 시리즈에서 다스 베이더를 연기한 배우 데이비드 프로우즈David Prowse도 돌을 들어 올렸다.

"그 배우는 키가 약 198센티미터에 다리가 엄청나게 길었어요."

얀이 말했다.

"전 그렇지 않았죠. 컨디션이 아무리 좋아도, 30센티미터는 더 작았어요."

그녀는 등의 힘과 근육을 더 길러야 한다는 것을 알았다.

"준비 과정에서 몸을 어떻게 바꿔야 하든(가령 체중을 늘려야 한다든지), 전 괜찮았어요."

1979년 여름, 얀은 오번대학교에서 훈련을 시작했다. 그곳에서 그녀와 테리는 새로 설립된 국립근력연구센터 National Strength Research Center의 운영을 돕고 있었다. 이 센터는 운동학자들이 실제 훈련 중인 근력 운동을 하는 선수들을 연구하는 곳이었다.

얀은 제퍼슨 리프트Jefferson lift와 같은 특이한 운동을 시도했다. 제퍼슨 리프트는 바닥에서 18인치(약 46센티미터) 높이에 있는 역기 위로 다리를 벌리고 서서 한 손으로는 몸 앞쪽 부분의 바를 다른 한 손으로는 뒤쪽의 바를 잡고 다리가 곧게 펴질 때까지 들어 올리는 운동이다. 훈련 일지에 따르면, 그녀는 500파운드(약 227킬로그램)에서 시작해 계속 무게를 늘렸고, 그 결과 805파운드(약 365킬로그램)까지 들어 올릴 수 있었다. 이는 디니 스톤 이상의 무게였다.

부분 데드리프트는 엉덩이, 허벅지, 등 근육을 이용해 가중된 역기를 무릎 높이에서 허벅지 높이까지 들어 올리는 운동이다. 그녀는 600파운드(약 272킬로그램)로 부분 데드리프트 훈련을 시작해 1979년 테리와 함께 스코틀랜드로 떠날 무렵에는 1,100파운드(약 499킬로그램)까지 들어 올릴 수 있었다. 이는 콘서트 그랜드 피아노 무게와 맞먹는 무게였다.

나중에 테리는 '세 명의 미국인이 스코틀랜드까지 가 무거운 돌을 들어 올리다'라며 담담한 유머로 이들의 여행을 묘사했다. 당시 토드 부부와 함께 살면서 훈련했고, 나중에 파워리프팅 세계 챔피언, 스트롱맨, 프로레슬러가 된 토드 부부의 친구 빌 카즈마이어Bill Kazmaier도 이 흥미로운 여행을 함께했다. 그는 브래머Braemar에서 열리는 여러 경기에 도전해보고 싶어 했는데, 이는 하일랜드 게임에서 가장 유명하고 엘리자베스 여왕과 필립 공이 즐겨 찾던 행사였다.

안개가 자욱한 서늘한 오후, 어두워지는 하늘 아래 세 사람은 얀이 공략할 돌이 있는 포타크 여관으로 향했다. 그곳에 도착하고 나서야 얀은 그 도전의 의미를 완전히 이해하게 됐다. 돌은 사진에서 본 것보다 훨씬 컸다. 얀이 말했다.

"그때는 인터넷이 없던 시절이라 그 돌 앞에 선 수많은 사람들의 사진 같은 건 찾아볼 수 없었죠."

게다가 돌이 워낙 커서 얀은 최대의 힘을 발휘할 수 있는 이상적인 자세보다 더 넓게 다리를 벌리는 자세를 취해야 했다.

테리 역시 걱정했다. 그는《스포츠 일러스트레이티드》

기사에 이렇게 썼다.

"무지막지해 보이는 두 개의 돌이 사슬로 연결되어 있었다. 돌들을 자세히 살펴보다 보니, 얀이 부분 데드리프트에서 900파운드(약 408킬로그램)를 들어 올린 후 처음으로 그녀가 돌을 들어 올리지 못할 수도 있겠다는 두려움이 들기 시작했다."

얀은 그중 더 작은 돌을 각 손으로 두 번 들어 올리며 몸을 풀었다. 얀이 더 안전하게 돌을 들어 올릴 수 있도록 테리와 빌은 두 개의 돌이 맞닿을 때까지 돌 사이의 거리를 좁혔다. 얀이 돌을 드는 동안 돌이 흔들리며 얀의 다리에 부딪히지 않길 바랐기 때문이다. 여관 밖에 사람들이 모이기 시작하자 얀은 앞뒤로 놓인 돌들 위로 다리를 벌리고 선 다음, 두 개의 철제 고리를 잡고 위로 당겼다.

작은 돌은 따라 올라왔지만 큰 돌은 꼼짝도 하지 않았다. 얀은 마음의 평정을 되찾기 위해 관중들에게서 떨어져 잠시 휴식을 취했다. 철제 고리는 역기의 바 부분보다 가늘었는데, 거기에 연결된 엄청난 무게의 돌을 들어 올리자 손이 너무나 아팠다. 그녀는 가죽 손목 끈을 이용해 고리를 잡았지만, 고리는 여전히 그녀의 손을 고통스럽게 파고들었다. 그녀는 돌이 **더럽게 무겁다**고 생각했다.

두 번째 시도에서도 큰 돌이 도통 움직이질 않자 그녀는 테리와 함께 디강까지 걸었다. 잠시 꽃들과 돌로 된 아치형의 포타크 다리를 바라보았다. 이 모든 것이 시작된 곳이었다.

테리는 얀에게 포기하고 싶은지 물었다. 그는 어떤 리프팅이든 심각한 부상을 입을 만큼의 가치는 없다고 말했다. 하지만 얀은 한 번 더 시도해보기로 했다.

그는 평소처럼 그녀를 지도하면서 발의 올바른 위치와 들어 올리는 동안 큰 돌이 걸리는 것 없이 올라갈 수 있도록 몸을 뒤로 젖히는 자세를 일깨워주었다. 하지만 그때 무언가가 떠올랐다.

간밤에 그들은 스코틀랜드 역사학자인 데이비드 웹스터를 만나러 갔다. 그리고 이어서 이들이 스코틀랜드에서 가장 유명한 '사나이의 돌'을 들어 올리기 위해 왔다는 것을 알고 있던 한 위스키 유통업자의 집을 방문했다. 킬트(스코틀랜드 전통 의상으로 체크무늬 스커트를 가리킨다 – 옮긴이)를 입은 그 위스키 유통업자는 얀을 제외한 모든 남자 손님에게 전통적인 선물인 스카치위스키 한 병과 스기안 두브sgian dubh로 알려진 단검을 증정했다. 그 순례의 주요 목적을 생각하면 그것은 이상한 모욕이었고 상처를 주는 행동이었다.

얀이 마지막으로 돌들 사이에 서서 돌을 들어 올릴 준비를 하는 동안, 테리가 그녀의 귀에 대고 속삭였다.

"그 위스키 업자한테 당신이 이걸 들 수 있다는 걸 보여주자고!"

얀이 얼굴을 붉히면서 작은 돌을 잡아당기자 돌은 빠르게 높이 올라왔다. 이어 몸을 더 뒤로 젖히자 관중들이 함성을 질렀다. 큰 돌이 올라온 것이다. 한 사진작가가 얀의 옆모습을 포착했다. 표정이 일그러지고 긴 금발 머리가 등을 따라 흘러내리는 가운데, 마침내 두 개의 거대한 돌이 땅에서 들려 올라가 있었다.

이 글을 쓰는 동안 나는 남성들이 무거운 것들을 들어 올림으로써 전통적으로 얻어온 수많은 이점을 다시금 떠올렸다. 그리고 마찬가지로 이러한 행위가 여성에게는 어떤 이점을 안겨줄 수 있는가를 고민해보다, 아마도 가장 가치 있을 한 가지가 생각났다. 바로 '존중'이다.

얀이 테리와 빌과 어울리고 있으면, 사람들은 두 명의 덩치 큰 남자들을 보고 당연히 이들이 챔피언일 거라고 생각하곤 했다. 그리고 얀은 흘낏 보고 대수롭지 않게 여겼다. '그런데 저 여자는 누구지?'

"초창기에 제가 했던 모든 일을 돌이켜보면, 여러 가지 면에서 돌을 들어 올린 일이 가장 자랑스럽게 느껴져요."

얀이 말했다.

케이티 샌드위나부터 얀 토드에 이르기까지 스트롱우먼들에게 힘이란 평범한 구경꾼들이 즐기는 오락거리 그 이상이었다. 무거운 물건을 들어 올리는 행위는 육체적 증진을 통한 성취를 의미했을 뿐만 아니라, 그것을 바탕으로 삶을 꾸려나갈 수 있는 가능성을 의미했다. 얀에게 디니 스톤을 들어 올리는 것은 자신조차 성공할 수 있을지 몰랐던 도전이었으며, 전에는 상상도 할 수 없었던 것을 그녀 자신과 세상에 보여주었다.

얀은 잠시 말을 멈추고 테리를 떠올렸다.

"기억해주는 누군가와 삶을 함께한다는 것은, 정말 큰 의미가 있었어요."

한 번은 얀과 아버지에 관한 이야기를 나눈 적이 있다. 얀은 어렸을 때 아버지가 운동을 심하게 반대한 것이 자신이 강한 여성이 되는 데 영향을 주었다고 말했다.

"함께 공 던지기 놀이를 하거나, 아버지가 스케이트 타는 법을 가르쳐줬다면 줄 수 있었던 영향만큼이나 말이죠."

그가 정한 한계는 결국 얀이 넘어서야 할 한계였다. 얀이 원했던 방식은 아니었지만, 사실이었다.

이와 대조적으로, 오빠와 내가 아버지에게 받은 체육 교육에서 가장 인상적인 점은 아버지가 우리를 체격, 나이, 성별과 상관없이 똑같이 훈련했다는 것이다. 아버지는 우리에게 스파링 연습을 시켰다. 앤디는 나보다 1년하고 일주일 그리고 하루 먼저 세상에 태어났다. 우리 중 한 사람이 다른 사람을 발로 차거나 주먹으로 때려서 울리면, 아버지는 "막는 걸 깜박했구나!"라고 외치곤 하셨다. 그러고는 요란하게 웃고 격렬하게 안아주시고는 한 번 더 붙으라고 하셨다. 아버지의 방식에도 단점은 있었지만, 나는 신체적인 활동에 가치가 있다는 것 그리고 이 영역에서 내게 한계는 없다는 것을 느끼면서 자랐다.

대학 1학년 때 나는 조정부에 들어갔다. 키잡이보다는 제대로 된 경량급 조정 선수처럼 보이기 위해 체중을 늘리려고 애썼다. 그때만큼 체력 단련실에서 많은 시간을 보낸 적이 없었는데, 아마 그 후 지금까지도 그럴 것이다. 나는 스쿼트를 했고, 벤치프레스를 했으며, 광배근 단련을 위한 운동을 했다. 눈 내리는 찰스강을 따라 수 마일을 달렸고, 하버드대학교 풋볼 경기장의 콘크리트 계단을 오르내렸다. 경기장 전체를 다 돌려면 3,500개의 계단을 오르내려야 했는데, 그러고 나면 다리가 다 후들거렸다(《록키》의 주제곡 좀 틀어주세요!). 방학 때 집에 내려가 수영장에서 얼마간 인명 구조원으로 일했을 때는 친구들이 내 등과 어깨너비를 보고 휘파람을 불었다. 이 모든 것이 내심 만족스럽지 않았다고 한다면 거짓말이다. 내가 지닌 세 겹의 복근(복부 근육은 복직근, 내외복사근, 복횡근으로 이루어져 있다 - 옮긴이)으로 미루어보건대, 근력 운동만큼 좋은 것은 없다.

근력 운동은 마음의 회복력을 기르는 데도 효과가 있다고 증명됐다. 외상 후 스트레스 장애에서 회복 중인 사람들을 대상으로 한 최근 연구에 따르면, 근력 운동은 사람들이 더 안정감을 느끼고 자신의 몸을 통제할 수 있다고 느끼도록 돕는다. 확실히, 눈에 띄게 신체 능력을 향상시킬 수 있다면, 이는 자기 인식을 바꿀 수 있다('내가 해낸 걸 봐! 이건 내가 달라졌다는 증거야'). 그렇게 당신은 자신을 주체적인 사람으로 바라보게 된다.

우리 집에는 늘 철봉이 있었다. 오랫동안 아버지의 아래층 작업실 문간에 놓여 있었다. 아버지는 작업실을 지나갈 때마다 턱걸이를 몇 개씩 하거나 철봉에 높이 매달린 체조선수처럼 공중제비를 몇 바퀴 돌곤 다시 갈 길을 가셨다. 앤디와 나는 수년 동안 아빠를 따라 하려 애썼다. 우리는 이쑤시개 같은 팔로 철봉에 매달린 채 발을 허우적대며 얼굴을 봉에 최대한 가까이 갖다 대려고 노력했다.

물론 불가능해 보이는 일에 도전하는 즐거움 중 하나는 결국 해냈을 때 스스로도 놀라게 된다는 것이다.

4장

여성이 강해져도 되는 세상이 되다

텍사스의 어느 뜨거운 가을날 오후, 나는 오스틴에 있는 스타크 센터로 향했다. 캠퍼스를 가로질러 걸어가는 동안 온갖 운동선수들이 눈에 들어왔다. 젖은 머리로 수영장에서 나오는 어깨가 떡 벌어진 수영 선수들, 트랙에서 스타트 연습을 하며 다시 출발점으로 돌아오길 반복하는 육상 선수들, 잔디가 깔린 운동장을 성큼성큼 가로질러 가는 키 큰 농구 선수들. 열심히 훈련 중인 이 젊은 선수들의 생생한 몸을 흘끗 보는 것은 뜻밖의 행운처럼 느껴졌다.

스타크 센터에는 조각, 사진, 예술 작품으로 표현된 더욱 탄탄한 근육질의 몸이 전시되어 있었다. 로비에서 나를 맞이한 첫 번째 작품은 높이가 10.5피트(약 3.2미터)에 달하는 '파르네세 헤라클레스Farnese Hercules'의 석고 모형이었다. 더 오래전 그리스의 조각상을 모델로 만들어진 이 고대 로마 조각상의 원본은 이탈리아 나폴리의 고고학 박물관에 전시되어 있다. 헤라클레스는 위엄 있으면서도 지친 모습을 하고 있고, 경이롭게 조각된 몸은 신화를 창조하는 노고를 마친 후 휴식을 취하고 있다.

스타크 센터는 신체적 탁월함을 진지하게 탐구하고 그 가치를 존중하는 곳이다. 상설 전시관에는 브라운 봄버 Brown Bomber라는 별명을 지닌 헤비급 복싱 챔피언 조 루이스Joe Louis와 같은 유명인들에 대한 내용이 전시되어 있다. 그는 1938년 맥스 슈멜링Max Schmeling을 꺾고 나치 독일과 인종적 편견을 이겨낸 인물로 기려진다. 시합이 있기 2주 전 프랭클린 D. 루스벨트 대통령은 루이스를 백악관으로 초대해 이렇게 말했다.

"조, 독일을 이기려면 당신과 같은 근육이 필요합니다."

머슬 비치muscle beach(캘리포니아에 있는 해변으로, 운동하는 사람들이 멋진 몸을 만들고 자랑하는 곳으로 유명하다 – 옮긴이)의 유명한 스트롱우먼인 애비 '퍼지' 스톡턴Abbye 'Pudgy' Stockton과 관련된 전시도 있다.

그녀는 20세기 중반 '바벨스Barbelles'라는 제목의 잡지 칼럼을 통해 주부들에게 자신의 근육과 친해질 것을 권했으며, 강인함과 여성스러움을 동시에 지닐 수 있음을 우아하고 세련되게 보여주었다. 또 역대 최고의 역도 선수 중 한 명으로 꼽히는 올림픽 2관왕의 주역 토미 코노Tommy Kono 를 조명하는 전시도 있다. 네 개의 다른 체급에서 세계 기록을 세운 코노는 제2차 세계 대전 당시 캘리포니아 툴레 호수Tule Lake에 있던 일본계 미국인 수용소에서 운동을 시작했다. 천식을 앓는 병약한 아이였던 코노는 이곳에서 이웃들의 소개로 역도를 시작했다. 3년 후 가족이 집으로 돌아갈 수 있게 됐을 때, 그는 열다섯 살이었고 근육도 그만큼 늘었다.

전시관을 돌아다니는 동안 나는 가능성의 관점에서 근육을 좀 더 생각하게 됐다. 근육이 갖는 의미 그리고 근육이 단순한 육체적 성취를 넘어 우리로 하여금 사회에서 무엇을 이룰 수 있게 해주는지를 생각했다.

얀 토드는 스포츠 및 운동의 역사, 단백동화 스테로이드, 근력 이론, 미국 여성과 체육의 역사에 관한 논문을 비롯해 수십 편의 학술 논문을 발표했다. 1990년에 토드 부부는 연 2회 발행되는 학술지 《아이언 게임 히스토리Iron Game History》를 창간했다. 얀은 또한 수많은 프로젝트를 진행 중인데, 여기에는 프로 스트롱맨과 스트롱우먼의 역사에 관한 책 그리고 남성 체육 교육과 이상적인 신체에 대한 장 자크 루소Jean-Jacques Rousseau의 18세기 사상에 영향을 준, 잘 알려지지 않은 문화적 흐름을 다루는 역사 논문이 포함되어 있다.

"저는 배경이 되는 이야기에 관심이 많아요. 가끔 오랜 시간이 걸리기도 하지만 저는 늘 과거로 돌아가 그 이야기를 파헤칩니다."

스타크 센터 기록 보관소는 《스포츠 일러스트레이티드》의 모든 호, 피트니스 전문가 잭 라랜의 개인 자료, 스포츠 의학에 관한 가장 오래된 논문으로 알려진 16세기 고서 《체조술De Arte Gymnastica》의 사본도 소장하고 있었다. 안내 데스크 뒤 화려한 액자에는 전형적인 미스터 올림피아Mr. Olympia 보디빌딩 포즈를 취하고 있는, 젊은 아널드 슈워제네거가 담겨 있었다(터무니없는 가격표처럼 사람들의 눈길을 사로잡는 그 근육을 누가 잊을 수 있을까?).

나는 손으로 꿰맨 가죽 메디신볼medicine ball(주로 근력 운동에 쓰이는 무게감 있는 공 – 옮긴이)을 보고 감탄했다. 그다음엔 부분적으로 납이 채워진 거대한 덤벨을 발견했는데, 20세기 초 코니 아일랜드Coney Island의 스트롱맨인 워렌 링컨 트래비스Warren Lincoln Travis를 위해 맞춤 제작된 것이었다. 무게가 1,560파운드(약 708킬로그램, 어린 코끼리 한 마리의 무게)에 달하는 이 거대한 덤벨은 스타크 센터에 전시된 물건 중 가장 무거웠다.

이 모든 희귀한 소장품에는 인간의 충동을 다스리기 위한 규칙이 필요했다. 그곳에는 "우리 전시관에는 역도 장비가 많이 전시되어 있습니다. 만지거나 들어 올리려고 하지 마십시오"라는 안내문이 붙어 있었다. 공지가 잘되어 있음에도 많은 사람이 그 유혹을 뿌리치지 못하는 듯했다. 얀은 테리에 관한 다큐멘터리가 상영되는 오스틴 영화제 시사회와 그녀가 책임을 맡은, 주말에 열리는 국제 로그 스트롱맨 초청 경기에 나를 초대했다. 그날 저녁 전시관을 거니는 사람 중 상당수는 **실제** 스트롱맨들이었는데, 그들은 기회만 된다면 그 무거운 물건들을 들어 올리는 데 적극적으로 도전할 터였다.

거인들로 가득한 은하계에서 그들과 함께 시간을 보낸다면 어떤 기분이 들 것 같은가? 나는 정확히 평균적인 몸집과 힘을 가진 필멸의 인간으로서 끊임없는 경외감에 휩싸였다(계속 고개를 들고 **위쪽**을 쳐다봐야 했음은 말할 것도 없다). 오스틴에서 일주일간 과거와 현재의 스트롱맨과 어울리는 경험은 얀이 천계에서 어떤 위치에 있는지를 분명히 보여주었다. 69세의 그녀는 자신의 궤도를 따라 여유롭게 움직였다. 그 여유로움은 그녀가 쌓아온 것이었으며, 모두가 이를 알고 있었다. 그녀는 친구와 낯선 사람 모두를 따뜻한 포옹으로 맞이했다.

"저는 포옹하는 걸 좋아해요."

얀이 미안하다는 듯이 말했다(그녀의 손아귀는 단단했다).

어느 순간 얀은 아이슬란드의 스트롱맨이자 배우이며 권투 선수인 하프토르 비요른손Hafþór Björnsson을 내게 소개해주었다. 그는 〈왕좌의 게임〉에서 '거산Mountain'역으로 전 세계에 이름을 알렸다. 키가 약 206센티미터에 달하는 그는 반쯤 수줍은 미소로 나를 내려다보며 나와 악수했다. 아니, 더 정확하게 말하자면 한 손으로는 내 손을 완전히 감싸고 다른 한 손으로는 그의 한 살배기 아들 스토머Stormur를 완벽히 떠받치고 있었다.

나중에 얀은 둘레가 약 58센티미터에 달하는 거산의 종아리에 테리의 좌우명인 '약해지지 말 것'이라는 내용이 문신으로 새겨져 있다고 내게 말해주었다. 정확한 표현은 '약해지지 않는다면 좋은 인생이다'였는데, 이는 테리의 할머니가 늘 하시던 말씀이었다.

나는 얀을 영웅으로 기록한다. 그녀는 프랑스 레슬링 선수이자 배우인 앙드레 르네 루시모프André René Roussimoff (앙드레 더 자이언트André the Giant라는 이름으로 더 잘 알려졌다)와 불가리아계 터키인이자 올림픽 역도 챔피언인 나임 쉴레이마놀루Naim Süleymanoğlu(키가 약 145센티미터에 불과했지만 체급을 불문하고 세계 최강자였던 그는 테리가 지어준 별명인 '포켓 헤라클레스Pocket Hercules'로 칭송됐다)와 같은 전설적인 인물들과 어깨를 나란히 한다. 스포츠에 대한 테리의 글은 남자든 여자든, 크든 작든, 현대의 근력 운동선수들을 한때 기억에서 지워졌던 역사와 연결해주었다.

내가 얀을 영웅으로 기록하는 이유는 우리가 전하는 이야기가 중요하기 때문이다. 여성 스포츠의 사회적 위치를 평생 연구해온 저널리스트 케이트 페이건Kate Fagan은 "남성 스포츠의 역사는 끊임없는 신화 창조의 역사이며, 이를 통해 추진력이 형성된다"라고 말했다. 그녀는 이러한 이야기의 전승이 위대함에 대한 개념을 영속시킨다고 지적했다. 그녀는 〈뉴욕 타임스〉에 기고한 글에서 이렇게 썼다.

"여러 세대에 걸쳐 우리는 베이브 루스Babe Ruth와 짐 소프Jim Thorpe, 슈리스 조 잭슨Shoeless Joe Jackson과 제시 오웬스Jesse Owens의 이야기를 접해왔다. 이러한 이야기들은 영화, 다큐멘터리, 사진을 통해 끊임없이 전해진다."

최근까지 이어진, 여성 운동선수를 대상으로 한 신화의 부재는 여성 운동선수는 남성 운동선수와 같은 수준의 관심을 받을 자격이 없다는 잘못된 믿음을 가져왔다.

"남성 스포츠가 여성 스포츠보다 더 인기 있는 이유에 대한 많은 설명 중 가장 일반적인 설명은 남자들이 더 빨리 뛰고 더 높이 점프한다는 것이다."

페이건은 이어서 이렇게 썼다.

"따라서 남자 경기가 더 재미있다고 한다. 이는 아예 근거 없는 주장은 아니지만, 너무 단순하고 모순된 주장이다. 예를 들어 우리 모두가 열광하는 리틀 리그 월드 시리즈 Little League World Series(어린이 야구팀들이 참가하는 국제 대회 - 옮긴이)만 봐도 그렇다. 우리는 흔히 남성 스포츠가 역사와 얼마나 은밀하게 얽혀 있는지를 간과한다."

하지만 상황은 조금씩 변화하고 있다. 뭔가 위대한 일을 해내고자 하는 열망은 아주 오래된 것이다. 그 안에는 고귀함이 존재한다. 이러한 일을 스스로 시도할 때, 우리는 그 과거와 연결된다. 역도 선수이자 스포츠 역사가이며 스타크 센터의 책임자인 얀은 신화 창조의 역할을 도맡아 이어가고 있다. 생각해보면 이는 그 자체로 몸과 마음 모두를 필요로 하는 몹시 고된 일이다.

오늘날의 다른 많은 운동선수와 마찬가지로 스트롱맨의 몸은 전문적으로 관리되며, 훈련과 리프팅, 식단이 최대의 성과를 위해 엄격히 통제된다. 하지만 먹는 것에도 신화적인 요소가 있다. 〈아이리쉬 타임스 Irish Times〉 스포츠 기자인 말라키 클러킨 Malachy Clerkin은 아일랜드에서 다섯 번이나 가장 힘센 남성으로 선정된 파 오드와이어 Pa O'Dwyer

에 관한 이야기를 내게 들려주었다. 클러킨의 말은 인상적이었다.

"식사가 고문입니다. 해가 뜨기 훨씬 전부터 해가 지고 훨씬 후까지 오드와이어의 하루를 관통하는 고통이죠."

대회를 앞두고 몇 주 동안 오드와이어와 같은 스트롱맨은 일반적인 30대 남성이 하루에 섭취하는 열량의 네 배에 해당하는 1만 칼로리를 섭취해야 한다. 순전히 풍부한 근육량과 300파운드(약 136킬로그램)가 넘는 체중을 유지하기 위해서다. 오드와이어는 하루에 스테이크를 여덟 개씩 먹기도 하는데, 마지막 한 끼는 자정에 먹는다. 잠자는 동안에도 엄청난 에너지가 필요한 근육의 크기 때문에 몸무게는 하룻밤 사이에 1파운드(약 0.45킬로그램)까지 빠질 수 있다.

"그래서 밤늦게까지 먹어야 해요."

그가 클러킨에게 설명했다.

"아무리 고통스러워도요."

그 시점에 그는 7년 동안 배가 고픈 적이 없었다고 말했다(아마도 지금이 설명하기 적당한 때인 것 같은데, 씹을 때 사용되는 턱 근육인 깨물근masseter은 질량 대비 가장 힘이 센 근육이며, 어금니에 최대 200파운드까지 힘을 가할 수 있다).

그 모든 고귀함에도 불구하고, 강력함에 대한 추구는 여전히 몸과 그 모든 욕망에 기반을 둔다. 근력 강화에 힘쓰는 사람들의 인체에 대한 지칠 줄 모르는 호기심은 놀라울 정도로 감동적이다. **자신의 힘을 아는 것.** 나는 이 말의 의미를 '안다' 또는 '모른다'라는 이분법적인 진술이 아니라 계속되는 발견의 과정으로 이해하게 됐다. 근육은 중요하다. 근육은 우리가 무엇을 **할 수 있는지** 눈에 보이는 방식으로 보여준다. 처음에는 자신이 무엇을 할 수 있는지 모를 수 있다. 하지만 우리 안에는 방대한 잠재력의 저수지가 있다. 그것은 발휘되기를 기다리고 있으며, 모습을 드러낼 적절한 순간을 기다리고 있다.

얀은 거의 매년 스코틀랜드로 돌아가 애보인Aboyne에서 열리는 하일랜드 게임에 참가한다. 디니 스톤 들어 올리기는 힘겨루기 종목의 하이라이트다. 얀의 이름을 딴 새로운 여자 종목도 생겼는데, 바로 얀 토드 클래식Jan Todd Classic이다. 지금도 그녀는 파워리프팅 챔피언이자 획기적인 체육학자로서 자신이 이룬 바를 다소 믿기지 않는다는 듯 이야기한다. 얀이 말했다.

"어렸을 때 제가 상상했던 모습은 아니에요."

그녀는 테리를 만나기 전까지, 그러니까 젊은 시절 내내 자신의 재능을 모르고 살았다. 얀의 이야기는 자연스레 이런 질문을 낳았다. '무엇이 그녀를 그토록 강하게 만들었는가?'

이렇게 반문할 수도 있다. '다른 사람들에게는 그런 잠재력이 없다는 것을 어떻게 알 수 있는가? 그리고 그 대답이 생각보다 시시하다면 어떨 것 같은가?'

얀이 스트롱우먼으로 부상하기 전까지는 여성들이 자신을 그런 식으로 드러낼 만한 기회가 거의 허락되지 않았다. 역사학자 유발 하라리는 그의 저서 《사피엔스》에서 "누군가 특별한 재능을 타고난다 해도, 그 재능이 육성되고, 연마되고, 발휘되지 않으면 대개 잠재된 상태로 남게 된다"라고 말했다. 하라리는 우리가 상상 속의 기준에 따라 사회적 위계를 만드는 경향이 있다고 설명한다. 그는 또 이렇게 썼다. "그들이 그러한 기회를 가질 수 있는지는 보통 그 사회의 상상 속 위계 내에서 그들이 차지하는 위치에 달려 있다." 현실은 여성들이 이제 막 자신의 잠재력을 발견하기 시작했다는 것이다.

얀이 말했다.

"타이틀 나인이 시행된 이후, 갑자기 제가 다른 사람들의 본보기가 되면서 여성 스포츠의 개념을 확장해야 한다는 책임감 같은 게 생겼어요. 지금은 프로 근력 운동 선수로 활동하는 여성들이 있고, 데드리프트로 600파운드(약 272킬로그램) 이상을 들어 올리는 여성들이 있지요. 스쿼트로 800파운드(약 363킬로그램)를 들어 올린 여성도 있고요. 많은 여성이 디니 스톤을 들어 올렸고, 한 여성은 후사 펠 스톤Húsafell Stone(아이슬란드에 있는 약 186킬로그램의 현무암 돌)을 들어 올린 후 걷기까지 했어요. 아무도 우리가 이지구상에서 그런 여성을 보게 될 거라곤 믿지 못했을 겁니다. 예전에 우리는 여성의 힘이 남성의 힘의 절반이라 생각했지만, 그다음엔 3분의 2 수준이라고 생각하게 됐죠. 늘 놀라운 일들이 벌어지고 있어요. 역사를 살펴보면, 남자들은 수백 년 동안 군사와 스포츠 부문에서 훈련하고 경쟁하며 강해지는 법에 대해 고민해왔어요. 여성은 그러한 역사가 수십 년밖에 되지 않습니다. 우리는 여전히 무엇이 가능한지 알아내는 중이에요."

역도 기록은 모든 종목과 체급에서 남녀 **모두**에 의해 끊임없이 깨지고 있다.

2019년, 영국 버치무어Birchmoor 출신의 간호사 클로이 브레넌Chloe Brennan(당시 23세)은 약 64킬로그램의 작은 체구였지만, 정규직으로 일하면서 짬을 내 훈련을 이어가던 중 '영국에서 가장 힘센 여성UK's Strongest Woman' 타이틀을 거머쥐었다. 같은 해 그녀는 스코틀랜드에서 가까스로 디니 스톤을 들어 올리기도 했는데, 기대만큼 잘되진 않았다. 그녀는 돌을 더 오래, 더 높이 들어 올리는 더 나은 모습을 보여주고 싶었다.

3년 후, 얀은 오하이오주 콜럼버스Columbus에서 열리는 2022 아널드 스트롱맨 클래식Arnold Strongman Classic의 공동 감독을 맡게 됐다(2023년에 여자 부문은 스트롱맨에 상응하도록 '아널드 스트롱우먼 클래식'으로 공식 명칭이 바뀌었다). 이 대회에서 디니 스톤의 모형이 등장하는 경기는 그 주말에 가장 기대되는 경기 중 하나였다. 하지만 예선전을 놓치게 된 브레넌은 얀에게 참가할 기회를 부탁하는 편지를 썼다. 얀은 브레넌에게 자격이 있다는 것을 알고 있었다. 그녀는 브레넌의 참가를 승낙했다.

대회 당일, 경기장에 팽팽한 긴장감이 감돌았다. 유망한 챔피언 두 명이 디니 스톤을 들어 올리는 데 연달아 실패하자 관중들은 소곤거리다가 이내 조용해졌다. 시대를 초월해 인류 역사에서 계속 반복되어온 장면처럼 보이기 쉽지만, 이제 참가자 중에는 여성도 있었다. 브레넌은 아마추어 스트롱우먼 경기에서 라이트급 2위를 차지한 후 30분밖에 쉬지 못한 참이었다. 킬트를 입고 머리를 하나로 높이 묶은 그녀는 숨을 몰아쉬며 무대로 돌아와 디니 스톤 들어올리기에 도전했다. 영상을 보면서 처음에 나는 브레넌의 작은 체구에 놀랐다(디니 스톤은 **그녀의 몸무게보다 다섯 배** 이상 무겁다). 그리고 그녀가 마치 포식자처럼 맹렬하게 바위를 향해 다가가는 모습에 또 한 번 놀랐다.

그녀는 스톤을 하나씩 땅에서 끌어 올렸다. 1초, 2초….
그녀 주변의 수많은 거인이 함성을 지르기 시작했다. 얀이
브레넌의 경기를 지켜보면서 어땠는지 내게 말해주었을
때, 그녀는 스포츠 역사가로서의 진지함뿐만 아니라 관객
으로서의 경외심과 흥분으로도 가득 차 있었다. 그녀가 말
했다.

"제가 무대 끝에 서 있는 사진이 있는데, 전 그냥 입을 벌
리고 있어요. 그 주말 클로이는 누구보다 큰 환호를 받았습
니다. 세상이 바뀌었다는 거죠. 마침내 여성이 강해져도 되
는 세상이 왔습니다. 몸집과 상관없이 어떤 여성이든 훈련
을 하면 정말 많은 일을 해낼 수 있다는 것이 증명됐어요."

얀은 수년에 걸쳐 디니 스톤을 들어 올린 여성들을 비웃
으며 그들이 '진짜' 여성이 아니라고 말했던 수많은 남성들
을 지적했다.

"클로이 같은 사람을 보세요. 놀랄 만큼 강하고, 기쁨으
로 가득하고, 대부분의 남성들은 하지도 못할 일을 해내는
모습이 어떤가요?"

그녀는 웃음을 참을 수 없었다.

"전 그런 모습이 아주 멋지다고 생각해요."

아버지의 미술 작업실에 놓인 근력 운동용 벤치는 덤벨

과 철판 더미로 둘러싸여 있었다. 스쿼트나 벤치프레스를 할 때 머리 위쪽 받침대에 놓인 역기에 얹기 위해서였다. 아버지는 규칙적으로 이런 무거운 것들을 들어 올리면서 올바른 사용법을 우리에게 가르쳐주셨다. 하지만 이것이 아버지가 가장 중요하게 생각한 운동법은 아니었다. 무엇보다도 나는 끝없이 반복했던 팔굽혀펴기, 턱걸이, 플랭크, 물구나무서기, 브리지와 같은 맨몸운동을 기억한다. 우리 몸 자체가 충분한 부담이었다. 몸을 들어 올리는 방법을 배우는 것은 실제로 도움이 됐고, 이를 충분히 반복하면 다른 운동은 필요 없었다.

팔굽혀펴기를 할 때마다 나는 어제보다 더 많은 것을 해낼 수 있음을 깨달았다. 삶의 많은 부분이 통제되지 않는 것처럼 느껴지는 요즘, 아무리 느리다 해도 확실하고 구체적인 전진은 작은 승리처럼 느껴진다. 이 책을 쓰는 동안 나는 수차례 팔굽혀펴기를 하면서 그것이 의미하는 바에 대해 생각해보았다. 그리고 아버지에게서 배운 바가 단순히 무거운 것을 들어 올리는 것이 아니라 나 자신을 들어 올리는 것임을 요사이 이해하게 됐다.

형태

인체, 특히 해부학의
대가였던 적이 없거나
대가가 아닌 사람은
그것을 이해할 수 없다.

— 미켈란젤로

5장

이상적인 몸

근육은 생명의 흐름이 끊기면 갑자기 힘을 잃고 무기력해진다. 그리고 점점 다루기 힘들어진다.

근육은 경직되면서 사후 경직이라는 수축 상태로 들어간다. 사람이나 동물은 죽고 몇 시간이 지나면 근섬유의 이완에 필요한 에너지 분자가 소실되면서 관절이 제자리에 고정된다. 이 과정은 보통 일시적이지만, 해부학적 연구를 위해 보존된 시신의 경우에는 사후 경직과 포르말린의 조합으로 팔다리가 이상한 자세로 굳어버릴 수 있다. 예를 들면, 발레리나처럼 발끝이 뾰족한 모양으로 굳거나 팔이 구부러진 채로 굳는 것이다. 몸은 마치 어떤 행동을 하다가 멈춘 것처럼 보인다.

삶 속에서 우리를 움직이게 하던 그 물질이 죽음 속에서는 우리를 멈추게 한다.

해부 과정을 관찰하노라면 우리가 머무는 이 육신에 대해 실존적인 생각을 하지 않을 수 없다. 육신은 일시적인 탈 것, 우리가 결국 남겨두고 떠날 탈것이다. 엔진은 꺼졌지만, 차량은 여전히 주차장에 세워져 검사를 기다리고 있다. 그러니까, 우리에게 그 보닛의 아래를 들여다볼 특권이 주어졌다면 말이다.

"누군가 '제 몸으로 공부하세요. 여기 뇌, 심장 그리고 제 모든 것이 있습니다'라고 말해주는 것은 큰 영광이죠."

캘리포니아대학교 샌프란시스코 캠퍼스(이하 'UCSF'로 약칭함)의 물리치료 및 재활학과 교수이자 학과장이며 의과대학 해부학과 겸임교수이기도 한 앰버 피츠시몬스Amber Fitzsimmons가 말했다. 그녀는 나를 의대 건물 13층에 있는 해부학 실험실로 안내했다. 그곳은 단언컨대 샌프란시스코에서 가장 멋진 풍경을 감상할 수 있는 장소였다. 드넓게 이어진 창문 너머로 태평양부터 도심의 고층빌딩까지 도시의 전경이 펼쳐졌고, 샌프란시스코만을 가로질러 밀려오는 칼 더 포그Karl the Fog(차가운 태평양 해류와 육지의 따뜻한 공기가 만나 생기는 샌프란시스코 특유의 안개-옮긴이)가 동쪽 언덕을 향해 덩굴손처럼 뻗어 나갔다(그렇다. 샌프란시스코의 안개는 이름을 가졌으며, 소셜 미디어에서 매우 독특한 존재감을 드러낸다). 그런 곳이 아름다운 경치를 감상할 수 없는, 죽은 자들을 위한 방으로 쓰인다는 것이 기이했다. 하지만 한편으로는 어쩐지 그 높은 위치가 꽤 잘 어울린다는 생각이 들었다.

앰버가 방의 반대쪽 끝에서 해부 실습을 하고 있던 의대생 두 명에게 다정히 인사했다.

"신체 내부를 보는 것은 충격적일 수 있어요. 충격적이에요."

앰버가 나를 향해 말했다.

이러한 이유로 인체 기증자의 해부에는 일련의 절차가 마련되어 있다. 이 절차는 볼 수 있는 것이 얼마나 큰 특권인지를 깨닫게 해주며 경외심을 불러일으킨다. 해부에 앞서 시신의 머리와 손, 발은 감싸진다. 그리고 매 학년 말에 특별한 추모식이 진행되는데, 이를 통해 의대, 물리치료대, 치대, 약대 학생들은 사실상 자신의 첫 환자였던 분들을 기린다. 기증자의 화장한 유골은 바다에 뿌려진다.

내가 왜 굳이 자진해서 시체 해부 모습을 목격하고 싶어 하는지 궁금하다면, 솔직히 말씀드리겠다(나도 그 이유가 궁금했다). 어릴 적부터 죽음에 대한 깊은 두려움을 느꼈던 사람으로서, 나는 이 일을 가볍게 여기지 않는다. 내가 이를 직접 관찰하고 싶었던 이유는, 우리가 외모에 대해 당연하게 여기는 표면적인 생각 아래에 무엇이 있는지 그리고 근육이 우리가 자신을 바라보는 방식에 어떤 영향을 주는지를 본질적이고, 직접적이며, **본능적**인 방식으로 이해하고 싶었기 때문인 것 같다. 나는 생전 처음 실제로 근육을 **보고** 싶어서 해부학자를 찾아갔다. 근육은 우리의 외모를 형성하고, 우리는 몸의 외양과 형태에 미적 가치를 부여한다. 그리고 근육을 바라보는 방식은 다시 우리가 세상의 다른 사람들을 바라보는 태도에 영향을 준다.

아름다움이 요점과는 거리가 먼 것처럼 느껴진다면, 한때 아름다움이 해부의 주요 초점이었다는 사실을 기억하라. 인체를 탐구한 르네상스 시대의 두 거장, 미켈란젤로 부오나로티와 레오나르도 다빈치는 모두 신체를 표현하려면 신체에 대한 과학적 이해가 필연적이라고 생각했다. 그들의 해부 연구와 실습은 이상적인 아름다움에 대한 현대적 개념의 기초를 마련했다.

이제 그 근원적 재료인 근육으로 돌아가 살펴보자. 근육을 보면 겉모습, 기능, 우리가 중요하게 여기는 것에 대해 무엇을 알 수 있을까? 무엇이 근육을 아름답게 할까?

흰 천으로 덮인 시신이 있는 작업대에 다가서자 앰버가 물었다.

"준비되셨나요?"

나는 고개를 끄덕였다. 그녀는 천을 걷어내고 첫 절개를 위한 칼날을 들었다.

인체 해부도는 여러 문명과 문화권에서 반복적으로 등장한다. 근육은 서양에서 인체 기능을 이해하는 데 매우 중요한 요소다. 그렇기 때문에 나는 중국 전통 의학의 해부도에는 근육이 나타나지 않는다는 사실을 알고 깜짝 놀랐다.

일본 과학 역사가 시게히사 쿠리야마Shigehisa Kuriyama는 그의 독창적인 저서 《신체 표현과 그리스와 중국 의학의 차이The Expressiveness of the Body and the Divergence of Greek and Chinese Medicine》에서 "중국 의학에는 '근육'을 가리키는 특정 단어조차 없었다"라고 지적했다. 그는 인체를 묘사한 고전적이고 영향력 있는 그림 두 점을 비교해 이 점을 설명했다. 16세기에 발표된, 안드레아스 베살리우스Andreas Vesalius(이탈리아의 의사이자 해부학의 창시자 – 옮긴이)의 《인체의 구조에 관하여On the Fabric of the Human Body in Seven Books》에 수록된 전신 근육 판화와 14세기 활수滑壽(중국 원나라 시대의 명의 – 옮긴이)의 《십사경발휘Routes of the Fourteen Meridians and Their Functions》에 수록된 침술 도해가 그것이다. 원나라와 명나라 시대의 중국 의사들에게 근육은 본질적으로 보이지 않는 것이었으며, 신체 건강에서 가장 중요한 것은 몸속 에너지의 흐름을 관리하는 것이었다.

고대 중국에서 이상적인 신체는 생명의 숨결, 즉 기氣로 충만하고 자족적인 몸이었다. 강하고, 힘차고, 건강한 몸은 기가 새어 나가지 않았다. 이 이상적인 신체는 힘을 발휘하고 싶어 했지만, 그러한 몸을 위해 처방된 운동은 근육질의 또렷한 몸을 만드는 것이 아닌, 흐름과 유연성을 자극하는 데 중점을 둔 것이었다. 이때의 신체는 헤라클레스가 아닌 배가 불룩한 요가 수행자와 비슷했다. 그 배는 오늘날의 우리에게는 건강해 보이지 않을지 모르지만, 고대 중국에서는 그렇지 않았다(그 배는 기로 가득 차 있었기 때문이다).

중국의 의사들과 마찬가지로, 기원전 5세기경 고대 그리스 의사들은 보통 근육과 살을 구분하지 않았다. 하지만 이 시대의 그리스 예술가들은 근육이 없는 부위에도 불룩한 형태를 새겨 넣었다. 근육이 뚜렷하게 드러난 몸은 그리스인들이 근육의 본질을 이해하기도 전부터 아름다운 것으로 여겨졌다. 2세기의 영향력 있는 의학자이자 철학자인 갈레노스Galen의 시대에 이르러, 해부학과 해부 기술의 발전은 근육과 힘이 서로 연결되어 있다는 새로운 인식의 형성을 촉진했다.

갈레노스는 자신의 저서에서 근육을 자발적 행동의 원동력, 따라서 인간 정체성의 핵심으로 설명했다. 한편, 쿠리야마는 고대 그리스인들의 근육에 대한 몰두가 '인간성에 대한 특정 생각의 발달과 깊이 연관되어 있다'라고 설명했다. 근육은 단순히 외적 이상에 대한 것이 아니라, 내적 이상에 대한 것이기도 했다. 우리가 근육에 관해 이야기할 때, 실제로 우리가 이야기하는 것은 **우리가 누구인지**에 대한 것이다.

이러한 삶의 철학은 오늘날에도 여전히 서구적 사고에 깊은 영향을 미치고 있다. 우리의 행동은 우리의 인격과 우리가 하는 선택을 드러낸다. 그리고 근육은 우리 몸과 삶에 대해 그러한 자율성을 행사하는 주체다.

내가 열두 살이 되던 해인 1989년, 바티칸이 미켈란젤로의 시스티나 성당 천장화 복원 작업을 완료하면서 16세기에 그려진 본래 그림의 웅장한 색상과 선명함이 되살아났다. 아버지는 이 순간을 기념해 생명의 활기로 빛나는 인체를 묘사하는 것이 무엇인지에 대한 기초적인 수업을 해주셨다.

우리는 예술 서적과 잡지에서 성경 속 다양한 인물들의 이미지를 자세히 살펴보았다. 시빌(주로 미래를 예언하고 신탁을 전달하는 여성 예언자들 – 옮긴이)과 예언자들의 강렬한 외모가 내 마음을 사로잡았다. 그들의 외모에서 느껴지는 중

성적인 아름다움과 힘은 정말로 매력적이었다.

저 근육들을 보렴. 아버지는 인물들의 광채 그리고 그 모든 빛 너머에 있는 견고함을 가리켰다.

미켈란젤로의 생동감 넘치는 인물상에서 수 세기 동안 묵은 때를 조심스럽게 벗겨내며 수년을 보낸 한 예술품 복원가는 작품에서 '혈관을 따라 흐르는 피를 볼 수 있다'라고 말했다.

인간의 몸에 대한 미켈란젤로의 깊은 이해는 과학적 해부에서 비롯됐다. 해부학은 볼로냐Bologna와 파도바Padua와 같은 대학 도시의 의과대학에서 부활하긴 했지만, 르네상스 시대 이탈리아 가톨릭교회는 이를 여전히 엄격하게 규제했다. 예술가들은 해부할 시체를 쉽게 구할 수 없었지만, 종교 관계자들은 미켈란젤로에게 다른 이들보다 더 많은 자유를 허용했다(그는 인체에 대한 묘사를 황홀경에 가까운 경지로 끌어올렸다). 성경 이야기를 교회 프레스코화로 정교하게 담아내는 것은 글을 모르는 대다수의 일반 대중을 교회로 끌어들이는 데 중요했다. 성인聖人들의 삶을 보여주는 아름다운 작품은 필수적인 종교 교육으로 여겨졌다.

시스티나 성당 천장화는 미켈란젤로가 완성하는 데 4년이 걸린 작품으로, 1512년에 공개됐다. 그로부터 25년 후 61세의 나이에 미켈란젤로는 다시 한번 바티칸으로부터 명을 받고 제단 위 거대한 벽면에 마지막 프레스코화인 〈최후의 심판〉을 그렸다. 이 작품은 경외심과 반감을 동시에 불러일으켰다. 한 작가는 이를 '난잡하게 뒤범벅된 몸들의 바다'라고 묘사했는데, 그림에서 그리스도는 아폴로와 같은 강력한 존재로, 날개 없는 천사들은 저주받은 자들을 지옥으로 몰아내는 근육질의 집행자로 그려졌다. 인물들의 벌거벗은 상태와 해부학적 특이성은 대중을 충격에 빠뜨렸다. 그럼에도 불구하고 작품에 담긴 생생한 **인간성**은 놀라운 업적으로 평가됐다.

한편, 이 점을 꼭 언급해야겠는데, 〈최후의 심판〉은 나이든 예술가에게 극도의 인내심을 요구하는 육체노동의 결과이기도 했다. 그는 〈최후의 심판〉을 완성하기 위해 5년 동안 매일 7층 높이의 비계에 올랐다.

그는 심지어 천장화를 그리는 일이 얼마나 고통스러운지를 풍자하는 소네트도 썼다. "갑상샘종이 생긴 것은 목을 뒤로 젖힌 이 자세 때문인 것 같다네. (…) 이 모든 혹사로 / 내 내장과 뼈들이 뒤엉킬 지경이라네." 그는 시의 여백에 천장에 형상을 그리기 위해 몸을 비틀고 있는 구부정한 인물을 스케치했다. 작업이 막바지를 향해가던 중 미켈란젤로는 넘어져 다리를 심각하게 다쳤다. 하지만 그는 계속 작업을 이어나갔고, 프레스코화를 완성했다.

예술은 운동과 마찬가지로 나와 아버지를 이어주는 연결 고리였다. 아버지는 내가 태어난 해인 1977년에 자신의 작품으로 에미상을 받은 예술가였다. 그는 20년 동안 상업적 작품에 집중하며 영화 포스터, 인쇄 광고, 로맨스 소설, 아동용 책에 들어가는 삽화를 그렸다. 아버지가 고객을 만나기 위해 롱아일랜드에 있는 집에서 맨해튼으로 가는 기차를 탈 때면, 나는 자주 아버지를 따라나섰다. 우리는 결국 메트로폴리탄 미술관의 부게로Bouguereau나 바스티앵르파주Bastien-Lepage 같은 프랑스 사실주의 화가들의 작품 앞에서 함께 뭔가를 끼적거리곤 했다.

내가 아버지처럼 프리랜서 예술가가 되고 싶다고 말했을 때, 아버지는 성형외과 의사가 되라고 말씀하시곤 했다.

"그러면 사람들의 얼굴로 예술을 하면서 돈도 많이 벌 수 있잖아!"

아버지는 그 방법이 천재적이라고 생각했지만, 나는 끔찍하다고 느꼈다.

할아버지가 수년간 홍콩 주룽의 장례식장에서 일하셨다는 사실을 알게 된 것은 최근에 들어서였다. 10대 시절, 아버지와 피터 삼촌은 시체 안치소 위의 시영 주택에서 할아버지와 함께 사셨다. 아버지께 그 안에 들어가보신 적이 있는지 물었더니 아버지는 "아, 그럼!"이라고 당연하다는 듯 말씀하셨다.

"우린 거기에서 놀았단다. 병 안에 신체 부위들이 있었지."

돌이켜보면, 아버지와 내게 예술과 해부학은 이미 서로의 어린 시절부터 연결된 고리였다.

언제 처음 그림 그리는 법을 배웠는지는 기억이 나지 않는다. 유치원에 다닐 때쯤에는 이미 팔 받침이 뭔지 알고 있었고, 막대 그림(머리는 원으로, 몸통과 사지는 단순한 직선으로 나타낸 인체나 동물 그림 – 옮긴이)이라는 건 내 사전에 없었다. 그림 실력은 아버지로부터 자연스레 물려받은 능력 중 하나였다. 발 모양이나 자유자재로 움직이는 기이한 눈썹과 같은 다른 유산들과 함께 말이다.

1980년대 후반, 아버지는 당시 세계에서 가장 인기 있는 아동 도서 중 하나인 '나만의 모험을 선택하세요Choose Your Own Adventure' 시리즈의 표지 작업을 시작했다.

'당신은 기억할 수 있는 한, 7세기의 중국 농촌에서 삼촌과 함께 농사를 지어왔습니다. 밭에서 보내던 고되고 힘든 날들은 야만인들이 당신의 작은 마을을 습격하면서 끝이 납니다. 이제 그들은 당신을 포로로 잡아 고문할까요, 아니면 더 흥미로운 삶으로 데려가게 될까요?'

'나만의 모험을 선택하세요' 시리즈의 109번째 책인《중국의 용》표지에서 무릎을 꿇고 애원하는 순진한 눈빛의 시골 소년이 누군지 아는가? 바로 우리 오빠다. 그 소년 앞에 갑옷을 입고 오만하게 서 있는 장군은? 우리 아빠다.

'삼촌의 말대로 밭에 머물까요? 아니면 군인 영웅 리시민Li Shi-min을 따라 도망친 다음, 훈련을 받고 그의 젊은 전사가 될까요?'

우리는 아버지를 충실히 따랐다. 아버지는 작업실에서 우리에게 자신처럼 펀치를 날리고 발차기하는 법을 가르치셨듯이 그림도 자신처럼 그리도록 가르치셨다. 예술과 삶에서 몸을 형성하는 일은 서로 맞물려 있었다. 그것은 탐구의 방법이었다. 시도하고, 모습을 바꾸고, 자신이 누가, 어떤 존재가 될 수 있는지 알아보는 것이었다.

고등학교 시절 나는 자화상과 이탈리아 르네상스를 주제로 한 미술 수업 과제의 하나로 시스티나 성당 천장화에 나를 그려 넣은 적이 있다. 과제는 옛 거장의 스타일로 자화상을 그리는 것이었다. 미켈란젤로를 택한 이유는 아버지가 미켈란젤로를 무척이나 좋아하셨고, 그 프레스코화가 내게 의미도 있었기 때문이다. 당시 아버지는 사실상 1년 내내 홍콩에 머무르셨기 때문에 우리 곁을 거의 떠난 상태였다. 부모님은 별거를 시작하셨지만, 그것을 별거라고 부르지 않았다. 나는 아버지에게 우리가 모르는 완전히 다른 삶이 있는 게 아닐까 하고 생각했다.

"네 아버지에게 다른 가족이 있을지도 몰라."

내 가장 친한 친구의 말에 나는 화가 났다. 어린 시절의 경험은 묘하게 조각난 느낌으로 가득 차 있다. 어떤 그림의 일부만 보이는 상황에서, 나는 내가 가진 조각들을 끼워 맞춰 모든 것을 이해하려 애썼다. 묻는 것이 두려웠다. 사실 **무엇**을 물어야 할지도 몰랐다.

아버지가 안 계시는 동안 나는 아버지의 작업실에 머물렀다. 아버지와 함께할 순 없었지만, 적어도 그의 물감을 사용해 새로운 나 자신을 만들어가려 노력했다.

미켈란젤로는 많은 면에서 파격적이었다. 특히 성별을 구분하지 않고 예배당의 모든 여성을 남성과 똑같이 근육질로 그렸다는 점에서 그렇다. 가부장적인 교회가 여성을 가정 안으로 밀어내고 순종과 정숙함이 여성의 가장 중요한 덕목으로 여겨지던 시대였다. 나는 당시의 종교적 배경에 무지했지만, 그 근육만큼은 마음에 들었다. 미켈란젤로는 억눌린 힘을 가까스로 품고 있는 육체를, 마치 영혼이 몸을 통해 뿜어져 나올 듯한 모습으로 묘사했다(일반적인 청소년기의 상태에 대한 설명으로도 나쁘지 않다). 나는 나를 대리석 왕좌에 앉아 펼쳐진 책에 몰두하는 예언자 다니엘Daniel로 그렸다. 이어서 그 책은 더 작은 인물이 받들고 있는데, 지구를 떠받치는 아틀라스처럼 이 지식의 짐을 짊어지고 있다.

몇 주 동안 나는 작업실 벽에 걸린 거울 앞에 앉아 당당하고, 근육질이며, 두려움 없이 강인한 내 모습을 실물 크기로 그렸다. 이 그림은 지금까지도 어머니의 집에 있다.

성경학자들은 다니엘이 꿈을 해석하는 사람이자 〈다니엘서〉의 주인공이라고 말한다. 그림에서 다니엘은 옆을 응시하며 오른손으로 무언가를 적고 있는데, 내가 붓을 올려놓은 곳이 바로 그 손이다. 하지만 내 해석에서 나는 차분하고 자신감 넘치는 모습으로 앞을 똑바로 바라본다. 이것은 내 이야기였고, 나는 그 이야기를 시작하고 있었다. 열여섯 살의 그 모든 호르몬과 들뜬 감정에도 불구하고, 이런 모습의 나는 전혀 억지스럽지 않았다.

6장

여자 헤라클레스를 두려워하는 자, 누구인가?

근육질의 여성은 역사적으로 다루기 까다로운 존재였다. 우리는 근육질의 몸에서 아름다움을 인식할 때 다양한 요인, 특히 성별의 영향을 받는다. 내가 이해하기로 그러한 까다로움은 혼란에 뿌리를 두고 있다. 패트리샤 버틴스키Patricia Vertinsky는《이두박근이 있는 비너스Venus with Biceps》에서 이렇게 지적했다. 대대로 근육질의 여성은 "성별 역할과 권력 관계의 기반이 되는 '남성은 강하고 여성은 약하다'라는 등식을 어지럽혀 왔다." 스트롱우먼의 역사를 담은 이 책은 1800년부터 1980년까지의 빈티지 포스터, 만화책, 광고, 사진 등 다양한 자료를 통해 여성성과 근육질의 몸을 깊이 있게 탐구한다.

이러한 자료들은 거의 두 세기에 걸쳐 강인한 여성의 몸에 대해 우리가 얼마나 복잡하고 모순된 감정을 품어왔는지를 보여준다(당시 서커스 공연자, 공중 곡예사, 체조 선수, 보디빌더, 기타 운동선수는 대담하고 매혹적이거나, 이국적이고 자극적이거나, 불안감을 주고 도덕적으로 혐오스러운 존재 등으로 다양하게 받아들여졌다).

성별 역할에 대한 이분법적인 사고는 오랫동안 여성의 근육질 몸과 신체적 강인함이 사회 질서, 가정의 화합 그리고 생식적 책임에 위협이 된다는 세계관을 조장해왔다. 그래서 한때는 스포츠가 여성을 '남성화'시킬 수 있다는 사회적 우려가 팽배했던 적도 있다. 19세기 미국의 기독교 권위자들은 스포츠를 여성을 도덕적 타락으로 이끄는 길로 여겼다(이는 21세기 사우디아라비아의 입법자들도 마찬가지다). 20세기에 들어서도 꽤 오랫동안 여성들은 자궁이 빠질 수 있다는 이유로 무거운 물건을 들지 말라는 경고를 받았다. 요즘은 근육질의 여성이 긍정적으로 여겨지는 경우가 많지만, 여전히 여기에는 경고가 뒤따른다.

'너무 근육질이다'라는 말은 이 광대한 문화적 지뢰밭에 상주하고 있다. 겉보기에 이는 단순히 외모에 대한 언급처럼 보일 수 있지만, 감히 육체적 강인함을 추구하는 여성들에 반발해 여러 분야에서 제기되어 온 비난의 말이기도 하다. 예를 들어, 얀 토드는 수 세기 동안 남성성을 드러내는 의식과 밀접하게 연결되어 있던 돌 들어올리기 관습을 혼란에 빠뜨렸다. 결국, 여성도 돌을 들어 올릴 수 있다면 남성이 돌을 들어 올리는 것이 무슨 의미가 있겠는가?

'너무 근육질'이면 다음과 같이 여성으로서의 정체성을 의심받을 수 있다. '사회적 기준보다 근육이 더 발달했는데, 진짜 여성일까?' 또 '너무 근육질'이면 이런 혐의를 받을 수도 있다. '스테로이드나 다른 경기력 향상 약물을 사용하는 부정행위를 한 건 아닐까?'

이러한 말은 또한 은근한 인종차별을 시사할 수 있다. 2017년 하버드대학교 학생들과의 대화에서 발레 스타 미스티 코플랜드Misty Copeland는 미의 편협한 기준에 대해 언급했다.

"왜 제가 제 몸이 너무 근육질이라는 말을 들어야 할까요? 그건 네 피부색이 잘못됐다는 의미의 암호 같은 겁니다."

최고의 테니스 선수 세레나 윌리엄스Serena Williams는 2016년 〈가디언Guardian〉과의 인터뷰에서 사람들은 자신을 '너무 근육질이고 너무 남성적이라고 말하더니, 일주일 후에는 너무 야하고 너무 섹시하다'라고 말했다고 밝혔다. 발레와 테니스처럼 백인이 지배하는 영역에서 '너무 근육질'이라는 표현은 '너무 흑인'이라는 의미, 어울리지 않는 몸이라는 의미의 암호가 될 수 있다(이런 식의 표현에는 여성

103

성, 인종, 권력의 문제가 마구 뒤섞여 있다).

'너무 근육질'이라는 말은 트랜스젠더 여성과 선천적으로 테스토스테론 수치가 높은 간성 운동선수들을 폄하하는 데도 사용된다. 트랜스젠더 여성의 대회 참가를 둘러싸고 점점 더 커지고 있는 논란은 근육 그 자체 그리고 남성의 사춘기에 발달하는 근육이 불공평한 이점을 제공한다는 인식에 기반한다. 트랜스젠더 여성의 경기 참가는 당연히 오랫동안 성별에 따라서만 운동선수를 구분해온 시스템에 혼란을 가져온다. 최근 보스턴 마라톤과 뉴욕시 마라톤을 포함한 주요 마라톤 대회에 제3의 성 부문이 신설된 것은 대회 주최 측이 이러한 문제에 대응하는 한 가지 방식이다. 앞으로도 분명히 이러한 재고는 계속될 것이다.

물론 힘에는 제로섬zero-sum(어느 한쪽이 득을 보면 반드시 다른 한쪽이 손해를 보는 상태-옮긴이)의 특성이 없다(내가 강하면 당신도 강해질 수 있다). 하지만 제로섬 사고방식은 여성의 힘에 대한 개념에 과도한 영향을 미친다. 한 여성이 너무 근육질이라고 여겨질 때, 이는 그 여성의 힘이 다른 누군가로부터 빼앗은 것으로 보이거나, 그 힘이 어쩐지 어울리지 않거나, 부당하거나, 자연스럽지 않은 것으로 보이기 때문이다. 여성의 힘을 약화하기 위해 온갖 황당한 호르몬 이론들이 동원되어왔으며, 이는 신체와 정치적 권력을 교묘히 연결한다. 예를 들어 폐경은 여성을 불안정한 지도자로 만든다는 주장(예: 힐러리 클린턴을 보라)이 있었지만, 실제로 사람을 신중하지 못하게 만드는 호르몬은 테스토스테론이다(예: 빌 클린턴).

요컨대 사이비 과학은 오랫동안 여성의 몸과 생물학적 특성에 대한 규범을 지배해왔다. 어쩌면 근육미에 대한 우리의 시각은 다소 고착된 것일지도 모른다. 다시 근육 그 자체로 돌아간다면, 우리의 생각이 흔들릴 수 있을까?

앰버 피츠시몬스는 현대의 해부학자다. 그녀는 최고의 의과대학 중 한 곳에서 학생들을 가르치는 해부학 교수이자 다양한 실제 인체를 치료해온 물리치료사다. UCSF의 해부학 실험실을 방문했을 때, 나는 '너무 근육질'이라는 말이 그녀에게 무엇을 의미하는지 물었다. 그녀는 미국인들이 여성 역도 선수의 몸, 특히 1970년대와 80년대에 금기시됐던 커다란 근육질 몸을 보고 싶어 하지 않도록 사회화됐음을 상기시켜주었다.

동독과 소련의 스포츠 조직은 냉전 시대에 치러진 올림픽 경기에서 정치적, 문화적 영향력을 얻으려고 국가 차원에서 도핑 프로그램을 운영했다. 이 은밀한 관행에 대한 공포는 스포츠계에서 조직적인 '여성성 관리'와 성별 검사로

이어졌다.

"'너무 근육질'이라는 말은 '너무 남성적'이라는 말과 같아요."

앰버가 무심하게 말했다.

"그런데 운동하는 여성이 남자처럼 보이고 싶은 건 아니에요. 그 두려움은 여전히 여성과 운동을 둘러싸고 있죠."

앰버는 많은 시간을 '근육의 의미'에 관해 생각하며 보낸다. 그녀에게 형태와 기능은 서로 밀접하게 연관되어 있다. 우리가 함께할 해부 실습 전에 그녀는 근육에 관한 어휘, 근육을 아름답게 만드는 요소, 근육의 아름다움에 대한 기준에 왜 성별이 따라붙게 됐는지를 함께 논의하고자 나를 대신해 해부학자 동료들(UCSF의 강사들과 연구원인 다나 로드Dana Rohde, 바비 클라인Barbie Klein, 매디 노리스Maddie Norris)을 불러 모았다.

처음 이들을 만났을 때, 그들은 모두 복도에 서서 해부학과 관련된 농담을 하고 있었다(사실 이 상황 자체가 농담처럼 느껴졌다). 다나가 물었다.

"고환과 전립선의 차이difference는?"

"큰 차이vas deferens가 있다!('vas deferens'를 'vast difference'처럼 들리게 하는 말장난이다. 큰 차이가 있다는 말도 되지만, 실제로 'vas deferens'는 '수정관'을 의미한다 – 옮긴이)."

폭소가 터져 나왔다.

우리는 근육과 그 기능에 관해서는 물론이고, 언어·문화·사회 등의 더 다양한 맥락에서 근육이 어떻게 비치는지에 관해서도 이야기했다. 해부학자들은 근육에 대해 어떤 현대적 관점을 제시할 수 있을까?

"솔직히 말하면 저희도 선호하는 게 있어요."

앰버가 씩 웃으며 말했다. 52세인 그녀는 평생 수영을 해온 사람답게 자세가 좋고, 잘 웃는다. 근육에 관한 그녀의 넘치는 열정은 사람들로 하여금 온갖 질문을 쏟아내게 한다(정말 엉뚱한 질문까지도). 그녀는 그런 질문 하나하나에 사려 깊고 진지하게 대답한다.

수영 선수의 어깨, 달리기 선수의 다리, 체조 선수의 복근, 무용수의 자세. 이러한 말들은 다양한 체형을 떠올리게 하며, 모두 어떤 방식으로든 사람들의 찬탄을 받는다(남편을 처음 만났을 때, 축구 선수를 생각나게 하는 그의 멋진 종아리에 반했음을 인정한다). 또한, 특정 근육의 매력과 그 근육에 내포된 특성 뒤에 무엇이 있는지에 대한 궁금증을 불러일으킨다.

근육이라는 말이 어휘 속에 어떻게 녹아 있는지 보라. 근육muscle의 유의어로는 **힘**potency과 **지배**domination 같은 단어들이 있다. 누군가를 강제로 동의하게 할 때, 사람들은

107

완력strong-arming을 사용한다. 근육을 보여주려면 이두박근(더 정확히 말하면 상완이두근biceps brachii)을 수축시키면 된다. 팔을 굽혔을 때 나오는 이두박근만큼 전형적인 힘의 상징은 없다(사실상 이는 **모든** 근육을 대신한다. 이모티콘만 봐도 알 수 있다). 그러나 앰버의 설명에 따르면 이두박근은 눈에 띄는 존재감에도 불구하고 팔이 일명 '뽀빠이' 자세를 취할 때만 가장 강한 팔 근육이다. 그렇지 않으면 더 깊은 곳에 있는 '순수 굴근'인 상완근brachiali이 가장 강한 팔 근육이며, 이두박근은 보조 역할로 밀려난다.

해부학을 연구하고 가르치는 사람은 돋보이는 근육을 보면서 어떤 생각을 할까? 방 안이 논쟁으로 떠들썩해지기 시작했다. 다나가 말했다.

"음, 보디빌더의 경우, 때로 그들의 근육은 모두 보여주기 위한 것일 뿐이에요. 육중한 몸집 때문에 걸어 다니기도 불편하고, 등 근육이 너무 커서 팔을 자연스럽게 움직이기도 힘들죠."

이에 반해 바비는 체조 선수를 예로 들었다.

"체조 선수들은 통제력을 발휘해 손으로 몸 전체를 들어 올릴 수 있어요. 제 생각에 근육을 아름답게 하는 것은 결국 기능인 것 같아요."

나는 마블Marvel 영웅들에 대해 생각했다. **그들의** 근육은 기능적일까? 어린 시절 아버지는 오빠와 내게 만화책(《엑스맨X-Men》,《울버린Wolverine》,《다크 피닉스Dark Phoenix》)를 건네주시며 사람의 몸을 그려보도록 권하셨다. 우리는 슈퍼 영웅들의 몸을 유심히 관찰하고, 그것을 따라 그려보는 연습을 했다. 그러한 만화책을 통해 내가 알게 된 것은 (내가 좋아했던 다중 우주 이야기를 제외하고) 남자 슈퍼 영웅은 이두박근으로 상체가 우람하고, 여자 슈퍼 영웅은 가슴으로 상체가 우람했다는 것이다. 그 비현실적인 근육을 스케치하면서 나는 불가능한 이상을 품은 미국의 문화적 심리를 배우게 됐다. 나는 큰 소리로 물었다.

"만약 여러분이 슈퍼 영웅 영화에서 배우들의 몸을 만들어주는 할리우드 트레이너라면 어떨까요? 미국 관객에게 강한 몸, 이상적인 몸을 보여주기 위해 어떤 근육에 집중할 건가요?"

"먼저 전형적인 남자 슈퍼 영웅, 캡틴 아메리카부터 시작해보죠."

앰버가 말했다.

"일단은 물론 팔, 그러니까 삼두박근, 이두박근에 집중할 겁니다. 그리고 다음은 삼각근deltoids, 흉근pectorals, 광배근latissimus dorsi이에요. 넓은 어깨에서 좁은 허리로 이어지는 과장된 삼각형을 만들기 위해서죠. 이어서 목 주변에 있는 상부 승모근upper trapezius을 과하게 발달시켜 넓은 어깨를 만들고 외복사근external obliques(측면에 있는 복근 중 가장 표면 쪽의 근육)으로 흉부를 강조할 겁니다."

마지막은 배곧은근rectus abdominis, 즉 식스팩이다.

"재미있게도 우리는 식스팩이 있는 사람을 보면 무조건 튼튼하고 건강할 거라고 생각하죠."

바비가 조용히 덧붙였다.

"하지만 그냥 타고나길 군살이 없는 사람일 수도 있어요."

근육에 대한 우리의 불편함은 여성이 남성의 영역으로 너무 깊이 들어갈 때 시작된다.

"여성의 근육 같은 경우는 전혀 달라요."

앰버가 말했다.

"여자 슈퍼 영웅은 강하지만, 가슴과 엉덩이가 있어야 해요. 어깨는 너무 넓지 않고 작아야 하고요. 배가 납작하지만, 식스팩은 보이지 않아요. 골반과 엉덩이가 강조되고, 허리는 잘록해요. 조형된 모래시계처럼요. 근육을 **과하게** 부풀려선 안 돼요. 남성에게 기대하는 두꺼운 목, 허벅지, 넓은 어깨를 여성에게서 보면 사람들은 거부감을 느낍니다. 그건 우리가 그렇게 길들여졌기 때문이에요."

말하자면 우리는 마라톤 선수의 마르고 강단 있는 몸부

터 헤비급 레슬링 선수의 커다란 근육질 몸까지, 남성에게 더 넓은 범위의 근육미를 허용한다.

심지어 여성 운동선수 자신도 '경기에 적합한 외모'와 '사회적 외모' 사이에서 갈등을 겪는다. 다양한 스포츠 분야의 미국 대학 내 선수들을 대상으로 한 여러 연구에 따르면, 여성들은 경기장에서 자신의 근육질 몸이 얼마나 유용한지에 자부심을 표했지만, 동시에 그 근육 때문에 청바지나 드레스를 입었을 때 '비정상적'으로 보일까 봐 걱정했다. 이들은 '너무 커지는 것'을 피하기 위해 근력 운동을 자제하고 여성성을 강조하기 위해 메이크업을 하는 식으로 이를 보완했다.

슈퍼 영웅의 몸은 성별과 상관없이 실제 기능보다는 체력과 근육의 외적인 매력을 **드러내는** 것이 가장 중요하다. 우리(시청자)는 그들의 근육을 받아들이도록 세뇌당한다. 그리고 그 정보를 우리의 일상에 흡수시키고 세뇌된 바대로 반응한다.

"헬스클럽에 가서 무슨 일이 벌어지고 있는지만 봐도 알 수 있어요."

앰버가 말했다.

"그 효과는 아래로 전달되죠."

이와 같은 사고방식은 마블 코믹스, 겉모습만 중시하는 할리우드, 헬스클럽 문화뿐만이 아니라, 우리의 의학 교과 서에도 내재해 있다. 대화 초반에 앰버는 내게 《원색 인체 해부학》의 최신판을 보여주었다.

"프랭크 네터Frank Netter는 오늘날 많은 학교에서 사용 하는 해부학 교과서에 그림을 그려 넣은 최고의 삽화가죠."

그녀가 1989년 처음 출판된 도감을 넘겨가며 설명했다.

"해부학 교과서가 일반적으로 보여주는 것은 이런 것들 이에요. 흰 피부, 완벽한 근조직, 존재하지 않는 체지방, 일 관된 피부 톤, 확실한 성별. 저는 1학년 해부학 수업을 시작 할 때 이 점을 먼저 짚고 넘어갑니다. 완벽한 신체를 백인 남성의 몸으로 묘사하는 것은 단 하나의 표면 해부학 모델 에 기반을 둔 잘못된 것이라고요."

이쯤에서 지적하고 싶은 점은 백인 우월주의의 매우 우 려스러운 흐름이 해부학 도감의 역사를 관통해 흐른다는 것이다. 히틀러의 제3제국 당시, 의심할 여지없이 탁월했던 빈의 해부학 교수 에두아르트 페른코프Eduard Pernkopf는 실력이 출중한 미술가들을 고용해 네 권의 인체 해부학 도 감을 제작했다. 페른코프의 《해부학 도감Atlas of Anatomy》 은 세심한 과학적 관찰을 통해 그 결과를 삽화로 담아낸 책 이지만, 나치가 살해한 사람들의 사체를 바탕으로 제작됐고, 여기에는 강제 수용소 희생자들이 포함됐을 가능성이 크다. 이 책은 오늘날에도 여전히 사용되고 있는데, 이 책의 교육 윤리에 대해서는 여전히 논란이 많다.

네터의 책에서 우리는 근육이 유독 발달한 다리의 삽화를 살펴보았다.

"미켈란젤로의 조각상을 보는 듯하군요."

앰버가 말했다.

"하지만 사실 이런 다리를 가진 사람은 거의 없죠."

이처럼 현대 사회의 근육 도해법은 남성에게도 해로울 수 있다. 사회심리학자 재클린 시겔Jaclyn A. Siegel은 남성의 정형화된 이상적인 신체가 섭식 장애와 근육 이형 장애 muscle dysmorphic disorder에 어떤 영향을 미치는지 연구해 왔다. 그녀는 남성들이 근육질 몸을 만들기 위한 과정에서 '남성적 규범인 지배력, 자신감, 성적 성공, 신체적·정서적 자기 통제'에 취약해지며, 이로 인해 섭식 장애까지 생길 수 있다고 설명했다. 실제로 섭식 장애, 과도한 운동, 운동 능력을 높이기 위한 약물 남용으로 도움을 필요로 하는 소년과 남성이 조용히 증가하는 현상은 근육에 대한 표면적인 이상이 우리 모두를 어떻게 해칠 수 있는지를 보여준다.

신호는 슈퍼 영웅이 등장하는 영화부터 소셜 미디어에 이르기까지 모든 곳에서 일찍부터 시작된다. 평소 상당히 침착한 기조를 유지하는 하버드 의대 간행물에도 최근 이러한 경고성 제목이 실렸다. '당신의 다섯 살짜리 아들은 식스팩을 신경 쓸 필요가 없다.'

오래된 편견은 이를 찾아내는 법을 배운 적이 없다면 알아차리기 어려울 수 있다. 하지만 작은 변화는 끊임없이 일어나는 중이다. 규범은 문화와 지역에 따라 다르게 나타나며 고정된 것이 아니다. 이제 의학 교과서는 더 다양한 인체를 다루기 시작했으며, 영향력 있는 운동선수들이 신체 이미지와 정신 건강에 대해 더 많은 활동을 하고 더 많은 목소리를 내고 있다. 캘리포니아주 버클리에 있는 우리 집 근처의 헬스클럽에는 점심시간에 파워리프팅을 하는 젊은 여성이 남성만큼이나 많다.

"저는 사회를 구성하는 한 인간으로서, 또 표면 아래에 숨겨진 것을 탐구하는 사람으로서 이러한 편견들을 알아보고 이해합니다."

앰버는 자신이 어떻게 학생들에게 더 비판적으로 관찰하도록 가르치려 노력하는지에 대해 설명했다.

"나이가 들수록 기존 질서에 도전하는 것이 덜 두렵게 느껴져요."

2019년, 이탈리아의 예술품 복원 전문가들은 예상 밖의 문제에 직면했다. 제대로 방부 처리가 되지 않은, 살해된 메디치Alessandro de' Medici 공작의 부패한 시신이 미켈란젤로의 매우 유명한 대리석 조각상 네 점, 즉 이탈리아 피렌체의 메디치 예배당 영묘 단지에 있는 '낮', '밤', '황혼', '새벽'을 훼손시키고 있었던 것이다. 수 세기 동안 알레산드로 공작의 시신에서 나온 인산염과 기타 물질은 빛나는 카라라Carrara산 대리석에 스며들어 우묵한 자국을 내고 깊은 변색을 일으켰다.

복원가들은 알레산드로 공작 시신의 남은 인산염을 빨아들이고 수백 년 된 얼룩을 지우기 위해 배고픈 미생물들을 조심스럽게 투입해야 했다. 이상적인 아름다움을 완벽하게 표현한 조각품조차도 실제로 썩어가는 인간의 신체 과정으로 훼손될 수 있다는 아이러니가 나를 웃게 한다. 전성기를 한참 지난 몸, 이는 우리가 아무리 발버둥을 쳐도 시간 앞에서는 결국 겸손해질 수밖에 없으며 현실에서 벗어날 수 없다는 사실을 일깨워준다.

7장

반듯한 어깨

패션 평론가 바네사 프리드먼은 "어깨만큼 상징적인 의미를 지닌 신체 부위는 거의 없다"라고 썼다.

"벌어진 어깨, 책임과 삶의 짐을 떠맡는다. 굽은 어깨, 겸손, 고통, 두려움, 경외심을 나타낸다. 으쓱하는 어깨, 무관심을 의미한다. 극적인 어깨, 슈퍼 영웅과 슈퍼 악당, 화려함의 아이콘을 떠올리게 한다. 어깨는 천사와 세상의 무게를 위한 안식처다."

신체 부위이자 문화적 기표로서 어깨에 대한 프리드먼의 견해는 패션에만 국한되지 않는다. 우리의 어깨는 단순한 옷걸이가 아니다. 감정과 무관심, 힘과 약함을 전달할 수 있으며, 육체적, 실존적 의미를 미묘하게 전달한다. 다른 많은 근육도 마찬가지다.

내게 어깨는 가장 매혹적이고 아름다운 근육 중 하나이지만, 그것이 꼭 그 겉모습 때문만은 아니다. 어깨의 은유적 특성 또한 매력적이다. **무언가를 짊어지는 것**은 관대한 행위다. 특히 그 행위가 타인을 위한 것이라면 더욱더 그렇다. 기증된 인체가 의대생에게 가르칠 수 있는 모든 것을 생각할 때, 이 상징적 순환은 더없이 적절하게 느껴졌다.

그러한 이유에서 나는 앰버에게 어깨 복합체를 해부해달라고 부탁했다. 그녀는 기꺼이 받아주었고, 어깨의 형태와 기능 모두를 명확하게 설명해주었다. (솔직히 말하겠다. 수영하는 사람으로서 우리는 둘 다 아주 멋진 어깨를 선호한다.)

"어깨는 어떤 부분도 단독으로 기능할 수 없어요."

그녀가 어깨 뒤쪽의 피부를 벗겨내고 지방을 제거하기 시작하면서 말했다. 테이블 위에 살과 힘줄이 놓였다. 우리는 둘 다 시선을 떼지 못했다.

수술용 마스크와 수술복 위로 앰버의 커다랗게 뜬 파란 눈이 도드라져 보였다. 그녀가 작업에 몰두해 있는 동안 홀치기염색을 한 화려한 반다나(머리나 목에 둘러 착용하는 삼각 또는 사각형 모양의 천 조각 – 옮긴이)가 머리를 단정히 넘겨주면서 세련된 멋을 더해주었다. 나 역시 마스크와 수술복을 입고 있었지만, 장갑을 낀 손은 주로 노트 위에 올려져 있었다.

"사람들은 어깨에 관해 말할 때 주로 삼각근을 이야기하지만, 견갑골scapula에 작용하는 근육은 총 열일곱 개예요."

우리가 보통 어깨뼈로 알고 있는 부분을 가리키며 그녀가 설명했다.

"광범위한 활동 과정에서 역동적이고 정확하게 움직이려면 이 모든 연결 장치가 필요합니다. 어깨가 이 모든 근육과 작은 인대들로 어떻게 흉곽과 흉골에 연결되어 있는지 보면, 정말 아름다워요."

처음엔 시신 앞에서 어떤 기분이 들지 확신할 수 없었지만, 일단 앰버가 말을 시작하자 끊임없이 이어지는 그녀의 열정적인 설명에 마음이 조금씩 진정됐다. 가장 기본적인 수준에서 해부학은 몸이 어떻게 구성되어 있는지, 어떻게 기능하는지를 연구하는 구조의 학문이다. 몸을 여러 부분으로 나누면 전체가 어떻게 함께 움직이는지 알 수 있다.

앰버가 보존된 조직을 부드럽게 만들기 위해 관절을 조작하면서 혼잣말하듯 말했다.

"열일곱 개의 근육 중 가장 지루한 게 삼각근인 것 같아요. 너무 **뻔하거든요**."

내가 웃으면서 편애하는 근육이라도 있는 거냐고 했더니 그녀도 따라 웃었다.

"음, 삼각근은 세 부분으로 구성돼 있는데, 굴근flexor, 신근extensor, 벌림근abductor 역할을 해요."

다시 말해, 팔을 구부리고, 펴고, 몸에서 멀리 벌리는 역할을 한다는 뜻이다.

"그 동작들이 그렇게 흥미로운지는 모르겠네요. 사람들이 삼각근을 좋아하는 이유는 생김새 때문이죠. 삼각근은 피상적이에요. 눈에 보이고, 만들기도 쉽거든요. 하지만 보다 심층적(말 그대로 표면 아래 깊은 곳에 있는 그리고 비유적으로는 보다 복잡한)이고 역동적인 근육이기도 하죠."

그녀는 전거근serratus anterior의 선을 따라갔다. 전거근은 흉곽을 따라 견갑골 아래로 미끄러지듯 들어가는, 가슴 옆에 있는 부채꼴 모양의 근육이다.

"전거근이 지나가는 선, 이 선은 특별해요."

그녀가 말했다.

"전거근은 팔 기능에 아주 중요한 근육입니다. 팔을 들어 올릴 때 견갑골과 팔 사이에 움직임이 발생하는데, 전거근과 승모근trapezius이 협력해 그런 움직임을 가능하게 하죠."

앰버는 어깨에 문제가 생기면 많은 기본적인 기능이 위험에 처한다고 덧붙였다. 어깨에 있는 근육들은 일상생활에 필수적인 수많은 동작, 가령 양치질, 신발 신기, 뒷주머니에 휴대폰 넣기 등을 가능하게 한다. 어깨 근육은 놀랍도록 복잡하지만, 바로 이 때문에 매력적이기도 하다.

그녀는 적절한 비유를 생각해내려 애썼다. 그리고 이내 눈을 반짝였다.

"오케스트라와 같은 거예요, 매일."

앰버가 피부와 지방을 공들여 제거해 각 근육을 제자리에 고정하고, 근육의 고유한 형태를 유지하게 해주는 진주 빛깔의 근막을 드러내 보이자("전 늘 제 학생들에게 모든 근육은 편지이고, 근막은 봉투라고 이야기하죠."), 그 복잡한 내부 작동 방식, 즉 어깨의 근육들이 어떻게 서로 그처럼 아름답고 매끄럽게 움직이는지, 어떻게 뼈의 서로 다른 지점에 붙어 완전한, 전방위적 움직임을 돕는지, 어떻게 조화를 이루어 협업해야 하는지가 보이기 시작했다. 오케스트라의 조율하는 소리가 들렸고, 각 연주자가 내는 고유의 소리도 구분됐다. 우리는 근육의 그 깃털 같은 성질, 뼈에 붙은 곳에서 바깥쪽으로 퍼져 나가는 전거근 섬유에 감탄했다.

해부는 한때 일반 대중에게 공개된 행사였다. 베살리우스의 정교한 저서 《인체의 구조에 관하여》의 16세기 초판 서두에는 현대 해부학의 창시자로 여겨지는 베살리우스 자신이 사람들로 가득 찬 원형극장에서 시체를 해부하는 목판화가 그려져 있다.

몇 달 전 나는 런던에 있는 대영 도서관 희귀본 열람실에서 베살리우스의 저서 원본을 살펴볼 기회가 있었다. 시신 내부가 훤히 드러난 그 극적인 그림에서 가장 인상적이었던 것은 진실을 갈구하며 비밀이 밝혀지기를 간절히 바라고 있는 관객들이었다. 인간은 어떻게 작동하는가? 그의 그림들은 생생한 명확함으로 이러한 열망에 답하고자 했다. 모든 근육이 정확한 위치에서, 목적을 가지고, 인간이라는 기계의 레버를 당길 준비가 되어 있는 모습을 보여주었다.

오늘날 해부학적 해부는 확실히 덜 공개적으로 이루어진다(사실 공개 해부는 매우 드물다). 대부분의 사람들은 이런 경험을 할 일이 없을 테지만, 나는 몸이 전하는 이야기에 깊이 빠져 돌아왔다. 일단 몸속을 들여다보는 경험을 하고 그 과정에서 경외감을 느끼면, 더는 우리의 겉모습을 이전과 같은 시선으로는 볼 수 없게 된다.

인체 기증자에 대해서는 개인정보 보호를 위해 자세한 내용을 말할 순 없다. 앰버는 남녀를 불문하고 젊은 사람과 나이 든 사람의 근육에 적용되는 엄격한 규칙은 없다는 점을 조심스레 지적했다. 사람에 따라 근육은 아주 건강하고 섬유질이 뚜렷해 관찰이 쉬울 수도 있다. 그리고 나이 또는 질병으로 인해 지방이 침투해 마블링 된 것처럼 보일 수도 있다. 기증자는 고령임에도 근육이 뚜렷했는데, 그 깔끔한 구조적 온전함은 앰버가 인체를 처음 접했을 때 느꼈던 경외감을 다시금 느끼게 했다. 그녀가 말했다.

"마치 살아 움직이는 예술 같아요."

나는 해부 경험이 우리가 근육과 몸의 외형에 대해 오랫동안 품고 있던 가정들을 재고하게 만든다는 점이 마음에 든다. 우리는 직접 경험해보기 전까지는 무엇을 보게 될지 예측할 수 없다. 근육은 오직 근육만이 밝힐 수 있는 매혹적인 비밀을 간직하고 있다.

사실 근육은 끊임없이 변화한다. 생물학자 스티븐 보겔에 따르면, "근육의 크기뿐만 아니라 구조와 생화학적 특성에 이르기까지 근육이 어떻게 발달하느냐는 우리가 근육을 어떻게 사용하고 중추 신경계가 어떻게 근육에 신호를 보내느냐에 따라 달라진다." 그는 모든 근육이 태어날 때는 거의 비슷하지만(송아지처럼 어린 포유류의 연한 고기를 떠올려보라), 골격근은 훈련 자극에 따라 장기적, 단기적으로 변화를 보인다고 지적했다.

우리는 속근fast-twitch muscle 섬유와 지근slow-twitch muscle 섬유를 갖고 있다. 일반적으로 속근 섬유가 풍부한 근육은 짧은 시간 동안 강력한 힘을 요구하는 움직임과 빠른 수축에 적합하다. 예를 들면, 전력 질주에 사용되는 허벅지 뒤쪽 근육이 그렇다. 이러한 근육은 색이 밝아서 백색근 또는 흰살 육류(가금류처럼)로도 알려져 있다. 속근은 글리코겐(포도당의 저장된 형태로, 급속한 에너지가 필요할 때 사용된다)에서 연료를 얻고 산소 요구량이 적기 때문에 혈관과 미토콘드리아가 적다. 반면, 지근 섬유가 풍부한 근육은 지구력이 뛰어나다. 가령, 종아리에 있는 가자미근soleus은 서 있을 때 사용되는 핵심적인 근육이다. 이러한 근육은 적근 또는 어두운색 육류로 알려져 있으며, 장시간 활동을 위해 많은 산소를 필요로 한다. 그래서 혈관, 미토콘드리아, 근육이 붉은색을 띠게 하는 혈액 내 산소 결합 단백질인 미오글로빈이 풍부하다(평균적으로 여성은 지근 섬유의 비율이 더 높은데, 이는 여성이 극도의 지구력이 필요한 활동 후 남성보다 피로를 덜 느끼는 이유 중 하나다).

어깨 근육은 대략 반은 속근 섬유, 반은 지근 섬유로 구성된다. 앰버와 내가 해부 과정에서 관찰한 근육은 회색빛이 도는 붉은색이었는데, 원래의 색상을 딱 꼬집어 이야기하기는 어렵다. 기증된 시신이 포르말린으로 처리된 데다, 시간이 지나면서 혈관계의 화학물질이 그 천연색을 사라지게 했기 때문이다.

우리는 모두 특정한 수의 근섬유를 갖고 태어나고, 이는 우리의 잠재적 근력에 큰 영향을 미친다. 하지만 모든 것이 완전히 운명적으로 정해진 것은 아니다. 한 일란성 쌍둥이를 대상으로 한 연구 결과를 살펴보자. 한 명은 마라톤과 철인 3종 운동을 꾸준히 했고, 다른 한 명은 고등학교 때 부상을 당해 운동을 그만두었다. 두 형제가 50대에 이르렀을 때, 꾸준히 운동한 쪽은 지근 섬유가 94퍼센트에 달했고, 주로 앉아서 트럭 운전사로 일한 쪽은 지근 섬유가 40퍼센트밖에 되지 않았다. 같은 유전적 위치에서 출발했음에도 불구하고, 표현형 가소성phenotypic plasticity(생물이 유전적으로 나타내는 형태적, 생리적 성질인 표현형이 환경의 영향으로 변화하는 현상-옮긴이)은 근육 구성을 놀라울 정도로 바꿔놓았다.

심지어 골격근은 어느 정도 **심근**으로 바뀔 수도 있다. 가령, 동적 심근성형술dynamic cardiomyoplasty이라는 수술에서는 속근 비율이 높은 광배근의 일부를 심장 질환으로 약해진 심실 주위에 감기도 한다. 이 근육은 심장의 자연적인 전기 신호를 모방하는 전극의 도움으로 단 몇 달 만에 지근으로 변환될 수 있다. 근육은 가능성에 열려 있다.

우리는 몸이라는 배를 조종하는 통제실 같은 존재로 흔히 뇌를 떠올린다. 반면, 근육은 우리가 중요시하는 기관들의 목록에서 상당히 낮은 순위에 있다. 실제로 우리는 오래전부터 근육을 꽤 단순한 존재로 평가해왔다. (하지만 근육은 여전히 우리에게 설명되지 않는 불안감을 안겨주는 존재다. 우리는 운동선수를 신격화하지만, 극단적으로 발달한 근육에 대해서는 분명 모순된 감정을 품고 있다.) 전반적으로, 근육이 두드러지는 사람들은 똑똑하지 않다는 편견에 시달린다. '멍청한 운동선수'라는 말처럼 지능보다는 근육과 외모가 더 뛰어난 사람으로 여겨지는 것이다. 우리는 근육이 지능을 빼앗는다고 인식하지만, 사실 근육은 나름의 지능을 갖고 있다.

근육은 우리가 생각하는 것보다 더 똑똑하다. 각자 다른 개성을 갖고 있고 기억력도 있다. 근육이 변화하고 성장하면, 다른 신체 기관에도 같은 변화를 일으킨다. 근육은 **복잡하다.**

점점 더 많은 사람이 근육에 성격을 부여하는 모습이 보이기 시작했다. 근육과 성격 특성을 연결 짓는 신체 해부도가 있다면, 그 그림은 어떤 모습일까?

전거근: **사람들과 잘 어울린다.** "전거근이 없으면 팔은 거의 제 기능을 하지 못해요." 앰버가 말했다. "전거근의 아름다운 윤곽이 외복사근과 맞물려 정말로 멋진 예술 작품이 될 때, 그 모습을 싫어할 사람이 있을까요? (기억하라, 이것은 수영하는 사람의 말이다.)

대원근Teres major: **작지만 매우 강하다.** UCSF 의대 1학년 학생들에게 근골격계 해부학을 가르치는 다나는 등산과 요가에 특히 관심이 많다. 그녀가 말했다. "산을 타고 요가를 하면서 많은 등을 보았는데, 대원근이 정말 귀여운 근육이라는 생각이 들었어요. 아마도 그 아주 작은 크기와 광배근으로 슬며시 연결되는 모습 때문인 것 같아요. 대원근은 작지만 강하죠. 저처럼요."

이상근Piriformis: **말썽꾼으로 악명이 높다.** 매디는 엉덩이에 있는 이 작은 배pear 모양의 근육 때문에 자신을 비롯한 많은 사람이 좌골 신경통, 요통, 엉덩이와 다리 뒤쪽 저림 등 다양한 증상으로 병원을 찾게 된다고 말했다(매디는 '말썽을 일으키는' 이상근처럼, 자신도 반론을 제기해 조용히 상황을 복잡하게 만드는 성격이라고 농담했다).

대퇴사두근: **강하고 힘차다.** 때로 이 근육은 다른 누군가가 되는 길을 안내한다.

1960년대 초, 신경학자이자 작가인 올리버 색스Oliver Sacks는 캘리포니아주 베니스에 있는 머슬 비치 인근의 아파트에서 3년간 살았다. 그는 역도 신참이었지만 비공식적 경쟁에서 약 575파운드(약 261킬로그램)를 들어 올리면서 이 유명한 근육질 무리에 합류하게 됐다.

색스는 이렇게 썼다.

"나는 머슬 비치의 일원으로 인정받고 스쿼트 박사라는 별명을 얻었다."

그리고 1961년, 그는 풀 스쿼트(엉덩이를 무릎 높이보다 더 아래로 내리는 스쿼트 자세 - 옮긴이)로 600파운드(약 272킬로그램)를 들어 올리며 캘리포니아주 역도 신기록을 세웠다.

2015년 사망 직전에 출간된 자서전 《온 더 무브》에서 색스는 자신이 수년 동안 역도에 그처럼 집요하게 매달린 이유를 이렇게 회고했다.

"내 동기는 특별하진 않았던 것 같다. 나는 보디빌딩 광고에 나오는 98파운드(44킬로그램)짜리 약골은 아니었지만, 소심했고, 자신감이 없었으며, 불안정했고, 순종적이었다."

근육은 그가 절실히 원했던 성격적 특성을 대신하는 것이었다.

색스는 근육을 통해 자신의 본질적인 무언가를 바꾸고 싶었다. 하지만 체형을 너무 급진적으로 바꾸고 근육을 '자연적인 한계 이상으로' 사용한 데는 대가가 따랐다. 세월이 흘러 1974년, 한쪽 대퇴사두근에 힘줄 파열이 일어났고, 10년 후에는 다른 한쪽에도 문제가 생겼다. 그 모든 성취에도 불구하고, 그는 여전히 자신이 무엇보다 갈망했던 자기 수용에 이르지 못했다.

"1984년에 입원해서 다리에 긴 깁스를 하고 자기 연민에 빠져 있을 때, 머슬 비치 시절의 데이브 셰퍼드Dave Sheppard, 거물 데이브가 찾아왔다. 그는 고통스러운 듯 천천히 다리를 절뚝이며 내 병실로 들어왔다. 양쪽 엉덩관절에 관절염이 심각해져 전 고관절 치환술total hip replacement을 기다리는 중이라고 했다. 우리는 서로를, 역도로 반쯤은 망가진 서로의 몸을 바라보았다."

"우리도 참 어리석었지."

데이브가 말했다. 색스는 그저 고개를 끄덕였다.

우리는 자신에게 없는 것이나 없다고 생각하는 것을 원한다. 때로는 극단의 상황까지 자신을 몰아붙이면서 열망에 사로잡혀 자신에게 상처를 입히기도 한다. 우리가 몸을 재구성하는 방식은 자신에 대해 마음에 들지 않는 부분을 바꾸고자 하는 인간의 가슴 아픈 욕망을 잘 드러낸다.

나 역시 문화가 정한 외모의 기준에 영향을 받는다. 가끔은 평범한 163센티미터로만 보이기보다, 키 크고 늘씬하다는 말을 듣고 싶을 때도 있다. 임신 중 브래지어 컵 크기가 일시적으로 A컵에서 C컵이 됐을 때는 그 신기한 경험에 웃음도 나왔다. 하지만 어쨌든 나는 운동 덕분에 내 몸을 부끄러워하지 않게 된 것이 좋다. 나는 수영 선수 같은 내 어깨와 튼튼한 다리, 힘찬 킥에 나름의 자부심을 느낀다. 이 부위들이 그 힘과 기능을 자랑스러워하라고 내게 말해주는 것이 좋다.

어렸을 때 나는 아버지에게서 물구나무를 서는 법을 배웠고, 어른이 되어서는 요가를 하면서 규칙적으로 물구나무서기를 시작했다. 나는 왜 내가 아직도 물구나무서기를 하는지 생각해보다가, 내가 거꾸로 서기를 좋아한다는 사실을 깨달았다. 거꾸로 서기는 단순히 신체 인식을 바꿀 뿐만 아니라 관점의 극적인 변화도 불러올 수 있었다.

"저는 늘 거꾸로 서는 자세가 근육을 다른 방식으로 인식할 수 있게 해준다고 생각해왔어요."

해부학 실험실에서 바비가 말했다. 그녀는 목과 척추의 후두하근suboccipita muscle과 경추근cervical muscle을 포함한 심부 자기수용근deep proprioceptiv muscle과 자세조절근postural muscle에 관해 이야기해주었는데, 나는 새로운 공간에서 나 자신을 찾도록 도와주는 그 근육들의 이름을 알게 되어 기뻤다.

바닥에서 다리를 차올려 머리를 대고 설 때, 이 근육들은 내가 몸을 들어 올리고, 보고, 변화하고, 세상과 그 가능성에 마음을 열 수 있게 한다.

대학 2학년을 마친 여름, 나는 시스티나 성당으로 순례를 다녀왔다. 그전에 룸메이트였던 멜리사Melissa와 함께 8월 초에 떠날 로마, 피렌체, 베네치아 여행을 위해 몇 달 동안 돈을 모았다. 부모님은 결국 이혼했다. 아버지는 홍콩에서 베이징으로 이사하셨고, 어머니는 내가 자랐던 집을 팔아야 했다. 생필품 살 돈을 제외하면 돈이 거의 없었다. 하지만 그런 때에도 나는 이 여행이 왠지 내 존재에 필수적이라고 느꼈다.

고등학교 때 나보다 2년 앞서 있었고(이 이유 하나만으로 그에게서 멋진 권위가 느껴졌다), 무뚝뚝하지만 예술에 재능이 있던 한 친구가 내게 조언을 해주었다. 바티칸에 도착해 문이 열리면 미술관 끝까지 쭉 달려가라고. 그러면 시스티나 성당에 10분은 혼자 있을 수 있다고 말이다.

스무 살 대학생이었던 나는 세상에 대해 아는 것이 하나도 없었다. 그때까지 내가 경험한 해외여행은 할아버지가 돌연 심장마비로 돌아가시기 전 여름, 캐나다 토론토에 가본 것이 유일했다. 로마 공항에 내려 세관원과 아찔한 대화를 나누고(지금도 '논 오 니엔테 다 디키아라레Non ho niente da dichiarare['신고할 것이 없습니다'라는 뜻]'라는 말은 잊을 수가 없다), 멜리사와 들뜬 포옹을 나눴던 기억도 난다. 무거운 배낭이 심하게 흔들려서 우리는 서로를 거의 쓰러뜨릴 뻔했다.

아름다움에 목말랐던 우리는 우피치 미술관으로 이어지는 긴 줄을 섰다. 나는 스케치북에 사람들의 모습을 스케치하며 입장할 차례를 기다렸다. 우리는 베키오 다리Ponte Vecchio에 앉아 사람들을 구경하면서 다리 인근을 서성이며 추파를 던지는 남자들을 손짓으로 쫓아냈다. 어느 해 질 녘에는 피렌체를 굽어보는 언덕에 올라 피노 그리지오 와인을 한 병 나눠 마신 후, 저녁으로 먹을 젤라토를 찾아 헤맸다. 우리는 걸어서 여기저기를 돌아다녔으며, 산만한 가족들로 꽉 찬 답답한 야간열차를 타고서 베네치아에도 갔다. 산 마르코 광장에서 비둘기를 쫓았고, 베네치아의 구불구불한 운하를 따라 정처 없이 거닐었다. 방황하기에 좋은 곳이었다.

여행이 막바지에 이르러 바티칸을 방문할 시간이 됐을 때, 우리는 친구의 조언을 따라 일찍부터 박물관 입구에 줄을 섰다. 그러고는 문이 열리자마자 출발 신호를 들은 단거리 선수처럼 쏜살같이 달려나갔다.

미술관에 있는 다른 관광객들 사이를 이리저리 헤치고 나아가자 과연 인파가 점점 줄어들었다. 마침내 시스티나 성당에 도착했을 때, 우리는 숨을 고르고 서로를 바라보다가 조용히 문턱을 넘어 그날의 첫 방문자가 됐다.

방 한가운데로 걸어가 바닥에 누웠던 기억이 난다. 뒤엉켜 있는 근육질의 몸들, 생명력으로 환히 빛나는 형상들, 피로 고동치는 혈관을 올려다본 기억이 난다. 그리고 울기 시작한 것도 기억이 난다.

10분이었을 수도, 10년이었을 수도 있다. 나는 아름다움과 경외심에 울었고, 혼자 힘으로 여기까지 왔다는 사실에 울었다. 어린 시절 아빠와의 좋았던 관계를 잃은 슬픔에 울었다. 아버지는 내가 여기에 있는 이유였다.

그럼에도 불구하고, 나는 이제 막 어른이 되려는 참이었고, 다른 누군가가 되어가고 있었다.

6개월 후, 호주 시드니에서 공부 중이던 대학 3학년일 적 나는 국제전화 카드를 하나 사서 중국에 있는 아버지에게 전화를 걸었다. 그리고 집에 가는 길에 아버지에게 들르고 싶다고 말했다. 만난 지 3년이 지난 시점이었는데도 아버지는 좀처럼 전화도 하지 않고 편지도 쓰지 않고 있었다.

"지금은 때가 좋지 않구나."

바다 건너에서 들려오는 아버지의 목소리에서 약간 지지직거리는 소리가 났다.

"내년이 괜찮을 것 같다."

나는 소리치고 울면서 그때 만나주지 않으면 다시는 아

132

버지를 보지 않겠다고 말했다. 전화기에 대고 최후통첩을 고하는 이 대학생 꼬마는 대체 누구였을까? 나는 원래부터 갈등을 피하는 성격이었다. 언제나 그랬다. 하지만 소원해진 우리의 관계는 내 안에서 씁쓸한 무언가를 끓어오르게 했다.

어떤 모습이 될지 알 수 없었지만, 나는 그해 아빠와의 관계를 회복하고 싶어 베이징으로 갔다. 아빠는 나를 데리고 관광을 시켜주셨다. 우리는 만리장성에 올라 예전에 함께 보곤 했던 그 옛날의 광둥 무술 영화처럼 우스꽝스러운 쿵후 포즈를 취했다. 천안문 광장도 걸었다. 나는 마오쩌둥의 상징적인 초상화와 내가 다가가자 중국어로 "정지! 더 이상 가까이 오지 마십시오!"라고 소리치는 무장 경비병의 사진을 찍었다.

베이징이 호황을 누리기 이전이었던 시절, 아버지는 비포장도로의 끝자락에 사셨다. 맞은편 판자촌에서는 두 자매가 양동이에 받아둔 물을 부어가며 머리를 감았고, 풀어놓은 닭들이 그들의 발밑을 자유롭게 돌아다녔다. 나는 이 생생한 풍경을 사진으로 담으며 아버지가 나 없이 사는 세상을 엿볼 수 있기를 바랐다.

그 주에 아버지는 머뭇거리며 예전처럼 자신의 작업실에서 함께 그림을 그리자고 권하셨다. 우리는 스케치를 하고,

물감을 섞고, 고정제를 뿌리고, 창문을 열어 냄새를 내보냈다. 우리는 같은 노인의 얼굴을 그리며 시간을 보냈다.

한참 시간이 지난 후에야 아버지는 실은 그때가 겨우 먹고살던 때였다고 말했다. '나는 창피했다. 네가 나를 그런 식으로 보는 것은 싫었어.' 아버지는 딸에게 강해 보이고 싶었다.

그 여행 후 아버지가 내 삶으로 온전히 돌아왔다고 말할 수 있었으면 좋겠다. '우리는 함께 정말 좋은 시간을 보냈잖아요. 다시 가까워진 것 같았어요.' 딸은 아버지와 가까워지고 싶었다.

당신은 아버지가 당신을 그리워하고, 더 자주 보고 싶어하길 바란다. 그가 당신을 만나기 위해 조금이라도 더 노력해주길 바란다. 그리고 오빠도 아버지와 이야기를 나눠서 당신이 항상 모든 일을 다 하지 않기를 바란다.

하지만 현실은 이렇다. 당신은 당신의 삶을 살아간다. 아버지는 여전히 2년에 한 번 이상 당신을 만나는 데 큰 관심을 표하지 않는다. 당신은 결혼한다. 모두 아버지가 결혼식에 오지 않는 편이 나을 거라고 말한다. 당신은 이번에는 남편과 함께 아버지를 만나러 간다. 즐거운 방문이지만, 시간, 돈, 감정적 노동 측면에서 많은 노력이 필요하다.

마침내 당신에게 돌봐야 할 아이가 생긴다. 당신은 젖먹이 아들을 데리고 홍콩에 가지만, 일본에서 지진과 쓰나미가 발생하는 바람에 여행을 갑자기 중단한다. 그리고 두 번째 아이가 태어나자 당신은 일본에 있는 다른 가족을 방문한 후 혼자서 두 아이를 데리고 간다. 기저귀 전쟁을 치르고 끝없이 울부짖는 아이를 달래느라 땀을 삘삘 흘리면서 환승 비행기에 겨우 올라탄다. 모두 **아버지에게 아이들을 보여주고 싶어서다.**

두 아이의 엄마가 된 당신은 그 고된 여행 중 아버지의 관심이 거의 겉모습에만 머물러 있는 것 같다고 생각한다. 그는 아이들이 예쁘다고 생각하고, 먼 거리에서 아이들을 지켜보기를 좋아하지만, 그들과 진정으로 교류하진 않는다. 당신은 아이들과 놀기를 좋아했던 아버지가 그리워진다.

집으로 돌아오면 당신은 포기한다. 완전히도, 영원히도 아니지만 그래도 그 포기에는 뭔가 대가가 따른다. 씁쓸함이 다시 밀려온다. 3년이 지난다. 하지만 사소한 일들이 계속해서 아버지를 떠올리게 한다. '나만의 모험을 선택하세요' 시리즈를, 이제 여덟 살이 된 당신의 아들이 읽고 있다. 아버지는 이 아이를 세 번밖에 만나지 못했는데, 마지막으로 만난 게 아이가 다섯 살 때였다. 이젠 작은아들이 딱 그 나이가 됐다. 아무도 당신을 판단하지 않는다. 하지만 그때 아이튠즈가 오래된 영화를 추천해준다. 컴퓨터 알고리즘이 고른, 하필이면 아버지의 그림이 나오는 영화다. 그것은 당신의 삶에서 주목해야 할 것이 무엇인지 조용히 말해주며 아버지와 아버지의 예술을 떠올리게 한다.

'아버지를 찾아가기로 했다면, 책장을 넘기세요.'

그래서 오빠와 나는 아버지를 만나러 갔다. 우리 셋은 거의 20년 만에 처음으로 중국에서 만났다. 우리는 아버지의 작업실에서 복싱을 하고, 그림도 그리고, 아버지가 캘리포니아에 있는 우리를 보러 올 때를 대비해 계획도 세웠다. 오빠는 처음으로 아버지가 자신을 예전에 함께 살 적의 어린아이가 아닌, 진짜 사람으로 보는 것 같았다고 말했다. 우리는 행복했다.

하지만 떠나기 바로 전날 밤, 아버지는 우리 앞에서 바닥에 쓰러져 거의 숨을 거둘 뻔했다.

아버지가 몸을 회전시키던 새 철봉이 벽에서 떨어진 것이다. 아버지는 우리가 온다고 준비를 서두르시다가 철봉을 제대로 고정하지 않았다. 옛날을 생각하면 어울리지 않는 실수였다. 우리 집에는 항상 이런 철봉이 있었고, 아버지는 늘 조심해서 철봉을 고정하라고 가르치셨기 때문이다. 하지만 이제 그것은 별로 중요하지 않았다.

오빠와 나는 아버지 곁으로 급히 달려갔고 새어머니는 정신없이 구급차를 불렀다. 아버지는 눈은 뜨고 있었지만 앞을 보지 못하셨고 숨을 헐떡거리셨다. 바닥에는 피가 묻어 있었다. 오빠는 이제 물리치료사였다. 인체와 그 작동 원리에 대한 오빠의 관심은 자신의 아버지로 우리 아버지를 뽑은 제비뽑기의 직접적인 결과였다. 오빠가 아버지의 의식을 살피는 동안 우리의 눈이 아버지의 몸 위에서 마주쳤다.

'이러려고 우리가 여기에 온 건가? 아버지가 돌아가실 때 곁에 있으려고?'

마침내 의식이 돌아왔지만 아버지는 우리를 알아보지 못하셨고, 여러 언어로 우리에게 말을 거셨다. 구급차가 도착했을 때 나는 20년 전에 받았던 응급 구조 교육을 떠올려 아버지의 다친 머리와 목을 고정했다. 그러고는 구급대원들에게 광둥어로 두개골이 골절됐을 가능성이 있어서 아버지를 휠체어에 태울 수 없다고 소리쳤다.

나는 끊임없이 "무슨 일이야?" "어디야?" "내가 그랬어?"라고 묻는 아버지의 질문에 답해야 했다. 병원은 공포 영화에나 나올 법한 곳이었다. 더러운 바닥, 깜박거리는 형광등, 곰팡이 핀 베개, 담배를 털며 돌아다니는 머리 부상 환자들. 나는 응급실 의사에게 불편한 심기를 드러냈다.

하지만 아버지는 돌아가시지 않았다. 오빠와 내가 아버지를 다른 병원에 모시고 새어머니에게 맡긴 후 집으로 돌아왔을 때쯤, 아버지는 다시 우리를 기억하셨다. 그렇지만 아버지가 예전의 상태에서 어디까지 돌아온 건지는 여전히 알 수 없었다.

그런 일이 있고 난 뒤 몇 달 동안 우리는 아버지와 태평양을 가로질러 사진과 메시지를 주고받으며 그의 회복 과정을 지켜보았다. 아버지가 괜찮아지리란 걸 알게 된 것은 아버지가 다시 운동을 시작했을 때가 아니라 농담을 하기 시작했을 때였다. "나 좀 멋지지?" 하고 말이다.

인생에서 가장 끔찍했던 순간을 이겨내고 우리 모두 무사할 수 있는 것(아버지는 건강을 되찾으셨다)이 기적처럼 느껴졌다. 그것은 결코 낭비해선 안 되는 선물이었다.

이듬해, 나는 광저우로 돌아가 아버지를 다시 만났다. 팬데믹이 닥치기 전 마지막 방문이었다. 우리는 작업실에서 함께 그림을 그렸고, 언덕에 올랐으며, 소파에서 긴 대화를 나눴다. 나는 딱 한 번 울었다. 캘리포니아에 있는 우리를 방문하러 오는 문제로 아버지와 익숙한 다툼을 벌이던 중이었다.

떠나기 전날, 아버지는 당신이 찾은 사진 몇 장을 가지고 오셨다. 우리가 각각 서른아홉 살과 여덟 살, 쉰두 살과 스물한 살일 때 함께 그림을 그리는 모습이 담긴 사진이었다. 나는 그때 아버지가 말로 표현하진 않아도 나를 사랑한다고 말하고 있음을 알았다. 자주 만나지 못하는 것은 아무런 문제가 되지 않았다.

나는 다시 그림을 그리기 시작했다. 물감과 연필로 근육과 몸을 그리며 스케치북을 꾸준히 채워나갔다. 그것은 움직임과 살아 있다는 것에 대한 나만의 명상이었다. 그리고 아버지와, 우리와, 예전의 우리 자신과 그저 고개를 끄덕이는 것 이상의 관계를 유지하는 나만의 방식이었다. 그리고 지금의 우리와도.

골격근 섬유는 독특한 특징을 지닌 세포다. 골격근 섬유는 길고 가늘며, 서로 나란히 뻗어 있고, 다수의 핵을 갖고 있다. 우리는 이러한 섬유를 일정량 가지고 태어난다. 근육은 운동을 하면 더욱 커지는데, 분열을 통해 크는 것이 아니라 근육 위성 세포(평소 휴면 상태에 있다가 손상에 반응해 활성화되는 근육 특유의 줄기세포)를 불러와 그 핵이 근육 발달과 재생을 돕게 함으로써 커진다.

하지만 의미 있는 근육 성장에는 도전과 스트레스, 격심激甚함이 필요하다. 근육 세포는 익숙한 수준 이상의 운동을 하지 않으면 성장하지 않는다. 게다가 사용하지 않으면 줄어들고 위축된다.

매일 근육은 내가 인간으로서 기억해야 할 것들을 일깨워준다. 오늘의 교훈은 분명하다. 우리는 본질적으로 우리 자신이지만, 변할 수 있다. 때로 그 과정은 고통스럽다. 변신은 추할 수도 있기 때문이다. 하지만 우리는 마침내 우리가 아름답다고 생각하는 무언가에 도달할 수 있도록 계속 노력한다.

행동

근육은 표현력이 풍부하다.
근육의 각 동작은
영혼의 특정한 움직임을 나타낸다.

— G. B. 뒤센 드 볼로뉴 G. B. Duchenne de Boulogne

웃음도 연습이 필요할까?
기쁨은 근육과 같은 것일까?

— 사라 룰 Sarah Ruhl

8장

근육은 말하고 있다

팬데믹 초기인 6월의 어느 날, 댄 오코너Dan O'Conor는 미시간 호수에 뛰어들었다. 시카고에 사는 52세의 댄은 그날 아침 세상에 대한 걱정으로 유난히 지쳐 있었다. 또한, 전날 저녁 아들의 고등학교 졸업식을 축하하면서 모아둔 버번을 꽤 많이 비워버린 탓에 극심한 숙취에도 시달리고 있었다. 그가 너무 괴로워하는 것 같아 보이자 그의 아내 마가렛Margaret은 자전거를 타고 호수에라도 가라고 그를 집 밖으로 내몰았다. 그는 호수에 도착해 물을 바라보았다.

공중으로 몸을 던지는 행위는 약간 미친 짓처럼 느껴졌지만, 그 순간 그는 잠시나마 모든 걱정에서 벗어날 수 있었다. 솔직히 말해 그 기분은 끝내줬다. 그래서 그는 다음 날 그 장소로 돌아와 다시 호수에 뛰어들었다.

그는 멈추지 않았다. 우연찮게도 이제 그만둘까 하는 생각이 들 때마다 무슨 일이 생기곤 했기 때문이다. 예를 들어 댄이 150일째 호수에 뛰어들던 날에는 그의 친구가 지역 뉴스 블로그에 이 소식을 알렸다. 또 AM 라디오 진행자들은 그를 방송에 초대해 그가 시카고의 겨울에도 물에 뛰어들 수 있을지 큰 소리로 궁금해했다(그는 그것을 도전으로 받아들였다). 가끔은 누군가가 나타나 같이 뛰어도 되냐고 물었다(그들은 그가 제정신인지, 아니면 자살하려는 건지도 물어봤다). 삽을 가져다가 빙판에 구멍을 내고 뛰어들어야 하는 날도 있었다. 그러다 수천 명의 사람이 소셜 미디어를 통해 그가 매일 호수에 뛰어드는 모습을 보기 시작했다.

그는 알록달록한 블록체 글씨로 '위대한 호수 점퍼 GREAT LAKE JUMPER'라고 스텐실(글자나 무늬, 그림 따위의 모양을 오려낸 후, 그 구멍에 물감을 넣어 그림을 찍어내는 기법 – 옮긴이) 작업한 가운을 직접 만들어 입었다.

음악을 무척 좋아하는 댄은 잡지《스핀Spin》을 발행하는 곳에서 15년간 일했다. 그는 마가렛의 제안으로 지역 밴드들을 초청해 자신이 점프할 때 연주를 하게 했는데, 이는 훗날 뮤지션 먼데이Musician Mondays로 알려지게 된 행사가 됐다.

'위대한 점프Great Jump' 1주년 기념일에는 밴드 그룹 월코Wilco의 제프 트위디Jeff Tweedy가 참석해 윌코의 곡 중 댄이 가장 좋아하는 노래인 〈스파이더스Spiders〉를 불렀다. 트위디는 상황에 맞게 가사까지 바꿔 '미시간의 개인 해변에서'를 '미시간 호수의 공공 해변에서'로 불렀다.

댄이 선호하는 입수 지점인 몬트로즈 계단Montrose Steps 가장자리에 마치 파티 같은 분위기가 조성됐다. 시카고 시내 스카이라인의 목가적인 전망을 배경으로, 댄이 노래하는 트위디의 머리 위를 지나 높은 사다리 꼭대기에서 먼저 뛰어내렸고, 이어 150명이 단체로 호수에 뛰어들었다. 사람들은 두 시간 동안 60파운드(약 27킬로그램)의 풀드 포크(장시간 서서히 구운 돼지고기를 결대로 찢어 먹는 요리 – 옮긴이)를 먹어치웠다. 어느 순간, 댄은 주위를 둘러보며 '정말 즐겁다'라고 생각했다. 그는 이번에는 취하지 않았다.

호수에 뛰어든 지 366일째 되는 날은 쉬었다. 그리고 다시 모든 것을 시작했다.

나는 거의 매일 소셜 미디어를 통해 댄이 호수로 뛰어드는 모습을 지켜본다. 지금까지 수많은 영상을 봐왔는데, 그중에는 여러 번 반복해서 본 것도 많다. 별다른 이유가 있는 것은 아니고, 그냥 보고 있으면 기분이 좋아지기 때문이다. 영상은 대략 20초 정도로 짧으며, 대부분 시카고의 스카이라인과 호숫가의 풍경으로 시작된다. 그리고 댄이 화면 속으로 갑자기 뛰어드는데(가끔 느린 화면일 때도 있다), 요란하게 뛰어들기도 하고 편안하게 앞으로 뛰어들기도 한다. 입수 레퍼토리가 많진 않다. 가끔 뒤로 한 바퀴 돌거나, 몸을 접거나 혹은 우아하지 못하게 배로 수면을 치며 뛰어들 뿐이다. 내가 가장 좋아하는 자세는 팔을 몸에 단단히 붙인 채 머리부터 물에 뛰어드는 세일러 다이브sailor dive다. 이 점프는 언제나 나를 웃게 한다. 몇몇 점프는 너무 웃겨서 웃음이 터져 나올 정도다.

시카고에서 댄을 직접 만날 기회가 생겼을 때는 그가 호수에 뛰어드는 여정을 시작한 지 막 2년이 지난 시점이었다. 댄은 이전 해에 몇 번 도시를 벗어나긴 했다. 이를테면, 자동차를 타고 다른 5대호를 모두 돌며 호수에 뛰어들었고, 마서즈 빈야드Martha's Vineyard의 '조스 다리Jaws Bridge'에서도 뛰어내렸다. 22피트(약 7미터) 높이의 선상 가옥에서도 뛰어내렸지만 제대로 회전하지 못해 몸통에 멍이 들었다. 그렇다고 해도 지난 780일 중 대략 750일은 미시간 호수에 뛰어든 것으로 짐작했다. 팬데믹은 계속됐고, 그는 계속 점프했다.

그가 평소처럼 점프를 마친 어느 늦여름 아침, 물에 반사된 강한 햇빛이 호숫가 도로 옆 콘크리트 난간을 따라 놓인 사다리를 이미 뜨겁게 달구고 있을 때, 나는 그에게 물었다.

"왜 이런 일을 하시는 거예요?"

그가 웃자 콧수염 끝에 맺힌 물방울이 달랑였다.

"지난 몇 년 동안 많은 사람이 제게 '아직 수영하세요?' 라고 물었죠. 그럼 전 '음, 수영은 아니고 그냥 점프하는 겁 니다'라고 대답해요. 또 어떤 사람들은 '북극곰 다이빙은 어 떻게 돼가고 있어요?'라고 물어요. 그럼 전 '글쎄요, 북극곰 다이빙은 아닙니다. 전 여름에도 물에 뛰어드니까요'라고 답하죠."

그는 적절한 말을 찾아 잠시 생각에 잠겼다.

"이건 제가 날고 싶어서 하는 거예요."

마침내 그가 입을 열었다.

"그게 제가 원하는 겁니다. 아주 짧은 시간, 단 1초라 해 도 그 안엔 마법 같은 것이 있어요."

점프는 체력을 테스트하는 기본적인 방법 중 하나다. 수 직 점프는 NFL 스카우팅 콤바인Scouting Combine(미국 프 로 풋볼 리그에서 선수 선발 전에 선수들의 기량을 평가하는 행사— 옮긴이)에서 프로 풋볼 선수로 뛰게 될 사람을 결정하는 데 사용되기도 한다. 어떤 스포츠에서든 점프는 힘과 운동 능 력, 특히 지면에서 얼마나 폭발적으로 튀어 오를 수 있는가 를 가늠하는 한 방법이다. (풋볼 스카우터들은 유망주들의 튼튼한 둔근을 가리켜 '엉덩이 지수가 높다high butt factor'라는 말을 써 왔다.) 가령, 서퍼들은 수직 점프력이 뛰어나지 않으리라고 생각될 수 있지만, 최고의 서퍼들은 NBA 포인트 가드 못 지않은 점프력을 갖고 있다.

코비 브라이언트Kobe Bryant와 함께 생체역학 연구를 수 행했던 미국 최초의 올림픽 서핑 대표팀 의료 책임자인 케 빈 딘Kevyn Dean은 자신이 다양한 운동선수, 예를 들어 서 퍼와 농구 선수, 피겨 스케이트 선수와 배구 선수의 차이를 분석할 수 있다는 점이 좋다고 내게 말했다.

"트리플 악셀을 할 때 나아가는 거리(약 4.6미터)가 덩크 슛을 할 때 자유투 라인에서 바스켓까지의 거리와 같다는 거 아시나요?"

케빈이 물었다.

"적어도 제가 들은 바로는 그렇더군요."

나는 약 230센티미터의 농구 선수가 덩크슛을 하는 바 로 그 공중에서 조그마한 10대 아이가 스케이트를 신고 3회전 점프를 하는 모습이 떠올라 그 부조화에 고개를 가 로저었다.

케빈이 활짝 웃었다. 그는 다양한 운동선수들을 대상으 로 그들의 생체역학적 특성을 개선하는 일을 해왔다(다시 말해, 그들이 더 잘 뛸 수 있도록 가르쳤다). 수년간의 경험에도 불구하고, 그는 여전히 인체의 능력에 경외감을 느낀다.

케빈은 인간이 점프하는 법을 배우는 모습을 보기에 가장 좋은 장소가 놀이터라고 말했다.

"아이들이 자기 몸에 대해 알아가고, 점프하고 착지하는 법을 익히는 모습을 실시간으로 보는 것은 정말 재미있어요."

그가 내게 말했다.

"아이들은 틀린 방법으로 할 때가 많죠. 다리를 쭉 뻗은 채로 착지하곤 하거든요. 그러다 '아, 다리를 구부리면 더 높이 점프할 수 있구나!'라고 깨닫기 시작해요. 그러곤 다시 해보면서 공중에서 균형을 잡고 결국 방법을 알아내죠."

점프는 우리가 세상과 소통하는 법을 배울 때, 그러니까 인간 발달 과정의 매우 초기에 나타나는 움직임이다. 점프는 매우 기능적이지만, 동시에 단순히 재미있는 동작이기도 하다. '나는 얼마나 높이 뛸 수 있을까?'

인간의 몸은 들어 올리고, 점프하고, 높은 곳에 오르고, 달리는 등 움직이도록 진화했다. 근육이 움직이기 위한 에너지를 필요로 할 때, 근육 세포 내의 미토콘드리아는 즉시 사용할 수 있는 에너지를 공급한다(막을 통해 전하를 전달해 영양분을 에너지 운반 분자인 아데노신삼인산ATP으로 전환하며, 이 ATP가 근육을 수축하는 데 사용된다). 이것이 미토콘드리아가 세포의 발전소로 불리는 이유다. 흥미롭게도 근육을 이완하기 위해 액틴 필라멘트(근육의 근원섬유를 구성하는 주요한 단백질의 하나. 섬유상 구조를 가지며, 미오신과 결합해 근육 수축을 일으킨다 - 옮긴이)에서 미오신을 분리하는 데 필요하기도 한 ATP가 고갈되면 사후 경직이 발생한다.

운동할 때 기분이 좋아지는 이유 중 하나는 뇌와 근육 사이에서 일어나는 신경화학적 신호의 흐름 때문이다. 골격근은 몸을 움직일 수 있게 해주는, 인체에서 가장 큰 기관이며 전체 체중의 약 40퍼센트를 차지한다. 또한, 신호 분자를 분비하는 내분비 조직이기도 한데, 이 분자들은 몸의 다른 부분으로 이동해 이들이 특정 기능을 하도록 지시한다. 골격근에서 뇌를 포함한 다른 조직으로 메시지를 전달하는 단백질 분자를 마이오카인myokine이라고 한다.

마이오카인은 근육이 수축하거나, 회복을 위해 근육 줄기세포를 활성화하거나, 다른 대사 활동을 할 때 혈류로 분비된다. 뇌에 도달하면 생리적 반응 및 대사 반응도 조절한다. 결과적으로 마이오카인은 인지, 기분, 감정적 행동에 영향을 미칠 수 있다(근육이 뇌로 보내는 일종의 연애편지 같은 것이다). 운동은 과학자들이 '뇌와 근육 간 상호작용'이라고 부르는 현상을 더욱 자극하며, 이러한 마이오카인은 학습능력과 기억력 모두를 향상시키는 새로운 뉴런의 형성과

시냅스 가소성 증가 등 뇌에서 어떤 유익한 반응이 일어날지를 결정하는 데 도움을 준다. 근육이 성장하면 말 그대로 뇌도 성장한다! (그래서 체육 수업이 있는 학교의 아이들이 더 좋은 성적을 낸다.)

본질적으로 우리의 근육과 뇌는 끊임없이 서로 소통한다. 좋은 에너지를 주고받으며 평생 서로의 건강을 유지해준다. 운동은 단 몇 분만 해도 뇌와 근육, 기타 조직을 자극해 신체에 변화를 일으키는 분자들을 분비하게 한다. 이러한 분자들은 유전자를 활성화하거나 비활성화하고, 면역세포를 활성화하며, 염증을 조절하고, 혈당을 조절하며, 신진대사를 촉진하고, 조직 재생을 돕는다. 엔도카나비노이드endocannabinoid와 도파민과 같은 일부 분자들은 전반적인 만족감과 행복감을 준다.

스탠퍼드대학교 건강 심리학자인 켈리 맥고니걸Kelly McGonigal은 운동할 때 분비되는 항우울 분자를 '근육이 주는 약'으로 생생하게 묘사한 바 있다. 움직이지 않으면 우리 몸에서는 나쁜 일이 일어난다. 연구에 따르면, 침상 안정을 취한 지 며칠 만에 심장 박출량이 감소하고, 동맥이 좁아지고 굳어지며, 근육을 구성하는 단백질인 액틴과 미오신이 분해된다. 게다가 침상 안정은 정신 건강에도 매우 해로울 수 있다. 움직일 수 없을 때 따르는 고통은 이미 잘 알려져 있다(전투에서 회복 중인 퇴역 군인이나 고위험 임신부를 보라).

한창 점프에 관한 조사를 하던 중 나는 내가 점프할 수 없다는 사실을 깨달았다. 점프하고, 걷고, 서는 데 사용되는 종아리 근육인 가자미근을 다쳤기 때문이다. 이 근육은 중력에 맞서 몸을 바로 세울 수 있게 해준다. 내가 점프할 수 없게 된 것은 서프보드와 다리가 얽힌 불운한 사건들의 결과다. 땅에서 뛰어오를 수 없다고 생각하니 몹시 서글퍼진다. 하지만 덕분에 순수한 움직임이 얼마나 특별한지 깨닫게 된다. 그리고 점프만큼 즐거움을 표현하는 움직임도 없을 것 같다는 생각을 하게 된다.

댄 오코너는 대학을 졸업하기 직전까지 야구, 농구, 육상 등 시즌 중인 운동이라면 뭐든 하는 아이였다. 오코너는 매사추세츠주 우스터Worcester에 있는 홀리크로스대학교에서 풋볼 선수로 활약했는데, 그에 따르면 그가 선수로 있는 동안 팀은 1891년 이후 가장 많은 승리를 거둔 4년을 보냈다. 매해 여름, 그의 가족은 짐을 챙겨 시카고에서 부모님의 고향인 케이프 코드Cape Cod로 차를 몰고 갔다. 새벽부터 해 질 녘까지 그와 그의 여섯 형제자매는 쉬지 않고 움직였는데, 대개는 다이빙대나 수영을 위해 띄운 뗏목에서 점프 연습을 하며 시간을 보냈다.

팬데믹 초기의 그날 아침 미시간 호수에 처음 뛰어들었을 때, 댄은 자신이 날아오르는 느낌을 그리워했다는 사실을 깨달았다. 30년이 지난 후에도 몸을 회전시키는 방법은 금세 기억이 났다. '고개를 숙이고, 그 힘에 몸을 맡겨라.'

댄에게 매일 미시간 호수에 뛰어드는 것은 중년의 무기력함을 극복하기 위한 행위이지만, 내가 정말로 놀란 부분은 그가 뛰어내리는 모습을 **보는** 것만으로도 다른 수많은 사람의 기분이 좋아진다는 것이다.

"보세요, 전 시카고에 사는 쉰네 살 아저씨입니다."

댄이 내게 말했다.

"제가 소셜 미디어를 제대로 하고 있는지 모르겠어요. 이 점프 영상들도 카메라 각도와 조명이 모두 엉망이죠. 그래도 확실한 건, 이게 제 기분을 좋게 해준다는 거예요. 긍정적인 피드백을 주는 낯선 사람들, 제게 관심을 보이는 이 모든 사람들, 정말 놀랍고 특별합니다."

나에게도 댄이 독수리처럼 미시간 호수로 날아오르는 모습을 보는 것은 기분 좋은 일이다. 이제 내가 호수에 뛰어듦으로써 그에게 실시간으로 답한다면(일종의 움직임 기반 대화), 그것은 몸이 어떻게 정신을 고양할 수 있는지에 대한 우리의 대화를 이어가는 방법이 된다. '오호라, 그럼 전 캔 오프너can opener(무릎을 한쪽만 안고 뛰어드는 점프 기술–옮긴이)로 응수할게요!'(추운 겨울날 누군가 지나가다가 바람이 몰아치는 차디찬 물속으로 몸을 던질 준비를 하는 댄을 본다면, 그가 자해하는 건 아닐까 걱정하는 것도 무리는 아닐 것이다.)

그는 호수에 뛰어들면서 자신이 사람들과 연결되는 것을 줄곧 놀라워했다. 우리가 만나기 며칠 전에 댄은 평소에 이용하는 사다리 쪽으로 갔다가 캔자스시티에서 온 네 명의 가족이 어울려 노는 것을 보았다. 그래서 다른 사다리 쪽으로 가려고 하는데 그들이 그를 발견하곤 흥분해서 물었다.

"혹시 위대한 호수 점퍼 맞으세요? 당신이 호수에 뛰어드는 모습을 계속 지켜봤어요!"

질문을 던진 그 아버지는 그날의 카메라맨이 됐다. 이 일화를 회상하면서 댄은 조금 부끄러워하더니 생각에 잠겼다.

"365일 연속으로 무언가를 한 건, 아마 양치질을 빼곤 이 일밖에 없을 겁니다."

그가 말했다.

"얼마나 오래 할 수 있을진 모르겠지만, 지금으로선 물에 뛰어드는 것이 아직 좋아요."

우리는 화려한 고층빌딩들이 만들어내는 풍경을 바라보았다. 이쪽에 존 핸콕 빌딩John Hancock Building이 있었고, 저쪽에 레이크 포인트 타워Lake Point Tower가 있었다. 댄은 그 외관이 마치 물결치는 것처럼 보이는, 비교적 최근에 지어진 세인트 레지스 시카고St. Regis Chicago(이 지역의 유명 건축가인 잔느 갱Jeanne Gang이 설계함)의 서로 연결된 건물들을 가리켰다. 그가 말했다.

"저 높은 빌딩들을 뛰어넘을 수 있다면, 전 그렇게 할 겁니다."

9장

점프론

알고 보니 찰스 다윈도 점프에 관해 할 말이 있었다. 1872년 발표된 《인간과 동물의 감정 표현》(2020, 사이언스북스)에서 그는 이렇게 썼다.

"즐거움이나 강렬한 기쁨에 휩싸인 사람은 여러 목적 없는 행동을 하려 하고 다양한 소리를 내려는 경향이 강하다. 우리는 이러한 모습을 큰 소리로 웃고, 손뼉을 치며 즐거워서 팔짝팔짝 뛰는 어린아이들에게서 확인할 수 있다. 또한, 주인과 산책하러 나간 개들이 뛰어오르며 짖어대는 데서도, 드넓은 들판으로 나간 말들이 경중대며 뛰어다니는 데서도 확인할 수 있다."

기분이 좋으면 우리는 움직이고 싶어진다. 기쁨은 근육의 움직임을 통해 몸으로 표현될 수 있지만, 다윈은 그 반대도 성립한다고 보았다. 즉, 몸 자체도 우리를 기쁨으로 이끌수 있다는 것이다. 그는 아이들과 강아지들이 뛰어노는 것은 "오랜 휴식이나 감금 후 근육을 사용하는 것 자체가 즐거움"이기 때문이라고 썼다. 기쁨은 뇌와 몸의 자극에 그리고 그 둘 사이의 대화에 있다. 150여 년 전, 다윈은 이를 뇌와 근육 간의 상호작용으로 보았다.

"몸은 소통을 위한 강력한 도구입니다."

버클리 사회적 상호작용 연구소Berkeley Social Interaction Laboratory 소장이자 캘리포니아대학교 버클리 캠퍼스 대의과학센터Greater Good Science의 이사장을 맡고 있는 심리학교수 대커 켈트너Dacher Keltner가 말했다. 그는 감정의 생물학적, 진화적 기원을 중점적으로 연구하며, 또한 저명한 행복 연구자이기도 하다.

"어떤 감정은 몸과 깊이 연결되어 있습니다."

그가 내게 말했다.

"예를 들어, 기쁨은 대개 뛰는 행동을, 사랑은 포옹과 같은 행동을 수반하죠. 감정은 행동과 연결돼 있어요. 그리고 그 행동을 위한 준비 상태나 의도와도 연결돼 있고요."

나는 감정을 행동 지향적인 것으로 생각해본 적이 없었지만, 일단 그렇게 생각하니 어디서든 그런 경향을 확인할 수 있었다. 네덜란드 심리학자 바티아 메스키타Batja

Mesquita는 감정을 단순히 우리의 정신적 상태가 아니라 '사람들과의 관계 속에서 나타나는 행동'으로 생각할 수 있다고 말했다. 감정은 **노력**을 필요로 한다(감정은 겉으로 표현되어야 어떤 일이 일어나게 할 수 있기 때문이다). 또한, 메스키타의 연구에 관한 잡지 기사에서 철학자 니크힐 크리슈난 Nikhil Krishnan은 이렇게 썼다.

"우리가 감정을 나타낼 때 쓰는 용어 중 상당수는 신체적 상태를 나타낸다. 가령, 풀이 죽은downcast(고개를 떨군), 화가 난bent out of shape(몸이 뒤틀린), 사랑에 푹 빠진head over heels(몸이 뒤집혀 거꾸로 내리박히는), 충격을 받은shaken up(몸이 떨리는), 낙담한down in the mouth(입꼬리가 내려간)이 그렇다."

근육은 우리가 생각하는 것보다 더 다양한 방식으로 내면의 삶을 드러낸다.

감정에 관한 연구는 역사적으로 다른 신체 부위보다 얼굴에 집중해 이루어져 왔다. 여러분은 지금 웃고 있는가? 찡그리고 있는가? 이가 보이게 찡그리면서 턱을 악물고 있는가? 사실 다윈은 선구적인 프랑스 신경학자 G. B. 뒤셴드 볼로뉴의 연구에서 영감을 받아 감정에 관한 연구를 시작했다. 그는 임상 사진과 전기 자극을 이용해 얼굴의 특정 근조직을 연구했으며, 근육이 감정의 언어를 드러낸다고 믿었다. 그가 1862년에 발표한 논문은 감정의 생리를 연구한 최초의 논문이었다. 여러분이 웃고 있다면, 뒤센이 '기쁨의 근육the muscle of joy'이라 부른 큰 광대근zygomaticus major이 활성화됐을 가능성이 크다. 다양한 근 위축에 대한 설명부터 근육 생체검사를 위한 도구 발명에 이르기까지 그의 광범위한 연구는 신경학, 근육 질환, 성형수술, 의학 사진, 현대 미술 등 여러 분야에 지속적인 영향을 미쳤다.

감정에 관한 좀 더 최근의 연구에 따르면, 최소한의 몸짓만으로도 감정은 인식될 수 있다. 또한, 연구에 따르면 일반적으로 점프나 동작이 큰 리듬감 있는 움직임은 기쁠 때 자주 발생한다. 관찰자는 순간적인 점프 동작을 보는 것만으로도(표정을 보지 못하고, 전후 사정을 모르고, 실제로 행위자에게 특정 감정을 표현하려는 의도가 없다 해도) 그 감정을 행복으로 식별할 수 있다. 과학자들에게는 신체 움직임과 행동을 통해 감정을 인식하는 뇌의 기저 메커니즘이 존재한다고 믿을 만한 충분한 증거가 있다(이러한 메커니즘은 여러 문화권과 다양한 연구들에서 일관되게 발견된다).

다시 말해, 댄 오코너가 미시간 호수에 뛰어드는 모습을 볼 때 우리는 그것을 기쁨으로 인식한다. 그 움직임 자체가 메시지다. 팬데믹으로 가장 암울했던 시절에 이는 그가 전달해야 했던 메시지였으며, 많은 사람이 필요로 했던 메시지였다.

"점프에 대한 다윈의 설명은 정말 인상적이에요. 가령, 우리는 기쁠 때 춤을 추는데, 춤이 즐거운 것은 실제로 뛰는 행동 때문이죠."

대커가 내게 설명했다.

"춤은 문화적으로 표현된 감정이에요."

스포츠도 이 범주에 속한다는 것은 놀랄 일이 아니다. 대커는 자신이 가장 좋아하는 운동인 농구를 예로 든다.

"농구가 전형적인 예죠. 농구에는 그냥 재미로 하는 점프가 많아요."

그가 말했다.

"아이들도 하고, 어른들도 하죠. 기쁨은 세상의 모든 걱정을 뒤로하고 자유로움을 느낄 때 찾아오는데, 점프할 때가 그래요. 마치 땅에서 떠 있는 것 같은 기분을 느끼게 해 주죠."

내 마음은 야구로 향했다. 거의 매번 월드 시리즈 챔피언십이 끝날 때마다 마음이 완전히 무장 해제되는 순간이 있기 때문이다. 그 순간은 바로 선수 대기석에서 험악한 표정을 짓고 태연하게 침을 뱉던 다 자란 남자들이 그야말로 정말 너무나 신이 나서 내야로 달려나갈 때다. 내가 보기에 이 야구 대회에서 가장 인상적인 장면은 팀 전체가 한꺼번에 경기장으로 뛰쳐나가는 모습이다. 선수들은 서로에게로 돌아서서, 서로의 품으로 뛰어들고, 서로의 **위로** 뛰어오른다. 위로 아래로, 모두가 마치 스프링이라도 단 듯이 움직이며 내면의 흥분을 억누르지 못한다. 그 감정은 **표출되어야** 한다. 이는 축하를 위한 집단 점프다. 혹은 대커가 선호하는 표현대로 '집단적 열광'이다.

잠시 고래 이야기를 해보자. 놀라운 체력을 보여주는 장면으로, 지구상에서 가장 거대한 생물 중 하나인 고래가 50톤에 달하는 몸을 물 밖으로 솟구치게 하는 광경만 한 게 없을 것이다. 고래는 보통 무리를 지어 이동하며, 마치 하나의 유기체처럼 함께 점프한다. 물 위로 뛰어오르는 동작의 물리학을 연구하는 과학자들은 고래의 점프를 '근섬유의 생리적 한계를 시험하는 상징적 동물 행동'으로 설명한다. 엄청난 에너지가 요구되는 이 행동은 아마도 자연계에서 관찰되는 가장 강력한 폭발적 움직임일 것이다.

고래가 물 위로 뛰어오르려면 점프 직전에 **빠른 속도**로 헤엄쳐야 하며, 꼬리지느러미(두 갈래로 나뉜 꼬리)와 등지느러미를 연결하는 근육인 꼬리자루peduncle라는 근육을 수축시켜야 한다. 꼬리자루는 우리의 대둔근gluteus maximus (점프할 때 사용되는 엉덩이 근육)과 같은 근육으로, 아마도 동

161

물계에서 가장 강력한 근육일 것이다.

나는 정말 기쁘게도 보트에서(그리고 서프보드에서!) 혹등고래가 물 밖으로 뛰어오르는 모습을 본 적이 있다. 하지만 수면 아래에서 정확히 무슨 일이 벌어지는지 알기란 쉽지 않다. 그래서 나는 점프에 이르기까지 수중에서 고래에게 어떤 노력이 필요한지 파악하기 위해 50톤짜리 혹등고래가 물 위로 뛰어오르는 과정을 등지느러미에 단 카메라로 촬영한 영상을 찾아봤다. 분명히 말하자면, 고래의 무게는 10만 파운드(약 4만 5,000킬로그램)로, 대형 걸프스트림 Gulfstream 항공기의 무게와 맞먹는다.

고래 등에 타면 어떨지 궁금해한 적이 있다면, 아마도 이런 장면을 보게 될 가능성이 크다. 먼저, 고래의 머리가 물결을 일으키며 상승을 시작한다. 이어서 고래가 몇 차례 온몸을 위아래로 물결치듯 움직이며 속도를 높이자 카메라가 흔들리기 시작한다. 푸른 바닷물이 맑아지고, 고래가 바다에서 푸른 하늘로 솟구쳐 오르는 순간 둥근 태양이 드러난다. 고래는 다시 물속으로 들어가기 직전에 분수공에서 물기둥을 내뿜는다. 전체 과정은 약 20초 정도 걸리는데, 정말 짜릿하다.

50톤짜리 고래는 단 한 번 물 위로 뛰어오르는 데도 내가 마라톤을 완주할 때 필요로 하는 에너지와 거의 같은 에너지를 소비하는데, 이런 행동을 자주 한다. 그렇다면 고래는 왜 물 위로 뛰어오르는 걸까? 여기에는 다양한 이론이 있다. 연구에 따르면 이는 자신의 위치나 활동, 건강 상태를 알리거나 놀기 위한 것이다. 혹등고래 새끼들의 경우에는 반복적인 점프를 통해 근육에서 철과 산소를 결합하는 단백질인 미오글로빈을 증가시켜 잠수 능력을 높이는 것으로도 추정된다.

고래는 물 위로 뛰어오를 때 엄청난 에너지를 소모하기 때문에, 어미 고래와 새끼 고래가 먹이 먹는 곳에서부터 멀리 떨어진 장소에서 나란히 반복적으로 점프한다는 것은 이것이 새끼 고래에게 특별하고 의미 있는 행위임을 시사한다. 고래의 머릿속으로 들어갈 수는 없지만, 내가 읽은 거의 모든 연구 논문은 어린 고래들이 물 위로 뛰어오르기를 **정말로 좋아하는** 것처럼 보인다고 말한다. 다시 다윈이 떠오른다. 개가 뛰고, 말이 뛰놀고, 고래가 물 위로 솟구치고, 인간이 점프하는 것, 이 모든 것은 즐거움을 위한 행동이다.

이 즐거운 분위기를 따라, 애니 딜러드Annie Dillard의 고전 《자연의 지혜》(2007, 민음사)에서 내가 좋아하는 한 구절을 떠올려본다. 그녀는 연못 주변을 산책하며 그 전체가 '생명력으로 꿈틀거리는' 모습을 묘사했다. 딜러드는 개구리 한 마리를 보았다. 청록빛의 커다란 그 개구리는 '포스터

물감으로 그린 개구리처럼' 보였는데, 튀어 오르지 않고 가만히 있었다. 그녀가 썼다. '팔을 흔들고 발을 굴러 겁을 주었더니, 그놈이 갑자기 튀어 올라 나도 펄쩍 뛰었다. 그러자 연못 속에 있던 모든 것들이 일제히 튀어 올랐다. 나는 웃고 또 웃었다.'

아버지는 언제나 아주 효율적으로 줄넘기를 하셨다. 집에서 차고로 이어지는 문 너머로 가죽 줄이 일정하게 **획획 획획** 돌아가는 소리가 들렸다. 줄은 너무 빨리 돌아가서 줄처럼 보이지도 않았고, 아버지가 손에 쥔 나무 손잡이로 주변에 만들어낸 흐릿한 힘의 장처럼 보였다.

신기했던 점 중 하나는 아버지가 그다지 많은 힘을 들이지 않는 듯 보였다는 것이다. 교대로 구르는 발은 가벼웠고, 호흡은 평온하고 효율적이었으며, 표정도 변함이 없었다. 심지어 2단 뛰기를 할 때도 그랬다. 그 후에야 아버지의 얼굴에는 익숙한 미소가 번졌다.

아버지는 남들과 어울려 줄넘기를 하진 않으셨다. 아버지에게 줄넘기는 명상에 가까운 혼자만의 수행이었다. 아버지는 차고에서 한 시간 정도 줄넘기를 하셨는데, 줄이 콘크리트 바닥에 부딪히는 소리가 마치 메트로놈 소리처럼 들렸다. 아버지의 땀방울은 물방울처럼 계속 흘러내려 결국 발밑에 작은 웅덩이를 이루었다.

　나는 빨간색과 흰색 줄무늬가 섞인 면 줄로 줄넘기를 했다. 그 줄은 아버지의 줄넘기 줄만큼 빨리 돌아가진 않았지만, 맨다리에 부딪힐 때 덜 아팠다. 아버지의 가벼운 발놀림을 따라 하려 애썼지만 대부분 내 발은 위, **아래**, 위, **아래**로 무겁게 오르락내리락할 뿐이었다. 중력은 짜증 날 정도로 끊임없이 나를 끌어내렸다. 그러나 한 발로 뛰는 법을 배운 것은 의미 있는 성취였다. 더 빠른 박자, 새로운 리듬에 맞춰 움직이고, 벌새처럼 가볍게 떠오르는 법을 배운 것이다.

　그때 익힌 리듬이 지금 나를 부른다. 그래서 나는 다시 겸손하게, 기억나는 대로 자주, 한 번에 5분씩 750번의 점프를 시작한다. 속도를 올리고, 두 발로 뛰고, 새로운 것을 시도한다. 나는 놀이를 한다. 점프할 때 줄이 내는 소리에 귀를 기울인다. 가끔은 눈을 감는다. 숫자가 저절로 흘러가는 것처럼 느껴질 때까지 숫자를 세고, 100에 도달할 때마다 다시 0으로 돌아간다. 숫자는 중요하지 않다. 중요한 것은 그 루프 안에 무엇이 있는가다. 내가 만들어내는 리듬, 줄이 나무 바닥을 스칠 때의 기분 좋은 탁탁 소리 그리고 내가 원하는 만큼 멈춰 있는 듯한 상태 속에 있는 나.

　나는 몸을 도구 삼아 즐거움을 찾는다는 다윈의 생각이

마음에 든다. 근육에서 비롯된 움직임은 그 자체로 언어이며, 몸에 내재해 있다. 우리가 그 언어를 사용해 타인과 소통하는 방식에는 고유의 힘이 있다. 내가 줄넘기를 하는 다른 사람들을 찾아다니는 이유는 그들 곁에서 줄넘기가 그들의 삶에 얼마나 필수적인 것인지를 느끼고 싶기 때문이다.

댄서이자 안무가인 에보니 잉그램Ebony Ingram이 시카고 남부에서 자랄 때, 그녀의 언니와 사촌은 그녀와 여동생에게 더블 더치double Dutch(줄넘기의 한 종류로, 서로 반대 방향으로 돌아가는 두 개의 긴 줄을 한 명 이상이 동시에 점프한다 – 옮긴이) 하는 법을 가르쳐주었다. 그들은 밖에서 몇 시간이고 고무를 입힌 빨랫줄을 번갈아 가며 넘거나 돌렸고, 노래와 운율을 만들었다.

"흑인 소녀라면 당연히 하는 놀이예요. 우린 그렇게 소통해요."

그녀가 내게 설명했다. 가끔은 낯선 사람들이 소녀들에게 다가와 더블 더치를 하는 법을 가르쳐달라고 하거나 한번 해보게 해달라고 부탁하기도 했다. 더블 더치는 무엇보다도 사람들과의 소통에 관한 것이었다.

10여 년 전, 에보니는 하워드대학교에 진학하기 위해 워싱턴 D. C.로 이사했다. 그녀는 이곳에 처음 왔을 때 맬컴

X 공원Malcolm X Park에서 보낸 하루를 이렇게 회상했다.

"언니와 친구들과 함께 공원에서 줄넘기를 하는데, 사람들이 차에서 내려 우리와 함께 놀았죠."

그녀가 더블 더치를 설명하면서 '놀았다'라는 표현을 사용한 것은 우연이 아니다.

"거기에는 뭔가 황홀한 느낌이 있어요."

에보니가 생기 넘치는 얼굴로 말했다. 그녀의 손이 짧게 자른 곱슬머리 주변에서 경쾌하고 섬세하게 움직였다.

"성공했을 때의 흥분과 기쁨이 가슴으로 느껴지거든요."

더블 더치는 기본적으로 놀이이지만 음악성과 스타일이 이를 고유의 안무가 있는 하나의 예술 행위로 승화시킨다. 빠르게 도는 두 개의 줄 안에서 내내 박자를 맞추며 복잡한 점프, 회전, 발놀림 그리고 곡예를 하려면 고도의 운동 능력이 필요하다. 더블 더치를 하는 사람 중 가장 빠른 사람들은 분당 평균 200회 가까이 점프한다.

몇 년 전, 에보니는 조슈아 와일더Joshua Wilder의 연극 〈그녀는 보석과 같아요She A Gem〉에서 더블 더치 코치를 맡았다. 존 F. 케네디 공연예술센터의 의뢰로 세계 초연된 이 작품은 네 명의 10대 소녀가 더블 더치 경연을 준비하는 이야기를 다룬다. 더블 더치는 1970년대에 경쟁 스포츠가 됐고, 오늘날에는 이를 전문적으로 가르치는 팀이 많이 있다. 1992년부터 매년 뉴욕시에 있는 아폴로 극장에서 국제 더블 더치 대회가 개최되고 있는데, 프랑스에서 일본까지 다양한 팀들이 참가한다. 더블 더치는 전 세계로 퍼져 나갔지만, 그 뿌리는 할렘과 필라델피아 북부에서부터 시카고 남부까지의 지역에 걸쳐 있다. 더블 더치는 바로 이곳에서 오늘날의 모습으로 발전했다.

"프로 팀들이 하는 건 정해진 기준과 방식이 있어요."

에보니가 말했다.

"제가 하는 건 스트리트 점프라 달라요. 그게 바로 더블 더치죠. 그리고 줄은 하나의 캐릭터에요. 줄은 살아 있어요."

민족음악학자인 카이라 곤트Kyra Gaunt는 더블 더치를 역동적인 구전 전통으로 설명했다. 더블 더치의 언어를 배우는 것(줄에 들어가고, 요령을 익히고, 몸을 느끼고, 직감에 의존하는 것)은 자신감을 키우는 연습이다.

"줄은 망설이면 알아차리고 바로 얼굴을 때려요."

에보니가 말했다.

"인생의 좋은 스승이죠. 그냥 과감하게 해보라고 가르치는."

더블 더치를 할 때 공동체 의식은 필수다. 여기에는 규칙과 순서가 있다. 즉, 줄을 돌리는 사람은 줄을 넘는 사람들에 맞춰 박자와 속도를 조절한다. 위계가 있을 수 있는데, 다른 선수들보다 나이가 어리면 다른 사람들을 위해 계속 줄을 돌리다가 맨 마지막으로 줄을 넘어야 할 수도 있다.

"하지만 누군가 당신을 건너뛰면 분위기가 바뀌어요. 사람들이 서로를 쳐다보기 시작하죠."

에보니가 말했다.

"이건 서로 잘 지내기 위한 연습이에요."

그렇게 워싱턴 D. C.에서 에보니는 나를 긴 줄넘기의 세계로 안내했다. 나무들이 알록달록한 숨결을 내쉬듯 잎을 떨궜고 늦은 오후의 햇살이 따스하게 내리쬐었다. 도시의 남동쪽 언덕 위, 정원이 딸린 현대적인 유리 벽면의 커뮤니티 센터인 마사의 테이블Martha's Table에서 로빈 엡Robbin Ebb 코치와 씨씨Cee Cee로 불리는 그녀의 여동생 칼라일 프린스Carlyle Prince가 나를 줄 안으로 유도했다. 그들의 숙련된 손에서 파란색과 흰색 비즈로 장식된 한 쌍의 줄이 탁 탁 하며 규칙적인 리듬을 만들어냈다. 나는 귀 기울이고 지켜보면서, 발끝으로 리듬을 탔다.

관중석에서 에보니가 큰 소리로 환호했다. 그날 나는 최고의 전문가로부터 더블 더치를 배우기 위해 에보니와 함께 그곳에 있었다. DC 레트로 점퍼스DC Retro Jumpers의

창립자인 활기 넘치는 68세의 조이 존스Joy Jones가 웃으면서 휴대폰으로 그 장면을 동영상으로 찍었다. 지난 20년 간 조이는 워싱턴 D. C. 일대의 학교, 지역 행사, 축제 등에서 수천 명에게 더블 더치를 가르치는 프로그램을 운영해왔다.

나는 줄넘기는 좋아하지만 더블 더치는 해본 적이 없었다. 두 개의 줄이 소용돌이치듯 빠르게 돌아가는 모습은 위압적이었다. 구경하는 사람들과 차례를 기다리는 사람들의 점점 길어지는 줄도 마찬가지였다. 다 큰 어른이지만, 다시 아이가 된 기분이었다. 가장 두려운 순간은 줄 안으로 들어가는 순간이었다. 나는 빠르게 돌아가는 줄 옆에 얼어붙은 듯 서서 흐릿한 세계 속으로 뛰어들 준비를 했다.

사전에 로빈 코치는 초보자들이 어디로 뛰어들어야 할지 알 수 있도록 바닥에 분필로 하트를 그려두었다. 그녀가 내게 신호를 보냈다.

"하나둘, 하나둘, 지금이에요!"

나는 심호흡을 한 후, 하트를 겨냥해 줄을 돌리는 그녀의 팔 아래로 뛰어들었다.

"사과가 막대기에, 날 아프게 해, 내 가슴 뛰게 해, 둘, 넷, 여섯…"

씨씨의 운율은 나를 웃게 했지만, 박자를 맞추고 집중하는 데 도움이 됐다. 뒤에서 로빈 코치가 다른 발동작을 요구했다.

"하나둘! 발끝을 엇갈리게! 돌아서, 넘고! 돌아서, 넘고! 뛰고, 뛰고, 뛰고, 뛰고, 뛰고!"

노래가 빨라지자 내 심장과 발도 함께 빨라졌다. 뛰어오를 때마다 얼굴에 미소가 번졌고 녹색 치맛자락이 더 높이 펄럭였다. 관중들이 함성을 지르며 응원했는데, 줄이 빨라질수록 그 환호는 더욱 커졌다. 마침내 줄이 발에 걸리자 관중들은 박수와 함께 환호로 응답했다.

이 기쁨은 계속 이어졌다. 매주 엄마, 할머니와 함께 오는 머리를 땋은 작은 엘라Ella에게도, 그 정신없는 줄 사이에서 엎드려 팔굽혀펴기를 하며 관중을 놀라게 한 초등학생 제일런Jalen에게도, 의외로 수줍어했지만 서로 등을 떠밀며 결국 도전해본 방과 후 프로그램의 10대 아이들에게도, 심지어 줄넘기의 짜릿한 스릴에 매료된 부모와 보호자에게도. 중요한 것은 누구에게나 이 기쁨이 가닿는다는 것이었다.

조이는 주로 흑인 중산층이 거주해온 지역인 DC의 미시간 파크Michigan Park에서 대부분의 어린 시절을 보냈다. 그녀가 말했다.

"우리 여자아이들은 하루도 빼놓지 않고 줄넘기를 했

어요."

하지만 2004년 중년의 성인 여덟 명으로 구성된 'DC 레트로 점퍼스'를 만들어 매주 줄넘기 모임을 시작했을 때, 그녀는 수십 년 동안 줄넘기를 하지 않은 상태였다. 성인이 되어 줄넘기를 다시 했을 때의 그 기쁨과 흥분은 마치 '샴페인과 색종이 조각들' 같았다고 그녀는 말했다.

"줄넘기를 하면 기분이 확 좋아지고 동시에 축하하고 싶어져요."

그녀가 말했다.

"헬스장에 가는 건 뭔가 일처럼 느껴져서 싫었어요. 하지만 더블 더치 같은 건 좀 더 놀이처럼 느껴지죠."

우리는 로빈 코치와 씨씨가 끈기 있게 줄을 돌리는 모습을 지켜보았다.

"로빈은 아이들과 함께하는 걸 좋아하지만, 전 어른들과 함께하는 게 더 좋아요."

세 살배기 엘라가 신이 나서 줄에 들어가보자며 엄마를 조르는 모습을 보며 조이가 말했다.

"어른들은 이제 노는 데 익숙하지 않아요. 저는 그 변화의 과정을 보는 게 좋아요. 그들은 멀리서 우리를 지켜보다 호기심 어린 표정으로 천천히 다가오죠. 하지만 줄 앞까지 가서도 쑥스러워해요. '나이를 먹어서 안 돼요. 줄넘기를 해본 지 너무 오래됐어요.' 이게 그들의 방어 전략이죠. 하지만 그러고서 우리와 눈이 마주치면(이 말을 하면서 조이는 마구 웃기 시작했다. 그녀는 온몸으로 웃음을 터뜨렸다) 그 핑계가 통하지 않는다는 걸 알게 돼요! 어른들에게도 격려와 독려가 필요해요. 특히 긴장할 때는 더욱 그렇죠. 하지만 그러다 일단 줄을 넘기 시작하면 그들은 정말 즐거워해요. 몸을 움직이고, 엔도르핀이 솟구치고, 뭔가 새로운 걸 하고 있다는 걸 깨달으면서 얼굴이 정말 밝아진다니까요?"

그녀는 고개를 끄덕이며 손가락을 하늘로 향했다.

"바로 그 모습이 저를 웃게 해요."

놀이를 할 때 우리는 제 몸으로 편안함과 본질적인 기쁨을 느낀다. 어른이 됐다는 이유만으로 놀이를 포기할 이유가 있을까? 오후가 깊어지고 저녁이 되어갈 무렵, 나는 누군가를 줄 안으로 초대하는 행위가 사실은 기쁨으로의 초대라는 사실을 깨닫게 됐다. 더블 더치 문화('하나둘, 하나둘, 지금!')에는 깊이 뿌리내린 관대함이 있다.

생물학자 찰스 셰링턴Charles Sherrington은 1924년 옥스퍼드대학교 강연 중 이렇게 말했다.

"인간이 할 수 있는 일은 무언가를 움직이는 것뿐이며, 이 임무를 수행하는 유일한 주체는 근육이다. 그것이 한 음절을 속삭이는 일이든 나무를 쓰러뜨리는 일이든 말이다.”

운동계는 600개가 넘는 근육을 통제하며, 이 근육들에 대한 조정은 대부분 의식적인 지시 없이 이루어진다. 어떤 행동은 선천적이지만, 어떤 행동은 연습을 통해 배워야 한다. 운동계가 하는 대부분의 일은 부상이나 질병으로 문제가 생기기 전까지는 우리에게 보이지 않는다.

에보니는 그녀가 사랑하는 지역 더블 더치 현장에 나를 초대했지만, 정작 그녀 자신이 줄넘기를 한 것은 꽤 오래전이었다. 2021년 그녀는 백혈병 진단을 받고 그해 8월에 줄기세포 이식술을 받았다. 어린 시절 더블 더치를 하며 놀았던 덕분에 그녀는 지금의 몸이 될 수 있었지만, 한 번에 몇 달씩 입원한 후에는 걸음걸이가 느려질 수밖에 없었고 여전히 제대로 달릴 수 없었다. 그녀는 지금 상태에서 다시 뛸 수 있는 몸이 되려면 어떻게 해야 할지 막막한 기분을 느꼈다.

하지만 이날이 시작이었다. 그녀는 내게 “다시 근육이 깨어나는 느낌이에요”라고 말했다.

로빈 코치와 씨씨가 파란색과 흰색으로 된 줄을 돌리기 시작했다. 에보니는 경쾌한 줄무늬 모자를 쓴 채 로빈의 어깨 오른쪽에 서서 이미 온몸으로 춤을 추고 있었다(몸은 무엇을 해야 할지 알고 있었다). 그녀는 두 사람에게 줄을 좀 더 빨리 돌려달라고 했다. 그녀가 박자에 맞춰 오른팔을 휘두르며 준비할 때, 나는 그녀가 얼마나 활기 넘치고 기민한가를 알 수 있었다. 마침내 에보니가 줄 안으로 뛰어들었다. 그녀는 온 힘을 다해 맹렬하고 빠르게 두 다리를 움직였다.

에보니는 죽음을 마주하게 되면 "다시 줄로, 해야 할 일로 돌아가야 한다는 절박함이 생긴다"라고 말했다. 항암과 방사선 치료 후 줄넘기를 한다는 것은 더 이상 쉬운 일이 아니었다. 하지만 그녀에게는 지금보다 더 나아지고자 하는 강한 의지가 있었다.

"전 그래도 뛰어야 해요."

그녀가 말했다.

'전 그래도 뛰어야 해요.' 이 말이 계속 내 머릿속을 맴돈다.

움직이는 몸은 언제까지나 움직이는 것이 아니다. 특히 질병이나 사고로 쓰러진 후에는 더욱 그렇다. 하지만 운이 좋다면, 줄넘기는 일상에 리듬을 부여하고 시간을 인식하게 해주는 일종의 길잡이가 될 수 있다. 그것은 지금 이 세상에 존재한다는 것 그리고 이 세상을 떠난다는 것이 무엇을 의미하는지 일깨워준다.

필리프 홀스먼Philippe Halsman은 잡지 《라이프Life》 표지에 101번이나 자신의 이름을 올린 전설적인 사진작가다. 그는 오랫동안 인물 사진을 찍어오면서 사람들에게서 진정한 모습을 끌어내려면 결국 아주 간단히, 뛰게 하면 된다는 것을 깨달았다.

"점프할 때 피사체는 갑작스러운 에너지를 터뜨리면서 중력을 극복한다. 그는 자신의 표정과 얼굴·팔다리 근육을 동시에 통제할 수 없다."

홀스먼은 이 집중된 전신의 움직임을 통해 모든 꾸밈이 사라지고 '진정한 자아가 드러나게 된다'라고 말했다.

1952년 그는 포드 일가와 다가오는 회사 창립 50주년을 기념하기 위한 사진 촬영을 했다. 하지만 사진은 만족스럽지 않았다. 그는 마지막으로 포드 가의 중심인물인 엘리너 클레이Eleanor Clay가 점프하는 모습을 찍어보면 어떨까 하는 생각을 떠올렸는데, 이 영감이 상황을 반전시켰다. (엘리너 클레이는 하이힐을 벗었다.) 그날 이후 그는 점프하는 사진을 자주 찍기 시작했다.

홀스먼의 점프에 대한 사랑은 라트비아Latvia에서 보낸 어린 시절로 거슬러 올라간다. 그는 해변에서 뒤로 공중제비를 넘을 만큼 점프 실력이 뛰어났지만, 피사체가 자신의 특별한 요구를 좀 더 편안하게 받아들일 수 있도록 그들과 함께 쉽고 편안하게 점프할 줄도 알았다. 그는 운동선수뿐만 아니라 리처드 닉슨Richard Nixon, 존 스타인벡John Steinbeck, 윈저 공작 부부Duke and Duchess of Windsor부터 매릴린 먼로Marilyn Monroe, 레나 혼Lena Horne, 살바도르 달리Salvador Dali에 이르기까지 다양한 유명 인사들에게 점프를 부탁했다. 달리의 특별한 이미지는 26번의 촬영 끝에 완성된 것인데, 한 번 찍을 때마다 고양이 세 마리와 물 한 양동이를 동시에 던져야 했다.

1959년에 처음 출간된《하나, 둘, 셋 점프!》(2016, 엘리)에는 유명인들이 점프하는 모습이 담긴 약 200장의 사진이 수록되어 있다. 사진 속 인물들이 모두 그의 부탁을 수락했다는 사실은 그 움직임이 본질적으로 즐거움의 행위임을 드러낸다.

"사람들은 마음속 깊이 점프를 원하고, 점프를 즐거운 행위로 여긴다는 것을 깨달았다."

홀스먼은 높이 뛰어오르는 몸에서 한 사람의 특징이 가장 잘 드러난다고 보았다. 심지어 점프를 통한 이 개인적인 심리 검사에 '점프학jumpology'이라는 장난 섞인 이름을 붙이기도 했다.

그에 따르면, "점프하는 인간은 두 가지 유형으로 나눌 수 있다. 하나는 최대한 높이 뛰어오르려 하는 유형이고 다른 하나는 아무래도 상관없는 유형이다."

홀스먼은 프로이트를 장난스럽게 인용해 '점프의 해석'으로 이름 붙인 제목의 섹션에서 나름의 분석을 내놓았다. 점프할 때 손과 팔을 사용하지 않는 사람은? 소통을 싫어하거나 소통할 수 없는 사람. 팔을 뻗어 어딘가를 가리키는 사람은? 야망이 있는 사람. 점프하면서 팔을 벌려 균형을 잡으려고 하는 사람은? 삶에서 불안이나 두려움을 느끼는 사람. 다리를 벌리고 점프하는 남자는? 힘과 중요성을 과시하려는 사람. 다리를 벌리고 점프하는 여자는? 열정, 독립심, 반항심이 있는 사람.

그가 점프하는 모습을 촬영한 인물 중 가장 나이가 많은 이는 존경받는 러니드 핸드Learned Hand 판사였다. 러니드는 여든일곱의 나이에 점프를 준비하면서 생각에 잠겨 "어찌 됐든 이것도 가는 방법으로 나쁘진 않겠지"라고 중얼거렸다.

나중에 홀스먼은 점프하는 판사의 사진을 보면서 자신의 늙어감을 한결 덜 두려워하게 됐고, 더 많은 영감을 얻게 됐다.

"이 사진이 내게 그러하듯 판사님께도 의미가 있기를 바란다. 영원한 젊음의 비결은 마음에 있다는 사실을 보여주는 증거로써 말이다."

내가 글을 쓰는 우리 집 거실 책상 위에는 디지털 사진

액자가 있다. 나는 몇 주 동안 글을 쓰고, 몽상에 잠기고, 허공을 응시하다가 사진이 차례로 재생되는 그 액자를 보고서 우리 가족이 점프하길 좋아하는 가족이라는 사실을 깨달았다. 놀이터 구조물과 다이빙 보드에서 뛰어내리는 아이들의 사진, 땅을 박차고 뛰어오를 때의 집중한 듯 찌푸린 이마와 착지하는 순간 통통한 볼이 튀어 오르는 모습이 담긴 슬로 모션 영상, 친구의 생일 파티에서 트램펄린을 타며 주체할 수 없이 웃고 있는 남편과 나, 원반을 잡기 위해 뛰어오르고, 수영장의 출발대에서 몸을 날리고, 서프보드를 타고 공중으로 튀어 오르는 우리 가족들. 홀스먼의 사진에서처럼 나는 그러한 도약에서 조심스러움과 환희가 여과 없이 섞인 각자의 개성을 본다. 우리는 그러한 사진들에서 우리의 무의식적인 자아를 드러낸다.

한 친구는 내게 어렸을 때 트램펄린에서 뛰면 마음이 편안해지곤 했다고 말했다. 그 리듬은 그녀의 과민한 마음을 진정시키고 곤두선 몸을 가라앉혀주었다. 한 노인의학과 전문의는 나이가 들수록 중력과 관련된 활동이 골밀도, 근력, 균형을 유지하는 데 중요하다고 말했다. 고래가 물 위로 뛰어오르는 데 생물학적인 근거가 있는 것처럼, 점프에는 우리 몸의 움직임이 오래 지속되는 데 필수적인 요소가 있는 것 같다.

홀스먼의 점프학 이론은 근육으로 본 인물 분석이라는 점에서 부분적으로는 심리학이고 부분적으로는 생체역학이다. 나는 인간의 특성이 어떻게든 움직임에 드러난다는 생각, 우리는 작은 기울임과 움직임, 몸짓이 만들어낸 하나의 게슈탈트(독일어로 '형태'를 가리킨다. 부분이 모여서 된 전체가 아니라, 완전한 구조와 전체성을 지닌 통합된 전체로서의 형상과 상태 – 옮긴이)를 통해 서로를 인식한다는 생각에 매료됐다. 나는 이를 일종의 동작 게슈탈트, 즉 각자가 가지고 있는 고유의 움직임 패턴으로 생각하기 시작했다.

10장

움직임은 메시지다

최근 몇 년간 여러 번, 나는 반복되는 악몽에 시달리다가 잠에서 벌떡 깨어났다. 온몸이 굳은 채 움직일 수 없었고 **곧 죽을 것**만 같았다. 그 일이 시작되는 것을 알았으나, 아무것도 할 수 없었다. 갑자기 무력해졌고 세상에 내 의지를 발동할 수 없었다. 꿈 해석을 그리 믿진 않지만, 이런 꿈은 굳이 분석할 필요도 없을 것이다.

고요한 절박함으로 나는 어떻게든 몸을 움직일 방법을 찾는다. 움직임 속에서 기쁨을 찾고, 일상에 나를 단단히 붙들어 매기 위해서다. 운동은 존재와 씨름하고 행동하는 하나의 방식이다. 매일의 움직임은 우리가 현존한다는 감각을 기르는 데 도움이 된다.

나는 거의 서른이 다 되어서야 서핑을 시작했다. 하지만 내가 네 살 때 엄마가 찍어준 폴라로이드 사진에는 양쪽으로 갈래머리를 한 내가 불안과 기쁨이 뒤섞인 복잡한 표정으로 아빠의 다리 위에서 마치 서핑하듯 두 팔을 벌리고 서 있는 모습이 담겨 있다.

사진은 약간 흐릿하지만, 잠옷에 있는 노란색 물방울무늬는 알아볼 수 있다. 아마도 이는 아버지가 우리에게 만들어주고 싶어 했던, 새벽부터 해 질 녘까지 끊임없이 움직이며 살아가는 삶을 보여주는 또 다른 증거일 것이다.

'왼발, 오른발. 왼발을 오른발 앞으로, 앞으로, 그다음 뒤로'. 서핑은 내 일상이 됐다. 나는 타이밍, 조정력, 자기 수용성 감각(시공간 속에서 자신의 신체를 감지하는 감각)을 단련하면서 서핑을 일종의 춤으로 이해하게 됐다. 나의 뇌가 근육과 소통하며 지시를 내리는 모습을 상상해본다. 그 단순하고 분명한 사실이 나를 안심시킨다.

가끔 몸이 서프보드와 따로 놀면 나는 대大 자로 뻗은 가장 어색한 자세로 물속에서 한 바퀴 돌게 된다. '왜 이렇게 된 거지?' 하지만 모든 것이 딱 들어맞아 보드가 내 몸의 연장선처럼 느껴질 때도 있다. 그럴 때면 나는 아무런 의식적인 노력 없이 파도와 물이 이끄는 대로 방향을 틀며 파도의 벽을 따라 미끄러지듯 움직인다. 그 순간엔 물살을 타는 느낌과 나의 춤 파트너에 대한 행복감 외에는 어떤 생각도 들지 않는다.

어떤 운동을 선택하든, 성과 코치performance coach인 브래드 스털버그Brad Stulberg가 '멋진 신세계'라고 부르는 순간이 있다.

"움직임은 몸이 보내는 신호에 세심한 주의를 기울일 것을 요구한다. 속도를 올릴까 늦출까? 이 통증은 단순히 고된 연습으로 인한 것일까, 아니면 곧 닥칠 부상의 징조일까?"

손가락에 닿는 물의 느낌, 어깨와 등의 따끔거림, 발아래 보드에서 느껴지는 감각 등 구체적인 피드백은 그 움직임을 더 정교하게 하는 데 도움이 된다. 그가 덧붙였다.

"이렇게 계속 하다 보면 몸뿐만 아니라 삶 전체에 세심한 주의를 기울이는 능력도 함께 향상된다."

동트기 전 어둠 속에서 차를 몰고 서핑을 하러 갈 때면 자주 아버지가 생각난다. 아버지는 이미 할아버지가 돌아가셨을 때의 나이보다 열 살은 더 많으시다. 하지만 아버지가 겪었던 위기일발의 순간을 생각하면 나는 시간이 두렵기만 하다. 지구 반대편에서 나보다 앞서 흐르는 시간이 느껴진다. 우리는 아무리 노력해도 몸이 언제 우리를 저버릴지 알 수 없다.

어린 시절 언제나 내 곁에는 아버지가 있었기에(아버지는

스파링을 하고, 놀고, 그림을 그릴 준비가 된 채 항상 집에, **그 자리**
에 계셨다) 성인이 된 후 아버지의 부재를 받아들이는 일은
한 번도 쉬운 적이 없었다. 열두 살 때(어느 지극히 평범한 오
후, 함께 어울리며 거실의 서로 다른 구석에서 길고 두서없는 대화
를 나누던 중), 아버지는 문득 나를 향해 내가 자신의 가장 친
한 친구라고 말씀하신 적도 있었다.

사실 아버지는 우리가 실제로 마주 보고 있을 때 가장 아
버지다운 모습을 보여주신다. 아버지는 말하거나 글을 쓰
는 사람이 아니라, 행동하는 사람이다. 영상 통화를 싫어하
시고, 이메일이나 문자도 잘 쓰지 않으신다. 서면 소통의 비
동기적 특성은 아버지와 잘 맞지 않는다. 하지만 일단 만나
면 아버지는 눈썹을 우스꽝스럽게 움직이고, 내 팔이나 손
을 꽉 쥐고, 그 크고 주책없는 웃음을 터뜨리면서 긴 침묵을
채운다.

나는 서평을 하러 가는 새벽(아버지가 계신 중국은 저녁이
다)에 아버지에게 전화를 걸기 시작했다. 어둠 속에서 차 스
피커를 통해 나오는 아버지의 목소리를 들으며 도로에 눈
을 고정하면 마치 우리가 함께 차에 타고 있는 듯한 기분이
든다. 가끔 아버지에게 화를 내기도 한다. 그렇게 멀리 떨어
져 살면서 더 자주 연락하지 않는다고 말이다.

오래된 이야기다. 아버지가 우리 곁을 떠났다는 사실을

나는 극복할 수 없기 때문이다. 아버지는 기쁠 때 뛰어오르고 움직이는 법을 내게 보여줬지만, 우리 곁을 떠난 후 나는 더 이상 아버지를 볼 수 없었다. 아버지는 너무 멀리 뛰어올랐다. 나는 지난 20년 동안 어떻게 하면 기쁨을 되찾을 수 있을지, 어떻게 하면 진짜 피와 살을 가진 사람이 아닌 기억 속의 존재가 되어버린 사람과 관계를 회복할 수 있을지 고민했다.

며칠 전 아들이 나를 불러 사진 한 장을 보여주었다. 아버지와 내가 복싱을 하고 있는데, 내가 오른쪽 잽을 날리는 동안 아버지가 패드를 들고 있는 사진이었다. 나는 흠뻑 젖어 있었고, 내 글러브는 패드에 막 닿아 있었다.

지난번 중국 방문 때 찍은 그 사진을 보자 나는 아버지가 가벼운 스파링, 그림 그리기, 숨 막히는 포옹 등 항상 몸의 언어로 우리와 가장 잘 소통하셨다는 사실을 다시금 떠올렸다.

몸은 행동으로 말한다. 움직임 자체가 언어이기 때문에 움직임을 제대로 설명할 단어는 없다. 움직임은 한 몸과 다른 몸 사이의 소통이다. 몸의 존재가 핵심이다. 당신과 내가 이 공간에 함께 있는 것. 움직임은 기억을 만들어낸다. 그것은 우리가 함께하는 방식이다.

아버지가 늘 지구 반대편에 계시는 까닭에 나는 요즘 이런 생각을 많이 한다. 하지만 매일 반복하는 신체적 움직임 (스트레칭, 줄넘기, 간단한 팔굽혀펴기조차도)은 내 삶의 기반이 되며, 시공간을 초월해 아버지와 나를 연결해준다. 이러한 일상적인 행위에는 무언가가 새겨져 있다. 어쩌면 모든 움직임은 과거의 움직임에 대한 기억을 간직하고 있는 일종의 팔림프세스트palimpsest(원래의 글자를 지우고 그 위에 글을 쓴 고대문서. 고친 자국이 남아 있다–옮긴이)일지도 모른다.

무용수라면 누구나 움직임이 이야기를 전달하는 한 방식이라고 말할 것이다. 뉴욕 시티 발레단의 러셀 얀젠Russell Janzen은 은퇴 후 자신의 특별한 신체적 능력('근육, 관절, 뼈, 힘줄의 특별한 기능')이 생계뿐만 아니라 행복에도 얼마나 필수적인가에 관해 썼다.

"정렬하고 통제하는 순간, 내 몸은 단순히 자기표현을 위한 그릇이 아니라 표현 그 자체가 된다."

그는 단순히 춤을 춘 것이 아니라, 춤 자체였다.

가령, 더블 더치에서 줄 사이로 들어가는 행위는 공동체적 행동이며 여러 세대가 함께 나누는 대화다. 줄과 운율은 고유의 음악을 만들어내며, 어떻게 움직임 자체가 언어, 문화 그리고 기억이 될 수 있는지를 보여준다. 우리는 움직이는 몸을 보기만 해도 무엇이 표현되고 있는지 알 수 있다.

나는 내가 이미 알고 있는 것, 즉 **움직임 자체가 메시지**

임을 보여주는 사람들과 장소를 찾는다.

몸을 움직일 때마다 나는 내게 아버지가 있다는 사실을 떠올린다. 움직임에 대한 나의 사랑은 실제로 아버지에 대한 사랑에서 비롯된다. 움직임은 아버지가 내게 가르쳐준 언어다. 우리는 서로에게 다시 말할 수 있을 때까지 각자의 언어를 계속 연습한다.

지금 밝히지만, 이 글을 쓰고 있는 지금 시아버지는 근육을 쓰는 능력을 잃어가고 있다. 3년 전 그는 근위축성 측색경화증ALS(루게릭병)을 진단받았다. 근위축amyotrophic은 그리스어로 '근육에 영양이 공급되지 않는'이라는 뜻이다.

아버님은 손과 발이 먼저 안 좋아지기 시작했는데, 의사들이 원인을 파악하기까지 시간이 좀 걸렸다. 이 질병은 신체 근육을 제어하는 뇌와 척수의 신경 세포를 파괴해 결국 움직이고, 말하고, 먹고, 숨 쉬는 데 필요한 근육에 영향을 미친다. 운동 뉴런이 죽으면 근육은 더 이상 신호를 받지 못해 점차 제 기능을 상실하게 된다. 치료법은 없다.

남편은 최대한 아버지를 만나기 위해 종횡으로 움직이지만, 아이들은 거의 1년 동안 할아버지를 뵙지 못했다. 그동안 아버님은 걷지 못하게 되셨다. 휴대폰 카메라를 통해 아버님은 평소처럼 짧은 농담을 건네고 아이들에게 학교생활은 어떤지 묻는다. 이 글을 쓰는 지금 각각 아홉 살과 열한 살인 테디Teddy와 펠릭스Felix는 할아버지가 앓는 병의 특징을 잘 알고 있다. 그래도 전화로는 아무 일도 없는 척한다. 하지만 전화를 끊자 테디의 미간이 걱정으로 찌푸려진다. 아이의 눈썹주름근corrugator supercilii(뒤센 드 볼로뉴가 '고통의 근육'으로 불렀던 것)이 내게 나름의 이야기를 전하는 것이다.

"할아버지가 좀 달라 보이시지?"

내가 인정하자 아이의 미간이 다시 펴진다. 아이는 한숨을 쉬더니 고개를 끄덕인다. 숨결이 살짝 느슨해졌다.

우리는 모두 언젠가는 움직임의 한계에 직면한다. 나는 갈레노스의 철학이 지금 우리에게도 적용된다는 사실을 점점 더 분명히 깨닫기 시작했다. 더는 예전처럼 자신의 의지대로 움직일 수 없게 된다는 생각은 자연히 이런 실존적 질문으로 이어진다. 그렇다면 그때의 우리는 누구인가?

얼마 지나지 않아 어느 오후, 펠릭스가 내가 책을 읽고 있는 방으로 들어왔다.

"방금 감금 증후군에 대해 알게 됐어요. 기본적으로 의식은 있지만, 눈을 깜박이는 것 외에는 전혀 움직일 수 없대요. 정말 끔찍할 것 같아요."

펠릭스는 삶의 과학적, 기술적 측면에 관심이 많고 감정적 측면에는 거의 관심이 없는 이성적인 아이다. 그런 아이의 목소리에서 당혹감이 느껴졌다.

"어느 부분이 가장 힘들 것 같니?"

내가 물었다.

"잠에서 깨는 것 아닐까요? 삶은 움직임으로 가득하잖아요."

유연성

그는 외적으로 변했지만
사라지진 않았다.

— 카를로스 몬테주마Carlos Montezuma

11장

근육, 빠르거나 느리거나

제임스 프랜시스 '점보' 엘리엇James Francis 'Jumbo' Elliott 은 역사상 가장 훌륭한 육상 코치 중 한 명으로 꼽힌다. 그는 아침 일찍 일어나 중장비 회사에서 하루치 일을 한 후, 오후에는 학교에서 학생들을 지도하며 30년 넘게 빌라노바대학교에서 일했다. 그는 28명의 운동선수를 올림픽에 출전시켰는데, 그중 다섯 명이 금메달을 목에 걸었다. 그가 지도한 팀은 전국 대학 선수권대회에서 여덟 번의 우승을 거머쥐었으며, 그가 지도한 선수들은 미국대학스포츠협회NCAA 주관 육상 챔피언십 개인전에서 82번 우승했고 66개의 세계신기록을 세웠다.

점보 자신도 빌라노바대학교 재학 시절에 두 학교 간의 400미터 대항전에서 전승을 기록한 세계 최고의 400미터 선수 중 한 명이었다. 그는 1936년 베를린 올림픽에 출전하고 싶어 했지만, 햄스트링(과신전과 파열에 취약한 다리 뒤쪽에 있는 세 개의 근육 중 하나) 부상이 발목을 잡았다.

1981년에 세상을 떠난 점보 엘리엇은 내 남편의 친할아버지이기도 했다.

최근 내 남편 매트Matt는 자신의 아버지 짐Jim에게 할아버지가 운동을 가르친 학생과 관련해 기억에 남는 이야기가 있는지 물었다(많은 아버지에게 운동은 사랑을 표현하는 방식이며, 이는 특히 남편의 가족에게, 우리 가족에게도 그렇다). 짐은 망설임 없이 프랭크 버드Frank Budd를 떠올렸다.

프랭크 버드는 1958년 빌라노바대학교에 입학해 점보의 지도를 받게 됐다. 그는 오른쪽 다리가 약했는데, 아마도 어릴 적 앓았던 소아마비 때문인 것으로 보였다(버드의 어머니는 절뚝거리는 아이를 치료하기 위해 거위 기름, 육두구, 양고기지방, 위치 하젤[피부 진정에 좋은 효과가 있는 식물로 한국에서는 '풍년화'라고 부른다 – 옮긴이]을 섞은 혼합물을 그의 다리에 발라주곤 했다). 점보는 그런 그의 다리를 '좋은 다리와 안 좋은 다리'로 불렀다. 실제로 버드의 왼쪽 종아리는 오른쪽 종아리보다 상당히 굵었고, 점보는 그가 달릴 때 여전히 다리를 저는 것을 보았다.

"전 잘 못 느꼈던 것 같아요."

훗날 버드가 기자에게 말했다.

"하지만 다리는 점점 더 튼튼해졌죠."

점보와 버드가 다리 근육의 균형을 맞추기 위해 노력하면서 버드는 점점 더 빨라졌다. 1961년 버드는 뉴욕시 랜들스 아일랜드Randall's Island에서 열린 미국 아마추어체육연맹AAU 주관 전국 육상 선수권대회에서 100야드(약 91미터)를 9.2초에 주파하며 세계신기록을 세웠다. 석탄재를 깔아 만든 마모된 트랙의 제일 안쪽 레인에서 달리면서도 1948년 이후 깨지지 않고 있던 9.3초라는 종전 기록을 깨뜨린 것이다.

이후 2년간 프랭크 버드는 세계에서 가장 빠른 사람이었다. 그리고 1962년에는 뉴저지에서 고등학교에 다닐 때 이후로는 한 번도 풋볼을 해본 적이 없었는데도 필라델피아 이글스Philadelphia Eagles 팀에 지명됐다.

프랭크 버드와 점보의 이야기를 좀 더 알아보다가 나는 1962년 엘리엇 집안을 엿볼 수 있는 열린 창과도 같은 자료를 발견하게 됐다. 그것은 《스포츠 일러스트레이티드》에 실린, '점보의 일상'이 놀라울 정도로 자세히 소개된 기사였다. 나는 그 기사를 읽으면서 마치 일종의 시간 여행을 하는 듯한 기분에 빠졌다. 펜실베이니아 해버포드Haverford의 아침 식탁, 이제 막 고등학생이 된 열네 살의 시아버지가 자신

의 아버지와 프랭크 버드에 대해 이야기하고 있는 장면이
눈앞에 펼쳐졌다.

"아빠, 프랭크 버드가 프로로 뛸 것 같아요?"

짐이 버드가 필라델피아 이글스에 지명됐다는 기쁜 소식
을 듣고 묻는다.

"음, 그건 프랭크가 알아서 하겠지, 지미."

점보가 커피를 홀짝이며 대답한다.

"원한다면 프로 풋볼에서 성공할 수 있을 거야. 물론 난
프랭크가 다음 올림픽에 나갈 수 있으면 좋겠구나. 학교를
계속 다니면서 법학 공부를 하는 걸 보고도 싶고. 프랭크는
아주 훌륭한 변호사가 될 것 같아. 프로로 뛰면서도 법학을
공부할 수 있을 거야. 프랭크도 고민 중이란다."

짐이 버드가 100야드에서 자신이 세운 세계 기록과 같
은 기록을 낼 수 있을 거라고 생각하는지 묻자 카페인에 취
해 있던 점보의 머릿속이 맑아진다.

"같은 기록을 낼 수 있겠냐고?"

점보가 말한다.

"내 생각엔 기록을 깰 것 같은데. 프랭크는 불리한 조건
에서도 100야드를 9.2초 만에 달렸어. 어떤 트랙이든 제일
안쪽 레인은 3, 4, 5레인보다 불리하지. 게다가 프랭크는 예
전보다 훨씬 강해졌단다. 지난가을에는 더 많은 훈련을 했

고, 이제 빌라노바에서 처음 3년 동안 할 수 있었던 것보다 더 많은 훈련을 소화할 수 있어. 근력 운동도 많이 하고 있고, 특히 오른쪽 다리를 강화하기 위해 노력하고 있지. 프랭크는 어렸을 때 앓은 소아마비 때문에 오른쪽 종아리가 왼쪽 종아리보다 2인치(약 5센티미터) 더 얇거든. 하지만 이런 추가 훈련으로 오른쪽 다리를 강화하고 전반적인 기술을 다듬고 있단다."

커피를 다 마시고 자리를 뜨기 전에, 점보는 한 가지 생각을 더 말한다.

"프랭크는 육상 역사상 가장 빨리 출발하는 선수 중 한 명이지. 지구력을 조금만 더 키우면 역대 최고의 단거리 선수 중 한 명이 될 거야."

프랭크 버드는 220야드(약 201미터) 달리기에서 또 다른 세계 기록을 세운 후, 운동화를 벗고 풋볼 선수로 전향했다. 그는 필라델피아와 워싱턴 D. C.에서 2년간 NFL 선수로 뛰었고, 이후 캐나다 풋볼 리그에서 3년간 더 뛰었다.

1996년 버드는 신경을 보호하는 미엘린초를 공격하는 자가면역질환인 다발성 경화증을 진단받았다. 이 질환은 보통 팔다리 근육을 약화시키고 결국 마비에까지 이르게 한다. 하지만 그는 두 딸이 결혼할 때 신부와 함께 입장했고, 2003년 한 딸의 결혼식에서는 보행 보조기를 옆에 두고 춤도 췄다.

뉴저지 신문 〈스타 레저Star-Ledger〉의 한 스포츠 기자는 버드의 생애를 기리는 글에서 이렇게 썼다.

"그의 삶은 3대에 걸쳐 저주처럼 이어진 소아마비로 시작됐다."

그의 삶은 다발성 경화증으로 끝나게 됐지만, 버드는 평생 자신의 근육을 온전히 이용해 자신을 표현했다고 말하는 편이 정확할 것이다. 스포츠 기자의 표현대로 버드가 지구상에서 가장 빠른 사람이 됐다는 사실은 "프랭크 버드의 아이러니라기보다는 강철 같은 의지를 가진 인간이 무엇을 할 수 있는지를 보여주는 교훈"이었다.

근육이 의지의 기관이라면, 그 연결이 사라지거나 끊기면 어떻게 될까? 근육이 작동하는 법을 제대로 이해하려면 먼저 근육이 어떻게 작동하지 **않게** 되는지를 알아야 한다. 우리는 평생 다양한 버전의 몸으로 살아간다. 나는 아버지가 외상성 뇌 손상에서 회복하는 모습, 시아버지가 루게릭병에 맞서는 모습 그리고 어머니가 **근육이 부족하면** 악화하는 희귀 자가면역질환으로 고생하시는 모습을 보면서 이런 문제에 대해 많은 생각을 하게 됐다. 근육은 우리가 아는 것보다 더 많은 방식으로 우리를 지탱해주는 자원이다. 하지만 변화와 상실을 마주할 때면 나는 혼란스러워지고 어쩔 수 없이 실존적 절망감마저 느낀다. 근육에 집중하는 것이, 과연 부상과 질병이라는 해결할 수 없는 상황을 해결할 수 있을까?

이런 생각을 하던 중 나는 매튜 샌포드Matthew Sanford라는 한 요가 강사를 만나게 됐다.

1978년 가을, 매튜 샌포드는 열세 살이었고, 끊임없이 움직이는 재능 있는 운동선수였다. 그는 야구, 하키, 골프 등 모든 운동을 좋아했지만, 최근까지 그가 전념한 운동은 한 팀도 아닌 세 팀에서 뛴 농구였다. 그가 기억하는 마지막 농구 시즌은 중학생이면 누구나 꿈꾸는 종류의 것이었다. 드리블하며 코트 왼쪽을 질주하다가 갑자기 멈춰 서서 슛을 할 때, 그는 이미 공이 들어갈 것을 알고 있었다. 매튜는 호리호리하고 꾀 많은 포인트 가드였다. 잠재력이 넘쳤으며, 코트 위의 움직임을 읽을 때 가장 행복했다.

점프 슛을 할 때 머리부터 발끝까지 온몸에서 느껴지는 울림은 발에 힘을 주어 에너지를 모으는 것에서 시작한다. 이어서 몸을 풀어내듯 쭉 펴 손끝으로 그 에너지와 함께 공을 날려 보낸다. 솟구치는 힘이 공간을 가로질러 몸에서 골대까지 이어진다. 그 충만한 감각 속에서, 그는 어린 나이임에도 우아함이 무엇인지 깨달았다.

그해 11월 말, 춥고 안개가 자욱했던 추수감사절 주말, 매튜는 친척 집에서 명절을 보낸 후 미네소타주 덜루스 Duluth로 돌아가는 차 안에서 잠이 들었다. 차에는 부모님과 다른 형제자매도 타고 있었는데, 차가 빙판에 미끄러져 제방 아래로 굴러떨어졌다. 이 사고로 그의 아버지와 누나는 목숨을 잃었다.

병원에서 깨어났을 때 그는 인공호흡기와 사투를 벌이며 스스로 숨을 쉬려 노력했다. 가장 극심한 방식으로 자신의 몸과 단절된, '몸에서 분리된 듯한' 느낌은 그 후로도 몇 년 동안 그가 계속해서 되새기게 된 생생한 기억으로 남았다. 이 비극적인 사고로 그는 가슴 아래가 마비됐다.

"오랫동안 제 온몸이 그리웠어요."

매튜가 내게 말했다.

"상체 근육을 강화하라는 지시를 받았거든요. 장애를 극복하고 마비된 몸을 이끌고 살아가기 위해서였죠."

그는 착한 환자가 되려고 그리고 자신이 젊은 운동선수였다는 사실을 잊으려고 애썼다. 회복하는 동안에는 부상 부위 아래로 감각이 없을 것이며, 감각이 있더라도 그것은 뇌가 만들어낸 착각일 뿐이라는 말을 반복해서 들었다.

하지만 이는 완전한 사실이 아니었다. 그는 가슴 아래 근육을 직접 통제하거나 피부 표면의 감각을 느낄 순 없었지만, 일종의 따끔거림이나 간질거리는 듯한 미묘한 감각을 느끼며 자신의 몸이 어떤 상태인지를 알 수 있었다. 가끔 특정한 방식으로 움직이면 발끝까지 퍼지는 어떤 울림이 느껴지기도 했다. 이러한 감각은 무엇보다 그에게 농구를 떠올리게 했다. 그는 더 이상 의사에게 자신이 느끼는 것을 말하지 않았다. 그리고 사고 후 10년이 지나 스물다섯 살이 됐을 때, 요가를 시작했다.

요가라는 단어를 생각해보라. 산스크리트어로 이는 '결합하다'라는 뜻으로, 몸과 마음, 호흡 사이의 분리를 없애는 것을 의미한다. 이상적인 요가 수련은 온전히 연결에 관한 것이다. 그리고 자신의 몸을 더 잘 인식하는 것, 즉 자기 몸을 더 잘 이해하고 평소 무심히 지나쳤던 부분까지 인지하는 것이다.

매튜 샌포드는 척수 및 뇌 손상, 다발성 경화증, 루게릭병, 근위축증, 뇌성마비 등 장애가 있는 사람들을 위한 적응형 요가adapting yoga의 선구자다. 비장애인들에게도 유명한 요가 강사인 그는 아헹가Iyengar 요가를 수련하고 자격증을 취득했다. 아헹가 요가는 각각의 아사나(자세) 수련을 통해 몸의 정렬과 정확성에 초점을 맞추는 것이 특징이다.

다른 많은 학생과 마찬가지로 매튜도 휠체어를 탄다. 하지만 요가는 그에게 마비된 신체 부위를 무시하는 의학계의 관습을 따르지 않는 법을 가르쳐주었다. 그는 통합을 추구하며, 요가 수련을 몸 전체를 의식해 근육을 움직이는 것으로 설명한다.

그는 아사나가 모든 신체의 형태를 회복하는 데 도움이 된다고 했다. 자세를 취하면 힘, 유연성, 균형 감각이 향상되며, 호흡도 더 좋아지고 몸 전체가 더 편안해진다. 서양에서 널리 알려진 요가의 개념은 특정한 종류의 유연성, 즉 몸이 마치 검비Gumby(미국의 유명 클레이 애니메이션 캐릭터 - 옮긴이)처럼 유연해서 기이한 자세로 몸을 뒤틀 수 있는 능력과 연관된다. 하지만 수천 년 전 인도에서 시작된 고대 수련법인 요가는 근본적으로 지금, 이 세상에 몸을 접지하는 데 초점을 둔다.

매튜는 마비 여부와 관계없이 우리가 일상적으로 주기적인 단절을 경험한다고 말했다. 그가 예를 들어 설명했다.

"의자에 구부정하게 앉으면 좌골sit bone이 마치 버터처럼 푹 퍼지게 되고 다리와 허리가 무감각해집니다. 반면, 의자 앞쪽에 허리를 곧게 펴고 앉으면 좌골은 마치 칼날과 같아지죠."

나는 나도 모르게 허리를 곧게 펴고 엉덩이를 의자 앞쪽으로 옮겨 앉았다.

"발이 바닥을 딛고, 머리가 척추 위에 똑바로 놓이면 다리가 깨어납니다. 다리는 더 예민해지죠."

그가 말했다.

"저도 그래요!"

나는 그가 손으로 다리의 위치를 바꾸는 모습을 지켜보았다.

"몸을 정렬하고, 자세를 정확히 하고, 몸을 접지하는 과정에서 연결성을 발견할 수 있어요. 이는 장애가 있는 신체에 특히 중요하죠."

요가는 지금 이 순간, 당신이 당신의 몸과 함께 앉아 더 깊이 느끼고 더 온전함을 느끼도록 요구한다. 요가 수련을 통해 당신은 매번 다시 시작하기로, 세상 속에 자신의 몸을 재정립하기로 선택하는 것이다.

매튜를 실제로 만나기 전에, 나는 매주 월요일 아침에 진행되는 온라인 요가 수업을 통해 그를 먼저 만났다. 미니애폴리스의 초록빛이 생생한 어느 봄날, 그는 토킹 헤즈 Talking Heads의 노래에서 따온 다음의 수수께끼 같은 가사로 수업을 시작했다.

'내 모습을 잃었어. 아무렇지 않은 척하려 하지.'

헝클어진 머리에 다정한 청록색 눈과 소년 같은 미소를 지닌 50대의 매튜가 앉은 자세에서 우리 쪽으로 몸을 기울이며 활짝 웃었다.

토킹 헤즈의 노래와 요가가 무슨 상관이 있을까? 그는 우리에게 요구되는 모든 것(장시간 앉아 있거나 제대로 숨을 쉬는 것까지)이 심신을 지치게 하며, 이 모든 것이 우리의 모습을 잃게 하는 원인이 된다고 설명했다.

"이제 우리는 몸의 근육을 조금 사용해 우리의 모습을 되찾을 겁니다."

나는 그가 담담히 밝힌 수업 의도에 흥미를 느꼈다.

인정하건대, 나는 요가를 하다 안 하다 했다. 참을성 없는 젊은이로 뉴욕에 살았던 20대 때는 강해지고 땀을 흘리고 싶은 마음에 빈야사 플로우vinyasa flow 요가를 빠르게 따라갔고, 샌프란시스코에서 첫아이를 임신했던 30대 때는 내 몸을 당황케 한 변화에서 안정을 찾을 방법으로 느린 호흡의 산전 요가에 몸을 맡겼다. 40대가 된 지금은 최대한 오랫동안 내 몸을 건강하게 유지하고 싶은, 나이 들어가는 운동 애호가로서(갈비뼈 골절과 스트레스성 부상부터 만성적인 긴장, 오래된 파열이나 염좌로 인한 반복적인 통증에 이르기까지 질병들의 목록은 점점 더 길어지고 있다) 시간의 흐름을 더욱 예민하게 인식하게 됐고, 토끼의 조급함보다는 거북이의 인내를 이해하게 됐다. 요가는 우리로 하여금 속도를 늦추고 주의를 기울이게 한다. 나는 내 몸보다 더 많은 것을 아는 다른 몸들의 지혜를 받아들일 준비가 되어 있었다.

그날 아침, 수업에 참석한 학생들은 30명 정도였다. 휠체어를 탄 학생도 있었고, 보조자의 도움을 받는 학생도 있었으며, 교사나 치료사도 있었다. 우리는 앉아서 기도하는 자세로 손바닥을 모으고 눈을 감았다.

매튜는 솔직했고, 말투에서 중서부 지역 특유의 억양이 묻어났으며, 꾸밈없고 차분했다.

"균형을 잡고 유지할 수 있는 분들은 손바닥의 아래쪽 부분을 밀어 손이 몸의 중심선에 있게 하세요."

그가 말했다.

"가슴뼈와 흉곽을 들어 올리세요. 몸과 마음을 맑게 해주는 자세입니다. 머리를 숙이고, 가슴을 통해 올라오는 에너지에 뇌를 맡기세요. 갈비뼈의 윤곽을 느끼며 그 형태를 따라 숨 쉬세요. 고개를 듭니다."

'들이마시고, 내쉬고, 들이마시고, 내쉬고.' 우리는 눈을 떴다.

이날 수업은 온라인으로 진행됐기 때문에 참가자들은 지리적으로 멀리 떨어져 있었다. 화면상 격자 속의 얼굴들을 보면서 나는 이들이 전국 각지에서 그리고 그 너머에서 자신의 모습을 찾아 집중하는 모습에 감탄했다.

매튜가 휠체어에서 몸을 흔들며 미소 지었다. 그는 앉은 자세에서 손으로 바닥을 짚고 엉덩이를 들어 올려 척추에 공간을 만들고 허리 하부와 다리를 깨우는 자세를 보여주었다. 그리고 학생들의 자세를 일일이 살펴본 후 필요에 따라 자상하게 자세를 교정해주었다.

"르네, 한쪽으로 몸을 기울일 때는 반대쪽을 밀어내듯 힘을 써보세요. 저는 이렇게 몸을 뻗고 있지만, 뒤쪽에도 주의를 기울이고 있습니다. 그 형태를 온몸으로 느끼고 싶거든요."

나는 척추에서 느껴지는 공간감을 따라 다리에서 발끝까지 내려갔다. 발가락을 구부렸다 폈다 하면서 그 작고 섬세한 움직임이 주는 기분 좋은 감각을 온전히 느꼈다. 매튜의 지시대로 몸 안팎의 미묘한 변화에 좀 더 세심한 주의를 기울였다.

"우리에게 단 하나뿐인 몸이에요. 스트레칭을 할 때 몸의 저항을 이겨내려고 애쓰지 마세요. 몸이 목소리를 내게 하고, 어떻게 하면 그 일부가 될 수 있을지 생각해보세요."

수업 후 얼마 지나지 않아, 우리는 미니애폴리스 외곽에 있는 그의 햇살 가득한 이층집 뒷마당 파티오에 함께 앉았다. 수명이 다해가는 100년 넘은 단풍나무들이 넓은 그늘을 드리웠다. 6월 초의 변덕스러운 오후, 비와 천둥이 마을을 뒤덮는 동안 우리는 부대끼는 나뭇잎들이 만들어내는 특별한 음악에 귀를 기울였다. 매튜는 나무들이 때가 되면 쓰러지도록 내버려두는 것을 좋아한다고 말했다. 이웃들은 가끔 그런 그에게 화를 냈다.

대학원에 다닐 때 그는 캘리포니아대학교 산타바바라 캠퍼스에서 철학을 공부했다. 그래서 그런지 말을 다소 추상적으로 하는 편이었지만, 언제나 피와 땀, 눈물, 근육, 뼈와 같은 육체적 생명의 구체적 실체로 돌아왔다.

우리는 나이, 부상, 질병, 트라우마 등으로 인해 몸을 인식하는 감각을 잃어간다. 살아간다는 것은 그만큼 격렬한 일이다.

"장애는 언제든 누구에게나 생길 수 있어요."

그가 말했다.

"그리고 나이가 들면 누구에게나 생기죠."

갑작스럽게 또는 서서히. 나는 신체적 장애에 대해 이런 식으로 생각해본 적은 없었지만, 이러한 관점에는 확실히 와닿는 것이 있었다. 처음 그의 적응형 요가 수업에 참관해도 되는지 물었을 때, 그는 나를 따뜻하게 맞이하면서 참여하는 것도 중요하다고 강조했다.

"우리는 행동하고 느끼면서 배웁니다."

나중에야 나는 요가가 나를 장애와 비장애의 연속선상에

놓이게 했다는 것을 깨달았다. 나는 내 몸뿐만이 아니라 다른 모든 이의 몸과도 연결되어 있었다.

적응형 요가는 어떤 것일까? 매튜는 파트너이자 동료 강사인 몰리 바흐만Molly Bachman의 도움을 받아 요가의 원리가 다양한 능력의 신체에 적용될 수 있는 몇 가지 방법을 보여주었다. 그들이 내게 보여준 보다 놀라운 자세 중 하나는 변형된 물구나무서기였는데, 매튜는 이를 '거꾸로 서지 않고도 할 수 있는 물구나무서기'라고 불렀다.

먼저 몰리와 내가 손으로 땅을 짚고 발을 차올려서 벽에 기대는 전통적인 물구나무서기를 해보았다.

"그 느낌이 어떤지, 어떤 근육이 사용되고 있는지 기억하세요."

다음은 변형된 물구나무서기였다. 우리는 바닥에 등을 대고 누워 몸이 벽과 수직을 이루고 머리는 벽에서 팔 길이만큼 떨어지도록 자세를 바꿨다. 매튜가 말했다.

"팔을 뒤로 뻗어 손바닥을 벽에 대고 손이 닿는 곳을 바라보세요."

그 효과는 놀라웠다. 팔, 갈비뼈, 복부를 따라 근육이 펴지고, 등과 목이 활처럼 휘고, 척추가 늘어나고 정렬되는 듯한 느낌, 손을 '땅(이 경우는 벽면이었지만)'에 댄 느낌이 모두 어우러지면서 마치 손을 이용해 거꾸로 선 듯한 기분이 들었다. 단지 중력이 조금 덜할 뿐이었다. 이는 우리의 근육과 뇌가 요가의 이점을 받아들이는 데 얼마나 유연한지를 보여주는 경험이었다.

매튜와 몰리는 학생들이 '러닝맨running man'이라고 부르는, 앉아서 하는 동작도 보여주었다. 이 동작은 파트너가 상대의 무릎을 번갈아 리듬감 있게 밀어줌으로써 걷고 달릴 때 엉덩이가 움직이는 것과 비슷한 느낌을 준다.

몰리가 몇 번 밀어주었을 뿐인데도 허리 하부와 엉덩이의 무언가가 풀리는 느낌이 들며 반가운 안도감이 밀려왔다. 매튜가 내 표정을 읽고 미소를 지었다.

"몸통을 중심으로 가벼움이 느껴집니다."

그가 설명했다.

"척추는 정신이 인지하지 못하는 방식으로 신호를 전달하죠. 하지만 뇌는 이 신호를 받아들이고 있어요."

나중에 그는 안도감을 주는 이 자세가 나의 시아버지에게도 시도해볼 만한 방법이라고 제안했다. 이것이 바로 연속체로서의 몸의 지혜였다.

우리 동네 수영장의 로커룸은 나이 들어가는 것이 무엇인지를 보여주는 하나의 풍경화 같다.

종일 이곳에서는 보송보송한 아기부터 축 처진 몸매의

여성까지 온갖 체형의 몸과 엉덩이를 볼 수 있다. 하지만 이곳은 15파운드(약 7킬로그램)를 감량하겠다는 단기간의 계획이 세워지거나 무너지는 그런 곳이 아니다. 이곳에서 건강의 호弧는 길고 노년을 향해 굽는다.

내가 곧잘 수영하러 가는 시간은 카테 로타처Kathe Rothacher가 오전 8시에 진행하는 아쿠아 에어로빅 수업 시간과 꽤 오랫동안 겹쳐왔다. 카테는 꿀색 머리카락과 복스러운 미소를 지닌 침착하고 쾌활한 여성이다. 그녀의 열성 신자들은 대부분 80대로, 어떤 이들은 부상 후 물리치료를 위해, 또 어떤 이들은 노화로 계속되는 통증과 고통을 이겨내기 위해 이곳에 온다. 긴 의자와 공동 샤워실이 얽혀 붐비는 이 로커룸에서는 수건을 휘두르거나 팔만 뻗어도 다른 사람의 개인 공간을 침범하게 된다. 그래서 평범한 예의가 평소보다 더 큰 중요성을 갖는다.

나는 80대는 아니지만, 이 어르신들 사이에 있는 것을 좋아한다. 이 수영장에 처음 온 것은 둘째 아이가 태어나고 우리 가족이 샌프란시스코에서 만을 건너 버클리로 이사한 후였다. 나는 이곳에서 (전보다 조금 더 부드러워지고 훨씬 더 지친 모습이긴 했지만) 내 모습을 되찾았다. 매일 야외 수영장에서 물을 밀고 발차기를 하며 나를 나답게 만들어주던 수영 습관을 되찾았다.

10년이 지난 지금도, 매일 아침 이 여성들과 함께 로커룸을 오가는 덕분에 나는 하루하루를 조금 더 수월하게 살아간다. 만족스러운 몸, 움직이는 몸을 매일 축하하는 일은 나를 편안하게 하고 늘 감사한 마음이 들게 한다. 힘들 때도 있지만, 우리는 여전히 노력한다.

우리는 개방형 샤워실에서 수영 후 몸을 녹이고, 비좁은 탈의실에서 서로 자리를 차지하려 애쓴다. 우리는 모두 다양한 단계의 나체 상태에 있다. 누군가는 보습제를 바르고 있고, 누군가는 속옷을 입고 있으며, 누군가는 잘 들어가지 않는 레깅스와 씨름한다. 우리는 가장 매력적이지 않은 방식으로 몸을 뒤튼다. 이곳에서 우리는 온갖 형태의 취약성을 드러낼 수 있다.

알다시피, 외로움은 건강을 악화시킨다. 이 방에 있는 사람들은 가정불화와 수면 문제부터 암과 항암 치료, 사랑하는 사람의 죽음에 이르기까지 다양한 어려움 속에서 서로를 응원하고 위로한다. 가끔 나는 친구와 함께 수영하거나 마스터스Masters 팀과 함께 훈련하는데, 혼자일 때도 많다. 하지만 로커룸에는 늘 함께할 사람이 있다(나는 대화에 끼어들거나 그냥 듣기만 한다). 그리고 늘 그날 수영장의 수질에 관해 이야기하거나 다른 사람의 수영복 무늬를 감탄하며 보는 익숙하고 편안한 일상이 있다.

때로 그 어려움은 내 것일 때도 있고, 나이가 내 두 배인 누군가의 것일 때도 있다. 모유 수유와 수면 부족이 불러온 극심한 호르몬 변화에 휘둘려 눈물을 쏟았던 날이 기억난다. 멀리 뉴욕에 사시는 어머니가 유난히도 그리운 날이었다. 그날, 한 여성이 내게 출산을 앞둔 딸을 보러 가는 것이 걱정된다고, 아기가 태어난 후 딸이 얼마나 오래 자신이 머물길 바라는지 모르겠다고 말했다.

"일단 가세요."

내가 단호하게 말했다.

"언제 집으로 갔으면 좋겠는지 딸에게 언제든 물어보면 되잖아요."

이곳에서는 어머니나 할머니 같은 분들을 쉽게 찾아볼 수 있다. 한번은 옷을 갈아입다가 이제 속옷을 어떻게 사야 할지도 모르겠다고 친구에게 고백한 적이 있다. 멀리서도 내 사이즈를 단번에 어림할 수 있는 엄마가 해마다 크리스마스 양말에 내 속옷을 모두 새로 채워 넣어 주셨기 때문이다. 나는 친구에게 남편이 믿을 수 없다는 듯 이렇게 말했다고 했다.

"당신 나이가 마흔이야. 그런데 장모님이 아직 속옷을 사 주신다고?"

그때 우리보다 열 살 정도 더 많아 보이는 한 여성이 이

애기를 듣고 울기 시작했다.

"정말 다정한 어머니세요."

그녀가 눈물을 닦으며 말했다.

"제가 그렇게 말했다고 전해주세요."

나는 그렇게 했다.

나는 이 로커룸이 보여주는 다양한 연령대와 체형의 단면을 좋아하지만, 다른 로커룸의 생태계를 관찰하는 것도 좋아한다. 모든 로커룸이 이제는 내가 찾게 된 다양한 연령대와 수영 실력을 갖춘 사람들로 붐비는 것은 아니다. 믿기 어려울 정도로 탄탄한 철인 3종 경기 선수, 프로 스쿼시 선수 그리고 최신 고강도 인터벌 트레이닝HIIT, 사이클링, 바레barre(발레, 필라테스, 요가 등을 결합한 전신 근력 강화 운동 – 옮긴이), 부트캠프boot-camp(고강도의 전신운동 프로그램 – 옮긴이) 운동 열풍을 따르는 사람들을 끌어들이는 스포츠클럽도 많다.

하지만 젊은 사람으로서 나이 든 몸을 바라본다는 것은 근본적으로 다른 경험이다. 우리 사회는 나이 든 사람과 노화를 두려워하고 그들을 멀리하는 경향이 있다. 많은 사람이 나이 든 친척을 자주 만나지 않으며, 그들의 알몸은 더욱 보지 못한다. 하지만 이렇게 함께 벗고 마주하는 경험에는 서로에 대한 수용과 인정, 중요한 종류의 유대감이 있다.

어느 날 아침 알리샤가 축축한 타일 바닥에 수건을 깔고 누워서 패트리샤에게 자신의 오랜 스트레칭 습관을 보여주던 기억이 난다.

"평생 스트레칭을 했어. 척추측만증이 있거든."

알리샤가 고관절 부위를 스트레칭하며 말했다.

"스트레칭을 하지 않았다면 지금쯤 휠체어에 앉아 있을 거야."

영국 억양을 구사하는 사랑스러운 패트리샤가 그녀를 내려다보며 불안한 듯 말했다.

"그렇지 않아서 다행이군! 하지만 지금 일어나지 않으면 다른 사람들에게 치일 거야."

카테는 근위축증을 앓고 있는데, 이 병은 신체의 골격근에 점진적으로 영향을 미친다. 그녀는 마작부터 UC 버클리의 타이틀 나인 역사까지 모든 것에 관한 이야기를 꾸준히 들려준다. 어느 날 그녀가 내게 말했다.

"진단을 받았을 때 난 그 진단에 갇히지 않기로 했어. 내가 먼저니까."

지난 수십 년 동안 그녀는 사이클링, 댄스, 요가, 펠덴크라이스Feldenkrais(움직임을 통해 신체 기능 향상과 자각을 돕는 교육 방법 – 옮긴이) 등 다양한 운동을 가르치며 몸을 계속 움직여왔다. 그녀는 UC 버클리에서 몇 년간 요가 강사로 일할 때 매튜 샌포드에 대해 알게 됐다. 매튜와 마찬가지로 그녀는 변화하는 몸에 다시 적응하는 법을 배우는 것이 얼마나 중요한지 알고 있다. 그녀가 말했다.

"어떤 트라우마가 있어도 자기 자신으로 돌아올 수 있어야 해. '예전에는 내가 그랬지'라고 말할 수 있어야 하고, 그 다음엔 지금 상황에 어떻게 적응할지, 어떤 게 유용할지 알아내야 해. 항상 가능성에 마음을 열고 있어야 한다고."

매일 나는 이 로커룸에서 사람들이 그렇게 하는 것을 본다. 인생의 모든 단계에서 바로 그 힘이 중요하다는 것을 느낀다.

여성들은 발을 끌거나 느긋하게 혹은 우아하게 로커룸을 빠져나가면서 작별 인사를 건넨다. 문 옆 긴 거울 앞을 지날 때면 미소를 지으며 나와 눈을 마주친다. 그 짧은 인사 속에, 대부분의 문제에 대한 해답이 담겨 있음을 나는 안다.

'잘 지내세요?'

'난 괜찮아. 지금 여기 있잖아.'

나이 여든에도 이들의 입담은 여전하다. 로커룸에서 나누는 그들과의 대화는 오늘의 내 몸을 사랑하고, 내일의 내 몸도 열린 마음으로 받아들일 수 있게 한다. 그녀들의 웃음이 불꽃 다발처럼 터진다. 그 웃음 속에는 날카롭고, 인생을 아는 사람만의 기쁨이 담겨 있다.

12장

통합에서 나오는 것

10년 전, 요가 강사이자 공중 곡예사로서 최고의 기량을 발휘하던 안젤리크 렐레Angelique Lele는 공중그네에서 떨어져 다리를 못 쓰게 됐다.

의사와 간호사부터 가족과 친구에 이르기까지 그녀를 보러 온 모든 사람이 매튜 샌포드에 대해 들어본 적이 있느냐고 물었다. 그녀에게 이 상황은 쓸쓸한 코미디처럼 느껴졌다. '이제 그만.' 안젤리크는 생각했다. '누군가 또 그 사람 얘기를 꺼내면 소리를 지르고 말 거야.' 그때 병원 사제가 그녀를 찾아왔다.

"매튜 샌포드에 대해 들어보신 적이 있나요?"

사제가 물었다. 안젤리크가 미처 대답하기도 전에 그녀가 말을 이었다.

"음, 그분께 당신에게 전화를 좀 해달라고 부탁했어요."

안젤리크는 울기 시작했다.

"처음 이야기를 나눴을 때 매튜는 사실상 제게 요가 수업 전체를 해준 것이나 다름없었어요."

팔에 나비가 위아래로 날아다니는 문신을 한, 냉소적이면서 재미있는 빨간 머리의 안젤리크가 플로리다에 있는 집에서 내게 말했다.

"전 이미 제 몸의 반과 헤어진 상태였죠. 제가 뭘 느낄 수 없는지 알고 싶지 않았어요. 그가 곧바로 '발에 감각이 느껴지나요? 좌골은요? 그냥 거기에 마음을 두세요'라고 말했어요. 그때 전 온몸이 연결되는 기분을 느꼈죠. 제 몸을 다시 사랑하게 되는 데는 오랜 시간이 걸렸지만, 그게 시작이었어요."

안젤리크는 마비된 몸으로 요가를 배우면서 익숙한 방식대로 빈야사를 수련하려다가 허벅지 근육이 찢어지고 무릎이 부러지는 부상을 당했다. 매튜는 그녀에게 "당신은 그저 슬픔에 빠져 있을 뿐이에요"라고 말했다.

"매튜는 요점을 정확히 짚어내는 사람이에요."

안젤리크가 말했다.

"그는 재미있고 인내심도 뛰어나죠. 그는 아헹가가 얼마나 강렬할 수 있는지 제게 보여줬어요. 덕분에 빈야사에서 느꼈던 불꽃같은 강렬함을 아헹가의 고요함과 아름다움 속에서도 경험할 수 있다는 것을 알게 됐죠."

안젤리크는 다시 정규 요가 수업을 시작했고 매튜가 진행하는 교육 워크숍에도 몇 차례 참여했다. 하지만 그녀는 '수업을 하다가 누군가를 다치게 할까 봐' 직접 적응형 요가를 가르치기가 두려웠다고 설명했다. 그녀는 매튜가 가르치는 모습을 지켜보면서 그가 얼마나 통찰력이 있는지, 그가 어떻게 다른 사람들의 상황을 알아차리고 그 문제에 접근하는지를 알게 됐다.

시간이 지나면서 안젤리크의 마음은 누그러졌다. 그녀의 정규 수업에 참여하는 사람들은 몸에 손상을 입은 상태였고, 나이 들어가고 있었으며, 수련 방식을 조정할 필요가 있었다.

"학생 중 한 명이 암 환자였는데, 방식이 많이 달라졌어요."

안젤리크가 말했다. 그녀는 이미 자신이 학생들의 상황에 맞춰 어떻게 가르쳐야 할지를 터득해가고 있다는 사실을 깨달았다.

"그 작은 도약이 요가가 사람들을 연결하는 하나의 방법이라는 것을 보여줬죠. 그리고 요가가 너무 어렵게 느껴지지 않도록, 각자의 몸이 필요로 하는 걸 요가로 어떻게 충족

시킬 수 있을지 알아가는 것도 중요하다는 걸 깨달았어요."

안젤리크는 현재 매튜의 비영리단체인 '마인드 바디 솔루션Mind Body Solutions'에서 일주일에 세 번 요가 수업을 진행하고 있으며, 요가 강사, 간병인, 의료 전문가를 위한 정규 교육과 워크숍도 개최하고 있다. 그녀는 많은 것을 배웠지만, 그 여정이 완벽하거나 쉽지만은 않았다는 사실을 금세 인정했다.

"제 몸은 늘 변화하고 있어요."

그녀가 말했다.

"우리 몸은 모두 어느 정도는 계속 그렇게 변하고 있죠. 하지만 요가는 우리가 충분히 고요해져서 그러한 변화를 알아차릴 수 있도록 돕고, 그 변화를 평화롭게 받아들일 수 있도록 도와줍니다."

근육을 스트레칭하면 근섬유가 완전히 늘어난다. 그 상태에서 당기는 힘을 더하면 근육을 뼈에 연결하는 힘줄과 뼈와 뼈를 연결하는 인대와 같은 근육 주변의 결합조직도 함께 늘어난다. 스트레칭과 움직임은 근육과 근막을 윤활하게 하고, 노폐물을 배출하고, 손상된 근육과 결합조직의 엉키고 뭉치기 쉬운 섬유들을 재정렬하는 데 도움이 된다. 섬유의 유연성은 그것이 온전한 가동 범위를 유지하도록 돕는다는 점에서 중요하다. 하지만 너무 빠르거나 무리한 스트레칭은 근육과 주변 조직에 손상을 입힐 수 있다.

근방추muscle spindle는 우리 몸의 숨겨진 스트레칭 감지기다. 근방추는 근육에 있는 수용체로, 근육이 얼마나 많이, 또 얼마나 빨리 길어지고 짧아지는지를 감지해 손상의 위험을 경고한다. 관절과 결합조직이 과도하게 늘어날 위험이 있으면 근방추는 즉시 척수로 신호를 보내고, 척수는 반사적으로 근육을 수축시켜 잠재적인 손상으로부터 보호한다. 하지만 마비가 되면 이러한 신호는 약해지거나 달라진다.

연구 저널들을 살펴보다가 나는 매튜가 척수 손상 후 요가 수련을 하면서 존재감, 접지, 신체 경계 재확립에 대해 말한 내용이 최근에야 과학적 용어로 설명되기 시작했다는 것을 알게 됐다. **개인 주변 공간 표상**peripersonal space representation이라는 말은 다소 까다로운 용어이지만, 여기에는 자기 수용 감각proprioception과 내부 수용 감각interoception을 통해 수집된 정보, 시각적 신호 및 기타 신체 신호가 포함된다.

자기 수용 감각, 즉 공간에서 자신을 감지하는 신체 능력은 우리가 따로 의식하지 않아도 똑바로 서고, 균형을 유지하고, 세상을 안전하게 이동할 수 있게 한다. 일반적으로 말해, 근육, 피부, 관절에 있는 외부 수용체가 뇌로 신호를 보내 이를 가능하게 한다. 내부 수용 감각은 신체가 내부로부터 자신을 감지하는 능력으로, 여기에는 체온, 통증, 압력, 배고픔, 피로, 심지어 호흡의 깊이까지 몸이 **느끼는** 모든 것이 포함된다. 장기, 뼈, 혈액, 근육에 있는 내부 수용체(근방추를 기억하라)는 분자적·생화학적·전자기적 정보를 대개 의식 수준 이하에서 전달해 신체가 항상성을 유지하도록 돕는다.

내부 수용 감각은 근육 긴장이나 스트레스의 무의식적 패턴에 영향을 미칠 수 있다. 왼쪽 발목을 다친 후 오른쪽 다리에 더 의지하게 되는 상황을 생각해보라. 이러한 패턴은 급성 부상이 회복되고 눈에 띄는 통증이 가라앉고 난 후에도 오래 지속되는 경우가 많다. 발목의 불안정성과 염증이 사라지는 데는 수개월 또는 수년이 걸릴 수 있기 때문이다. 그렇게 시간이 흐르다 보면 어느새 '안 좋은' 발목을 보호하기 위한 움직임은 몸의 기본 동작 방식이 되어버린다. 아이러니하게도 이러한 자기 보호적 패턴은 일련의 새로운 부상으로 이어질 가능성이 있다. 그러므로 더 큰 손상을 막기 위해서는 근본적인 움직임의 패턴을 파악하고 바로잡는 것이 중요할 수 있다.

부상이나 질병으로 몸이 마비된 사람은 자발적인 움직임

과 표면 감각이 제한되기 때문에 공간에서 자신의 몸을 기능적으로 인식하는 감각이 저하된다. 하지만 가령 요가 수련을 통해 손상된 팔다리를 움직이면 신체에 대한 인식은 상당 부분 회복될 수 있다. 하반신 마비 환자와 대조군을 대상으로 한 최근 연구에 따르면, 시각적 단서뿐만 아니라 운동 피드백도 건강한 개인이 주변 공간 표상을 회복하는 데 결정적인 역할을 한다. 연구진은 공간 표상과 같은 인지 기능이 '감각 운동 기능과 신체 신호에 기반을 두고 있다'라고 썼다.

이 분야의 연구는 이제 막 시작된 상태여서 이러한 회복의 기저에 있는 메커니즘은 아직 명확하게 밝혀진 것이 없다. 그러나 분명한 점은 능동적이든 수동적이든 움직이는 행위 자체가 존재감을 느끼게 해주는 신호들을 통합하는 데 도움이 된다는 것이다.

매튜는 처음으로 치료를 받았던 메이요 클리닉Mayo Clinic을 비롯해 많은 청중 앞에서 자신의 경험을 이야기해 왔다. 몇 년 전, 이 이야기를 들은 럿거스대학교의 한 과학자가 매튜의 뇌를 기능적 자기공명영상fMRI 장치로 촬영하며 그가 요가 자세 중 느꼈다고 주장하는 감각을 테스트했다. 한 자세에서, 연구진이 매튜의 발을 밀자 그의 감각 피질이 활성화됐다. 운동 피질도 마찬가지였다. 다시 말해,

그의 뇌는 발과 다리, 척추에서 오는 감각을 감지했고, 그 감각은 움직임을 위한 정보로 해석됐다.

"다리로 들어오는 아주 미세한 입력과 자극이 제 운동 피질을 활성화합니다. 요가 자세를 취할 때 그런 일이 일어나요."

매튜가 내게 말했다. 그는 자신의 마비된 몸이 여전히 뇌에 신호를 보내고 있으며, 모든 것이 정렬되면 이를 알 수 있다고 설명했다. 그는 수련을 통해 몸의 내부 감각에 귀 기울이는 법을 배웠다고 말했다. 그의 사명은 요가를 통해 다른 사람들 역시 몸의 이런 미묘한 감각에 다시 연결될 수 있도록 돕는 것이다. 내가 물었다.

"요가를 제대로 한다는 것은 어떤 느낌인가요?"

"좋은 포옹과 나쁜 포옹의 차이 같아요."

그가 웃으며 말했다.

"누군가가 나와 연결되지 않을 때 우리는 모두 그것이 나쁜 포옹이라는 걸 알죠. 우리는 어떤 것이 좋은 포옹인지도 알아요. 그것은 깊고, 온전하고, 통합된 느낌을 줍니다. 자신의 몸이 어디서 시작되고 어디서 끝나는지를 알 수 있죠."

그는 잠시 생각에 잠겼다.

"그렇다고 좋은 포옹이 암을 낫게 해주진 않아요."

그가 마지막으로 말했다.

"하지만 암과 함께 살아가는 경험을 좀 더 견딜 만하게 는 해줄 겁니다."

우리 몸은 우리가 의식적으로 통제하지 않아도 살아가기 위해 끊임없이 움직이고 있다.

심근, 혈관, 내장은 우리가 임의로 통제할 수 있는 영역이 아니지만, 삶에 빠르거나 느린 일정한 리듬을 부여하며, 변화에도 불구하고 우리가 계속 존재할 수 있게 한다. 자율신경계의 일부로서 평활근과 심근은 평생 인내심을 가지고 제 할 일을 한다. 이를테면, 음식물을 이동시키고, 혈액을 내보내고, 열을 발생시키기 위해 피부의 털을 일으켜 세우는 것이다.

털은 포유류의 결정적인 특징 중 하나다(고래와 돌고래도 털이 있다). 각 모낭의 아랫부분에는 털세움근arrector pili이라는 아주 작은 근육이 있다. 이 근육의 반대쪽 끝은 피부 조직에 연결되어 있다. 라틴어로 아렉투스arrectus는 '일으켜 세워진', 필리pili는 '털'을 뜻하는데, 추울 때면 이 작은 근육들이 한꺼번에 수축해 몸을 따뜻하게 한다. 그래서 털이 곧게 서고 피부가 우리에게 익숙한 닭살처럼 되는 것이다. 털세움근은 꽃다발에 묶인 리본으로 생각할 수 있다. 이 근육은 일련의 모낭을 하나의 단위로 묶어 수축할 때 최대

90도 각도로 끌어올린다.

하지만 털세움근을 수축하게 하는 것은 추위뿐만이 아니다. 공포와 다른 스트레스 요인도 아드레날린 분비를 통해 소름을 돋게 할 수 있다. 고슴도치의 가시가 위로 솟아오르는 모습을 떠올려보라. 가시는 사실 길고 두꺼운 털인데, 포식자에게 고슴도치를 더 크고 위협적으로 보이게 한다. 소름은 경외감과 같은 강렬한 감정을 느낄 때 돋을 수도 있다. 마음을 뒤흔드는 음악을 듣거나, 수평선에서 밀려오는 거대한 파도를 보거나, 그랜드캐니언의 절벽 끝에서 아래를 내려다보는 자신을 상상해보라.

소름이 돋는 것은 우리 몸이 경외심과 놀라움의 상태에 있다는 뜻이며, 우리가 미지의 것을 이해하려 애쓰고 있다는 신호다. 털세움근부터 심장과 내장까지 우리 몸의 모든 부분이 세상을 이해하는 데 함께 관여한다. 새로운 연구에 따르면, 우리가 꿈을 꾸는 렘수면 중에도 근육은 미세한 경련을 일으켜 뇌와 몸의 연결을 나아지게 한다. 우리는 끊임없이 우리 몸에 대해 배우고 또 배우고 있다.

신경과학자 마크 블룸버그Mark Blumberg는 많은 동물이 렘수면 중에 경련을 일으킬 뿐만 아니라, 태어나기도 전부터 그렇게 한다는 사실을 발견했다. 먼저 근육이 움직이면, 이어서 뇌가 감각운동 피질의 폭발적인 활동으로 반응한다. 그는 문어가 잘 때 색소 세포를 조절하는 근육이 수축하면서 색이 붉어지는 것을 관찰했다. 또한, 잠든 새끼 쥐가 발을 휙 움직이자, 잠시 후 쥐의 뇌에서 연관된 운동 뉴런이 반응하는 모습을 전극을 통해 포착했다. 뇌는 몸에 귀를 기울이고·어떤 운동 뉴런이 어떤 근육을 제어하는지를 한 번에 하나씩 세밀하게 배우고 있다.

블룸버그와 다른 연구자들은 수면 중 이루어지는 이러한 훈련 과정이 태아 시절부터 출생, 사춘기, 노년기를 거치면서, 또 성장, 부상, 질병, 새로운 기술의 습득을 거치면서 몸이 변화하는 전 생애에 걸쳐 계속된다는 증거를 수집해왔다. 매튜는 신체의 각 부위를 구분하는 행위는 요가 수련에도 도움이 된다고 설명했다.

"몸이 마비된 수련생에게도 무언가 의미 있는 변화가 일어나죠."

아헹가 요가에서는 하나의 자세가 요가의 모든 가르침을 담을 수 있다. 사바사나savasana, 즉 시체 자세로 누워 있는 동작은 땅에 닿는 느낌에 집중하면서 이전에 취했던 모든 자세를 통합한다. 사람들은 요가를 곡예와 같은 것으로 생각하지만, 사바사나처럼 고요한 동작도 요가 자세다. 해부학을 공부하든 요가를 수련하든, 신체를 부분적으로 들여다보면 전체가 밝혀질 수 있다.

수년 동안 매튜는 심각한 심신의 손상에서 회복 중인 환자들을 위한 재활센터인 커리지 센터Courage Center에서 매주 요가 수업을 했다. 어느 날 그는 총상으로 얼마 전부터 다리를 못 쓰게 된 한 침울한 10대 소년에게 요가를 지도하게 됐다.

"아이가 자신의 몸을 되찾을 수 있도록 도와주려 했어요."

매튜가 말했다.

"아이는 많은 일을 겪고 있었고, 연속성을 찾아야 했습니다. 과거로 돌아갈 순 없어도 온전해질 방법을 찾아야 했죠. 아이에게 몸을 일으켜 휠체어에서 다른 곳으로 옮겨 앉는 방법을 가르쳐주고 싶었어요."

매튜는 소년이 농구를 했다는 사실을 알고 있었기 때문에 점프 슛을 하기 위해 뛰어오를 때의 느낌을 기억해보라고 부탁했다.

"아이는 하반신 마비였지만 직관적인 방향 감각을 갖고 있었어요."

매튜가 말했다.

"자신이 누구인지 잠시나마 느낄 수 있었죠. 마치 '맙소사, 내가 아직 다리를 쓸 수 있다는 거야?'라고 생각하는 것 같았어요. 다음 날 새 휠체어 쿠션을 맞추면서는 '점프 슛하기에 딱일 것 같으니 이걸로 할게요.'라고 말하더군요."

이것이 우리로 하여금 온전함을 느끼게 해주는 신체적 연속성이다. 매튜는 (척수의 기적적인 치유나 근육 소모성 질환의 치료를 통해서가 아니라) 과거와 현재로 분열된 몸에 대한 인식을 통합함으로써 이러한 연결성을 재정립해야 한다고 주장했다.

매튜는 요가를 시작하기 전에는 자신을 떠다니는 상체로 생각했다고 말했다. 하지만 이제 그는 온몸으로 움직였다. 대화하면서 앞으로 몸을 기울여 눈을 맞추고, 몸을 곧추세워 앉고, 손으로 한쪽 다리를 다른 쪽 위로 교차하고, 팔을 들어 올려 요점을 강조하는 등 모든 부위를 통합하는 방식으로 완전히 생동감 있게 움직였다.

"전 단순히 요가 자세에 아주 능해지기 위해서만 요가를 수련하는 게 아니에요."

그가 특유의 솔직한 어조로 말했다.

"전 기분을 좋게 하려고, 온전한 존재가 된 기분을 느끼려고 요가를 합니다."

근육과 뼈 사이에는 마법 같은 것이 있다(바로 움직임의 언어다). 수영이나 서핑을 실컷 하고 나면 몸에서 어떤 울림이 느껴지는데, 나는 이를 통해 내가 제대로 움직였다는 것을, 이 시간을 잘 보냈다는 것을 알 수 있다.

"온몸을 다 사용하고 나면 그 피로감마저도 정화되는 느낌을 줍니다."

매튜가 내게 말했다.

"전 장거리 수영을 하거나 큰 파도를 탈 수 없어서 그 감각은 당신과 저에게 같지 않을 수 있지만, 에너지는 여전히 제 안에 존재해요. 척추의 에너지는 표현되길 원하고, 근육과 팔다리가 그 에너지를 전달하는 주요 수단이죠."

나는 침대에 갇혀 있거나 장시간 비행 중 비좁은 비행기 좌석에 앉아 있을 때 느끼는 감각, 그러니까 척추의 근질거림으로 시작된 불안한 전기 에너지가 점점 커지면서 온몸으로 퍼져 나가지만 더는 갈 곳이 없을 때의 감각을 떠올렸다. 혹은 발 부상으로 인한 좌절감, 마치 발은 펑크 난 타이어인데 척추의 엔진은 여전히 윙윙대며 삐걱거리고 불꽃을 튀기는 느낌을 떠올렸다.

매튜는 적응형 요가에서 다리가 없는 사람의 엉치뼈에 발을 올리면 그 에너지가 존재하지 않는 다리로 전달된다고 설명했다.

"몸이 정렬되면 에너지가 방향을 잡게 돼요. 그 기분은 정말 좋습니다."

우리는 점프 슛과 파도타기 이야기를 했지만, 우리가 진정으로 이야기한 것은 온전한 감각과 세상과의 연결감이다. 매튜는 언젠가 크리스타 티펫Krista Tippett과의 인터뷰에서 이렇게 말했다.

"제 생명력은 전적으로 근육을 움직이는 능력에만 달려 있지 않아요. 전 언제나 그 솟구치는 에너지를 느껴왔죠. 어릴 때 운동을 잘했던 것도 그런 연결된 감각 덕분이었어요. 자유투를 던질 때 느껴지는 것처럼 말이에요. 그 감각은 다리에서, 팔에서 그리고 그 모든 것이 하나로 통합되는 데서 나오죠."

그는 자신이 일종의 승려나 수행에 지나치게 엄격한 사람이라는 인식을 거부했다.

"저도 다른 사람들처럼 고군분투하고 실수도 합니다."

그가 말했다. 그리고 움직이지 않는 몸과 늘 씨름하는 것은 고단한 일이 될 수 있다고 덧붙였다.

"하지만 제가 꽤 괜찮은 요가 강사인 이유는 항상 기꺼이 다시 시작할 의지가 있기 때문이죠. 그게 다른 점이에요."

매기 스미스Maggie Smith는 시 〈옷인가 가방인가A Suit or a Suitcase〉에서 삶의 마지막 순간에 있는 몸에 관해 이야기한다. 우리는 몸을 입고 있는 걸까, 아니면 몸이 우리를 담고 있는 걸까? 내가 **나**라고 생각하는 것이, 그러니까 생각과 감정, 자아감이 머리와 가슴뿐만 아니라 손과 발, 몸 곳곳에 퍼져 있다면 어떨까?

시의 한 연은 이렇게 노래한다. "생각들이 내 손목에서 속삭이네 / 종아리의 곡선을 따라서도" 우리가 움직이는 모든 부위에 똑같이 존재한다면 어떨까? 우리가 그 존재를 인식하지 못할 때 우리가 놓치는 것에 대해 그것들은 우리에게 무엇을 말해줄까?

매튜를 방문하고 몇 주 후, 나는 도쿄에서 한 요가 스튜디오를 발견했다. 나는 연속성에 대해 생각했다. 그리고 충동적으로 일주일 치 수업에 등록했다.

스튜디오는 작고 아늑했다. 첫 수업에서 우리 일곱 명은 함께 몸을 움직였다. 이곳에는 거울이 없어서 다른 사람에게 어떻게 보일지 계속 신경 쓰지 않아도 됐다. 선생님이 거의 일본어로만 수업을 진행한 덕분에 나는 오히려 마음을 놓고 모든 것을 관찰할 수 있었고, 내 몸은 자세를 취하는 일에 집중하게 됐다. 요가의 흐름을 아는 운동 신경이 작동했다. 근육은 무엇을 해야 할지 알고 있었다. 산 자세, 전굴 자세, 편평등 자세, 발을 점프해 플랭크 자세, 차투랑가 chaturanga, 고개를 든 개 자세, 고개 숙인 개 자세. 숨 쉬기.

조용한 일본어의 흐름 속에서 한 시간이 지나갔다. 수업이 끝날 즈음에야 영어 몇 마디가 들려왔다. '몸을 느끼세요. 지금 이 순간에 머무르세요.'

수없이 많은 '지금'이 흘렀지만, 나는 그 모든 순간을 이 몸 안에 담고 있다. 손가락과 발가락(이것들을 움직이는 작은 근육들까지)에 주의를 기울이고, 눈과 목, 모든 것이 한데 맞물려 움직이는 것을 느껴라. 척추를 타고 오르는 전율, 그 뒤를 이어 소름을 돋게 하는 털세움근. 나는 무엇보다 죽음에 대해 생각하게 된다. 물론 요가가 죽음을 해결해주진 못한다. 하지만 요가는 내 몸의 모든 부분과 나를 연결하고, 내가 평소 외면하는 것들에 대한 더 큰 이해로 나를 이끌면서 앞으로 다가올 일들을 더 잘 받아들일 수 있도록 돕는다.

나의 시아버지 짐은 말을 아끼고 속내를 잘 비치지 않는 분이시다. 하지만 골프 스윙에 관해 여쭤보거나("오른쪽 팔꿈치를 펴야 한다!"), 아버지의 지도 아래 뉴욕 매디슨 스퀘어 가든에서 다른 세 명과 함께 1,600미터 계주를 뛰는 기분("무섭더구나")이 어땠는지 여쭤보면 갑자기 활기를 띠곤 이런저런 이야기를 해주신다.

고등학교에 다닐 때 짐은 아버지의 권유로 오후 시간에 빌라노바 육상팀과 함께 훈련했다. 그는 몇몇 유명 선수들과 함께 훈련에 참여하게 됐는데, 그중에는《스포츠 일러스트레이티드》의 표지를 장식한 장거리 선수 데이브 패트릭 Dave Patrick과 올림픽 2관왕이자 NCAA 육상 챔피언십 계주 및 단체전에서 여러 차례 우승한 아일랜드 출신의 프랭크 머피도 있었다.

어느 늦여름, 우리는 캘리포니아에서 동쪽으로 이동해 펜실베이니아에 있는 짐의 집을 방문했다. 플라타너스 나무가 만든 그늘 아래, 짐은 휠체어를 탄 채, 매트와 나는 잔디밭에 앉아 진입로에서 앞마당을 향해 골프공을 치는 아이들을 지켜보았다. 짐은 빌라노바대학교 1학년 때 아버지의 뜻에 따라 육상을 했던 일과 어떻게 육상을 그만두고 평생 골프에 전념하게 됐는지에 관해 이야기해주었다.

짐은 매디슨 스퀘어 가든에서 실망스러운 경기를 펼친 후 떨리는 심정으로 아버지에게 말했다.

"아빠, 저 이제 골프를 하려고요."

점보가 무심히 대답했다.

"그거 좋은 생각인 것 같구나."

그때 문득 내 머릿속에 한 가지 생각이 떠올랐다. 나는 짐에게 매튜 샌포드가 내게 가르쳐주었던 러닝맨 자세를 보여드려도 되겠는지 물었다.

"물론이지."

그가 말했다. 짐은 휠체어에 최대한 똑바로 앉았고, 나는 두 발을 땅에 단단히 디딘 뒤 그의 무릎에 손을 얹었다. 그러고는 그의 무릎을 번갈아 힘주어 누르면서 이런 동작이 어떻게 그의 척추와 엉덩이에 쌓인 에너지가 나를 통해 발산되는 데 도움이 될 수 있는지 설명했다.

늘 세심한 테디가 우리에게 뭘 하고 있느냐고 물었다.

"할아버지와 함께 걷고 있단다."

내가 말했다. 나는 그의 근육이 되어 내 두 발로 그의 몸을 지탱했다. 단단하고 안정된 토대 위에서 움직이는 이 느낌, 땅과 짐 모두에게 연결된 이 감각 속에서 나는 내 몸을 통해 다른 사람의 몸을 안정시킬 수 있다는 것을 깨달았다. 이 행위에는 좀처럼 경험하기 힘든 깊은 친밀함이 있다.

짐이 고맙다는 말을 하기 전에 표정에서 먼저 안도감이 느껴졌다. 내게 이는 근육의 움직임이 전체에 도움이 된다는 것을 의미했다.

며칠 후 아침, 짐에게 같이 산책하겠느냐고 묻자 그의 얼굴이 환해졌다. 우리는 바로 부엌에서 러닝맨을 했다.

13장

과거에 했던 운동에 대한 기억

해리스 매스켓Harris Masket은 UC 버클리의 스포츠 전문 의사로, 다수의 대학 간 NCAA 경기 및 클럽 경기에서 뛰는 선수들을 오랫동안 돌봐왔다. 나는 그를 인터뷰하면서 근육의 가장 매력적인 점이 무엇이라고 생각하는지 물었다. 온종일 해리스는 다양한 체형과 몸집의 운동선수들을 관리하는데, 이들의 몸은 온갖 종류의 놀라운 일들을 해낸다.

해리스가 말했다.

"선수들이 걸어올 때, '저 친구는 배구를 하는구나'라고 생각합니다. 아니면 '아, 수영 선수네', '체조 선수군', '라크로스를 하는구나'라고 생각하죠. 체형과 근육의 유형은 사람마다 아주 달라요. 사람마다 근육이 어떻게 다르게 작동하는지 보면 정말 놀랍죠."

선수들은 근육과 관련된 별의별 부상을 다 입고 그의 응급 진료소를 찾았는데, 그 부상들은 그 자체로 놀라운 이야기를 들려주었다. 예를 들면, 손상된 근육 조직에 뼈가 형성되는 골화성 근염myositis ossificans(근육에는 엄청난 혈액이 흐르고 이는 치유를 돕지만, 때로 치유 과정에서 칼슘 침착이 발생하기도 한다), 근육 조직이 파괴되면서 단백질이 혈액으로 방출되어 신부전으로 이어질 수 있는 횡문근융해증 rhabdomyolysis(흔히 격렬한 운동을 과하게 했을 때 발생하기 때문에 '크로스핏 병CrossFit disease'이라는 별명이 붙었다) 그리고 처음에는 가벼운 중족부 염좌처럼 보이지만 실제로는 수술하지 않으면 보행 능력에 심각한 장애를 일으키는 리스프랑 손상lisfranc injury(나폴레옹 군대에서 복무한 프랑스 의사의 이름을 따 명명된 질환으로, 그는 이 부상을 입은 환자들이 제대로 행군할 수 없다는 것을 발견했다)과 같은 흔치 않은 근골격계 질환이 그것이다.

"제가 정말 흥미롭게 생각하는 건 '럭비를 오래 해왔지만, 이제 스물둘이라 접촉이 있는 운동은 그만둬야겠어요. 다른 운동으로 뭘 할 수 있을까요?'라고 묻는 속근이 발달한 운동선수들이에요. 이들은 그러고는 철인 3종 운동을 시작하죠."

해리스가 내게 말했다.

"또, '좋아요, 지금 상태에서 제가 하는 운동을 바꿀 수 있을까요?'라고 묻는 선수들도 있어요. 이들 역시 새로운 운동에 훌륭히 적응하고 다른 사람이 됩니다. 많은 선수가 부상과 다른 어려움을 극복하죠. 그건 순응성, 변화 그리고 개인의 힘과 깊은 관련이 있어요."

그가 가장 감탄해 마지않는 것은 어떤 일이 있어도 유연하게 대처하려는 근육 조직의 성향이다. 이는 근육의 타고난 성질이다.

"우리는 왜 근육을 좋아할까요?"

그가 말했다.

"근육은 변화를 가능하게 하기 때문이죠."

우리는 모두 부상이나 질병, 오랜 휴식을 거친 후 어떻게 원래의 몸 상태로 돌아갈 수 있을지 알고 싶어 한다. 근육은 환경에 반응해 적응한다. 즉, 운동하면 커지고 멈추면 줄어든다. 하지만 근육이 성장하는 방법을 기억하게 할 수 있다면 어떨까?

일반적으로 세포 생물학자들은 정상급 프로 스포츠의 험난한 관문을 거쳐 연구자의 길에 들어서지는 않는다. 하지만 애덤 샤플스Adam Sharples는 영국 럭비 풋볼 리그에서

프론트 로 포워드front-row forward로 활약하던 때부터 다양한 종류의 운동 후 근육의 성장을 돕는 세포 메커니즘에 관심을 가졌다.

프로 럭비에서 프론트 로 포지션을 맡기 위해서는 애덤의 표현을 빌리자면 '상당히 덩치가 커야' 한다. 그가 말했다.

"아마 열두 살 즈음부터 체육관에서 역기를 든 것 같아요."

그는 10대 시절의 대부분을 훈련으로 보냈다. 열아홉 살 때, 그는 크리스마스 다음 날인 복싱데이Boxing Day에 발이 푹푹 빠지는 질척한 땅에서 럭비 경기를 했다. 발을 막 디뎠을 때, 상대 팀 선수가 태클을 걸어 상체가 왼쪽으로 쏠렸다. 하지만 오른발은 진흙 속에 단단히 박혀 있었다.

"그때 전방 십대인자가 끊어졌는데, 기억이 잘 안 나네요. 아버지께 여쭤보세요."

애덤이 씁쓸한 미소를 지으며 말했다.

"언제 어떻게 그런 일이 일어났는지 아주 자세하게 말씀해주실 겁니다."

이 말을 들으면서 나는 사랑의 언어가 될 수 있는 스포츠의 놀라운 능력에 다시 한번 감동했다.

애덤은 럭비를 1년간 쉬고 공부를 계속하여 인체 생리학 석사 학위를 땄다. 그는 늘 근육과 근육 성장에 관심이 많았는데, 마침 공백기는 그에게 생각할 시간을 주었다. 애덤은 프로 럭비 선수들의 수명이 너무 짧다는 사실을 잘 알고 있었고, 이러한 인지는 결국 그가 근육 세포 생물학 박사과정을 밟게 되는 계기가 됐다.

근육 기억에 관해 이야기할 때, 우리는 대부분 우리 몸이 한동안 하지 않았던 일들, 가령 자전거 타기나 어린 시절에 배운 복잡한 춤을 어떻게 기억하는지를 말한다. 장시간에 걸쳐 어떤 동작을 배우고 반복하다 보면, 그 동작 패턴은 정교해지고 일정해진다. 동작을 제어하는 뉴런의 발화 패턴도 마찬가지다. 해당 동작을 어떻게 수행하는지에 대한 기억은 실제 관련된 근육이 아닌 운동 뉴런에 저장된다. 하지만 애덤은 학업을 계속해나가는 동안 근육 자체가 세포 및 유전적 차원에서 기억을 지니는지에 더 관심을 두게 됐다.

거의 20년이 지난 지금, 애덤은 오슬로에 있는 노르웨이 스포츠 과학 학교Norwegian School of Sport Sciences에서 학생들을 가르치고 연구소를 운영하고 있다. 2018년 그의 연구팀은 인간의 골격근에 운동 후 근육 성장에 대한 후성유전학적 기억이 있다는 사실을 세계 최초로 입증했다.

후성유전학epigenetic은 행동과 환경이 유발하는 유전자 발현의 변화를 연구한다. 유전자 자체는 변하지 않지만, 그 작동 방식은 변한다. 예를 들어, 근력 운동을 하면 메틸기라는 작은 분자들이 특정 유전자의 외부에서 떨어져 나가는데, 이렇게 되면 그 유전자들이 더 쉽게 활성화되어 근육 성장을 촉진하는 단백질을 만들어낸다. 이러한 변화는 오래 지속된다. 그래서 다시 근력 운동을 시작하면 이전보다 더 빨리 근육량이 늘어난다. 다시 말해, 근육은 운동을 기억한다. 과거의 운동 경험이 분자 차원의 기억으로 남아 있어, 몇 달 쉬어도 운동에 반응할 준비가 되어 있는 것이다. (반면, **세포** 차원의 근육 기억은 후성유전학적 근육 기억과는 조금 다르게 작동한다. 운동이 근육 줄기세포를 자극해 그 핵이 근육 발달과 재생을 돕게 하는 방식을 기억하는가? 세포 근육 기억은 핵이 운동을 쉬는 동안에도 근섬유에 잠시 남아 있다가 다시 운동을 시작하면 성장을 촉진하는 것을 말한다.)

운동선수들은 적어도 일화를 통해 이 사실을 늘 알고 있었다. 십자인대 파열과 같은 부상을 당한 후에는 잃어버린 근력을 회복하기가 상당히 쉬웠다. 하지만 관절은 다른 이야기였다.

애덤은 재건한 무릎을 이끌고 프로 럭비 선수로 1년간 더 활약한 뒤 완전히 은퇴했다. 이후에는 학계에서 일하며 근육 기억에 대해 자신이 관찰한 것 이상으로 그 근본적인 **원인**을 탐구하기 시작했다. 그 과정에서 그는 운동선수이자 한 인간으로서 나이 들어감의 의미를 받아들이는 방법을 찾게 됐다.

"돌이켜보면, 최고의 선수가 되겠다는 욕심에 너무 과한 훈련을 했던 것 같아요."

그가 말했다.

"근육이 가장 오랫동안 기억하는 운동을 찾거나, 부상이나 휴식 후 다시 운동할 때 근육이 더 잘 반응하는 훈련 방식을 찾을 수 있다면, 운동량을 줄이고도 똑같은 효과를 얻을 수 있을지 모릅니다."

그가 웃으며 말했다.

"훈련을 좀 줄일 수도 있었을 텐데. 그걸 이제야 깨달았죠."

시간이 지남에 따라 운동은 근육 기억에 어떤 영향을 미칠까? 운동 방식을 조절해 이전에 했던 운동을 근육이 기억하게 하고 적응하게 할 수 있을까? 바로 이 지점이 애덤의 근육 연구실에서 하는 연구와 세포 및 후성유전학적 근육 기억을 연구하는 다른 연구팀들의 연구가 대중의 관심을 사로잡은 곳이다. 근육량과 근력 향상을 원하는 운동선수들에게 이는 분명히 매력적인 연구다. 이 연구는 경쟁 스포츠의 스테로이드 금지 정책에도 지대한 영향을 미친다. 스테로이드가 일으키는 변화가 생각보다 훨씬 오래(몇 개월, 심지어 몇 년 후에도) 근육 성장에 이점을 제공할 수 있기 때문이다.

하지만 애덤의 연구는 고령화되는 인구, 즉 우리 **모두**와 더 밀접한 관련이 있다. 우리는 이러한 근육의 적응 능력을 이용해 나이 들어가는 자신을 보호할 수 있을까?

노르웨이 정부는 그렇게 되기를 희망한다. 향후 10년 안에 노르웨이는 65세 이상 인구 비율이 21퍼센트를 넘는 '초고령 사회'에 진입할 것으로 예상된다. 노르웨이 보건 당국은 인간의 골격근이 근육 성장기뿐만 아니라 **소모기**까지 기억하는지 그리고 그에 대해 무엇을 할 수 있는지에 대한 그의 연구에 자금을 지원하고 있다.

나이가 들면 근육은 힘과 질량을 잃는다. 이는 근감소증 sarcopenia으로 알려진 정상적인 과정이다. 이러한 골격근의 점진적인 손실은 놀랍게도 보통 30대 언젠가부터 시작되어 60대 중반이 되면 가속 페달을 밟는다. 우리 몸의 다른 모든 부분처럼 시간이 흐르면 근육 세포는 그 기능이 떨어지며(근섬유가 줄어들고 짧아져서 에너지를 처리하는 능력이 떨어진다), 이에 상응해 근육에 에너지를 공급하는 미토콘드리아, 근육을 제어하는 운동 뉴런, 근육의 성장과 위축을 조절하는 호르몬도 감소한다. 근감소증은 누구에게나, 심지어 왕성한 활동을 하는 운동선수에게도 나타나지만, 많이 움직이지 않으면 훨씬 더 빨리 진행된다. 노화로 인한 근육 감소는 노쇠함의 주요 원인으로, 노인들의 낙상 및 골절 위험을 높인다.

폐경기 여성은 특히 근감소증에 취약하다. 근육 손실은 에스트로겐 수치의 감소와 관련이 있는데, 에스트로겐은 일반적으로 근육 위성 세포를 자극해 조직을 복구하고 대사 및 미토콘드리아 기능을 조절하는 중요한 역할을 한다. 여성은 대체로 남성보다 근육량이 적고 최대 산소 섭취량도 적지만, 더 적게 운동해도 같은 수준의 장수 효과를 얻을 수 있다. 골격근의 강화는 다른 근육에도 영향을 미친다. 최근 연구에 따르면, 일주일에 단 이틀만 근력 운동을 해도 여성의 심장 질환으로 인한 사망 위험은 무려 30퍼센트나 감소한다.

근력 운동은 노화로 인한 정상적인 근육 감소의 과정을 늦추거나 심지어 되돌릴 수도 있는 가장 중요한 방법이다. 하지만 사람들이 매일 쇳덩이를 들어야 한다는, 그러니까 근력 운동을 해야 한다는 의사의 권유를 늘 받는 것도 아니고, 받더라도 그것을 진지하게 실천하지 않는다.

전 세계적으로 스칸디나비아 국가(노르웨이, 스웨덴, 덴마크 등)는 낙상으로 인한 고관절 골절 발생률이 가장 높은데, 이는 특히 겨울철에(그리고 그 때문에) 빈번히 발생한다.

"노년층의 반복적인 낙상은 심각한 문제입니다. 사람들

은 넘어지고, 근육을 잃고, 더 쇠약해지죠."

애덤이 말했다.

"일부는 회복하기도 하지만, 제대로 회복하진 못해요. 다시 넘어져서 더 많은 근육이 손실될 수도 있고요. 이는 조기 이환율과 사망률, 즉 일찍 병에 걸리고 일찍 사망하는 것과 관련이 있습니다."

낙상은 전 세계적으로 의도치 않은 사망의 두 번째 주요 원인이며, 주요 위험 요인은 근육 약화다. 노르웨이에서는 우연히 넘어진 사고로 인한 고관절 골절이 노인들의 원인 불명 사망을 가장 강하게 예측하는 요인이다. 실제로 노르웨이에서 낙상은 안전하게 넘어지는 방법에 대한 TV 공익 광고가 방영될 정도로 매우 흔하게 발생한다. 안전하게 넘어지려면 어떻게 해야 할까? 유도에서 다리를 걸려 넘어질 때처럼 옆으로 넘어지며 손을 바깥으로 뻗어야 한다. 다시 말해, 뒤로 미끄러지듯 넘어지면서 등이나 머리부터 떨어지지 않도록 해야 한다.

네덜란드에는 노인들을 대상으로 하는, 넘어지는 방법과 넘어지지 않는 방법에 대한 표준화된 수업도 있다. 이 수업에서 참가자들은 '벨기에 보도'와 같은 장애물 코스를 통과하고 발포 고무 매트에서 넘어지는 연습을 한다(이 장애물 코스의 이름은 벨기에의 도로 상태가 열악하다는 네덜란드식 농담일 수도 있고 아닐 수도 있다). 이러한 넘어지는 법에 대한 수업은 전국적으로 수백 개가 있으며, 네덜란드 정부가 수업 평가를 하고 건강 보험이 적용될 정도로 인기가 높다.

애덤이 내게 근육과 노화에 대해 알려준 내용은 특히 가슴 아프게 다가왔다. 몇 년 전 나의 할머니는 95번째 생신을 일주일 앞두고 집 계단에서 넘어져 돌아가셨다. 우리는 할머니와 함께 할머니의 생신을 축하하는 대신, 장례식장에서 할머니 없이 슬퍼했다. 최근에는 어머니도 심각해진 골다공증 때문에 낙상의 위험이 더욱 커졌다. 어머니는 라인 댄스를 좋아하시고 매일 몇 마일을 걸으신다. 나는 어머니의 그 운동 루틴에 아령을 좀 넣어달라고 간청하면서 역도로 인생을 바꾼 한 70대 여성에 관해 말씀드렸다. 그 여성은 힘들게 계단을 오르고 고혈압, 고콜레스테롤, 신장 질환으로 고생하다가 3년 만에 벤치프레스로 90파운드(약 41킬로그램)까지 들 수 있게 됐고, 약도 끊게 됐다.

어머니는 자신이 헐크가 될 필요는 없다고 말씀하셨다. 하지만 노력은 해보겠다고 덧붙이셨다.

한쪽 다리로 10초간 균형을 유지하는 것과 같은 간단한 테스트는 사망 위험을 가늠할 수 있는 강력한 지표다. 또는 손을 사용하지 않고 1분 동안 의자에 앉았다 일어서기를 몇 번 할 수 있는지 측정하는 앉았다 일어서기 테스트도 있다.

이는 다리, 엉덩이, 발, 코어 근육의 힘을 통해 균형 감각을 테스트하는 또 다른 방법이다. 근육이 강할수록 균형 감각은 더 좋다.

근육은 늙어도 젊었을 때 했던 일을 다시 떠올릴 수 있다. 근육은 가장 놀라운 방식으로 활기를 되찾을 수 있다.

"저희가 이전 연구에서 발견한 것은 초기 근육 훈련 중에 활성화된 유전자 중 하나가 훈련 중단 후 근육량의 회복과 가장 밀접한 관련이 있는 유전자 중 하나인 것으로 보인다는 겁니다."

애덤이 말했다.

"따라서 노인이 넘어지면 첫 회복기에 유전자 치료제를 근육에 주사하는 식으로 개입할 수도 있어요. 현재 연구를 통해 알아내려고 하는 것은 이런 겁니다. 이러한 방법이 근육 회복을 촉진하는가? 나중에 그 근육이 소모될 때 도움이 되는가? 근육을 보호하고 더 이상 소모되지 않도록 막아주는가? 고령 인구를 보호하는 데 정말로 중요한 치료법을 제공할 수 있다면 어떨까?"

매튜 샌포드가 내게 한 말이 기억난다. '우리는 매일 연속성을 추구합니다. 만약 우리가 근육이 기억하도록 도울 수 있다면 어떨까요?'

애덤 샤플스는 오슬로 외곽의 오래된 광산 마을 콩스버그Kongsberg에서 아내와 두 아이와 함께 산다. 그는 이제 체육관에서 몇 시간씩 운동하지 않는다. 대신에 새벽 5시에 일어나 효율적으로 근력 운동을 한 후 집으로 돌아와 어린 아들들의 등교 준비를 돕는다. 그는 집에서 5분 거리에 있는, 나무가 늘어선 경사면에서 스키를 배우는 아이들의 영상을 자랑스레 내게 보여주었다. 애덤은 스키를 타지 않지만, 한때 프로 선수였음을 보여주는 건장하고 다부진 체격을 유지하고 있다.

눈에 띄는 그의 몸집은 연구실에서 가벼운 농담거리가 되기도 한다.

"애덤은 그냥 아령을 보기만 해도 근육이 붙는다니까요."

근육 소모를 연구하는 수석 연구원인 다니엘 터너Daniel Turner가 농담했다. 하지만 다니엘 자신도 지구력 운동을 하는 선수의 탄탄한 근육질 몸을 가진 축구 애호가다.

"저는 근육이 잘 붙지 않는 체질이라, 조금이라도 근육량을 늘리고 싶은 마음에 대부분의 시간을 저항력 운동에 할애하죠."

나는 샌프란시스코에서 겨울 폭풍이 한창인 오슬로까지 비행기를 타고 와, 애덤과 다니엘을 만나기 위해 아침 일찍(사실 노르웨이는 한겨울이었기 때문에 어두운 새벽에 가까웠

다) 약속 시각에 딱 맞춰 노르웨이 스포츠 과학 학교의 드넓은 캠퍼스에 도착한 참이었다. 굵은 눈송이가 소용돌이치듯 내리는 바깥과 달리 기후가 통제된 연구실에서 다니엘이 내게 마그네 룬드-한센Magne Lund-Hansen이라는, 수염을 기른 서글서글한 남자를 소개해주었다. 그는 부상을 가장하고 신체 스캔 장치에 등을 대고 누워 있었다.

노인을 대상으로 한 반복적인 근 위축 시험은 비윤리적이기 때문에 이 연구는 서른한 살인 마그네와 같은 젊고 건강한 사람을 모집한 후, 목발을 짚고 무릎 보조기를 착용하게 해 한쪽 다리의 근육이 소모되도록 유도했다. 이 사지 고정 기법은 우주 연구에도 사용되어왔다. 무중력 상태에서 우주 비행사의 근육과 뼈에 일어나는 많은 변화가 노화로 인해 발생하는 현상과 유사하기 때문이다.

처음에 마그네는 낙상 후 일어날 수 있는 상황을 시뮬레이션하기 위해 왼쪽 다리에 30도로 고정된 무릎 보조기를 착용한 채 2주를 보냈다. 그 후 검사차 연구실을 방문해 왼쪽 허벅지의 근력과 근육량이 얼마나 줄었는지 확인했고, DNA의 후성유전학적 흔적이 보존됐는지를 확인하기 위한 근육 생검도 받았다. 이어서 6~8주 동안의 회복 기간을 가졌고, 다시 2주간 다리를 고정했다.

이날은 마그네의 두 번째 고정 기간이 끝나는 날이었는

데, 왼쪽 허벅지가 오른쪽 허벅지보다 눈에 띄게 작아져 있었다.

"지난번보다 근육량이 얼마나 줄었는지 봅시다."

마그네가 컴퓨터 화면을 보면서 말했다. 그는 근육, 지방, 뼈 조직의 변화를 각각 측정하는 덱사 스캔DEXA scan 데이터를 분석했다. 잠시 후 다니엘이 숫자를 말했다.

"지난번보다 조금 더 빠진 것 같네요. 200그램 정도요."

내가 멍한 표정으로 있자 그가 친절하게 덧붙였다.

"음… 닭가슴살 한 개에서 한 개 반 정도?"

그렇다면 닭가슴살 한 개 반 정도의 근 손실은 실질적으로 무엇을 의미할까? 마그네는 이에 대해 할 말이 좀 있었다.

"음, 다리를 고정한 후 처음 걸으려고 했을 땐 계단에서 구를 뻔했어요."

그가 덤덤하게 말했다. 그러면서 자신은 스키를 무척 즐기는 사람인데, 세상에서 건강한 사람으로 산다는 것이 얼마나 감사한 일인지 새삼 깨달았다고 했다.

"근육이 예상했던 것보다 어찌나 느리게 반응하는지 정말 놀랐죠."

우리는 애덤을 만나기 위해 복도를 따라 다른 검사실로 조심히 걸어갔다. 출근 시간에 늦은 그가 급히 들어오고 있었다.

"노르웨이의 겨울이 이렇습니다."

애덤이 악수를 하는 동안 약간 숨을 헐떡이며 설명했다. 그는 새벽 4시 반에 일어나 눈 속에 파묻혀버린 차를 파냈다.

알고 보니 이 이야기에서 눈은 중요한 등장인물이었다. 나는 사무실 바닥에 흩어져 있는 신발들에 시선을 줄 수밖에 없었는데, 그 종류가 스파이크 달린 신발, 튼튼한 등산화, 산길 러닝을 위한 미끄럼 방지 운동화, 크로스컨트리 스키 부츠 등으로 다양했다. 애덤이 말했다.

"이 지역은 겨울철 강수에 따라 땅의 상태가 다양하게 변해요. 제 평생 이렇게 많은 신발을 가져본 적은 처음입니다."

마그네는 목발을 짚으면서 눈이 특히 위험하다는 것을 알게 됐다. 평소 자전거로 20분이면 충분했던 출근길이 목발과 무릎 보조기를 수용할 수 있는 대중교통을 이용하자 1시간이 넘게 걸렸다. 마그네가 말했다.

"편도 기준으로도 상당히 큰 차이죠. 두 번째로 다리를 고정했을 때는 눈이 지면에 쌓여 있던 때라 더 힘들었어요. 하루 중 가장 좋은 시간은 집에 와서 무릎 보조기를 벗고 소파에 앉을 때였죠."

그는 당연하게 여겼던 사소한 일상에서 자신이 마음대로 움직일 수 없다는 것을 가장 절실히 느꼈다.

"커피숍에서 여자 친구에게 줄 커피를 샀는데, 10미터도 못 가서 떨어뜨리고 말았어요."

그가 말했다.

"한번은 점심으로 파스타를 사서 사무실에 와 앉았는데, 포크를 깜박했다는 걸 깨달았죠. 전 다시 포크를 가지러 가지 않고 그냥 손으로 집어 먹었습니다."

한 동료 연구원이 마그네의 대퇴사두근에서 선홍색 조직을 조금 떼어내 트레이에 담았다. 문득 해부학 실습실 테이블 위의 살점이 떠올랐다. 마그네는 다리를 고정하는 기간 사이에 근육이 얼마나 빨리 회복되는지에 놀랐다. 그가 말했다.

"그게 가장 쉬운 부분이었어요. 하지만 다른 모든 것이 회복되기까지는 더 오랜 시간이 걸립니다. 약해졌든, 강해졌든, 운동 협응력은 지금의 몸 상태에 다시 적응해야 하거든요. 뇌가 몸의 변화를 따라가는 데는 시간이 걸려요. 뇌의 기대치와 달리 실제 몸은 그렇게 움직이지 않죠."

이것이 애덤의 이론이 작동하는 방식이다. 한 번 넘어졌다가 회복됐다고 생각하는 사람이 어떻게 다시 쉽게 넘어질 수 있는지는 분명하다.

이 인체 대상 연구는 영국 리퍼풀존무어스대학교와 미국 아이오와대학교 연구진과 협력해 진행되는, 노령 쥐를 대상으로 한 유사 동물 연구와 동시에 진행되고 있었다. 애덤과 그의 연구팀은 UBR5라는 유전자가 근육 크기와 근육량 감소 후 회복에 영향을 미친다는 사실을 확인했다. 쥐를 대상으로 한 실험에서 이들은 첫 번째 근육 소모 기간 후, 즉 회복기에 유전자 치료법을 사용해 UBR5를 활성화했다. 그리고 두 번째 근육 소모 기간 후, 근육을 분석해 운동과 병행한 이 치료가 반복적인 근육량 감소를 막는 데 도움이 되는지 확인할 계획이었다.

현재까지 연구진은 젊은 근육과 노화된 근육 모두 과거의 근 위축을 기억하며, 근육이 손실될 때 일부 유전자가 **비활성화**된다는 가설을 뒷받침하는 증거를 발견했다(근육 비대와 반복되는 운동으로 유전자가 활성화되는 것과 상반되는 후성유전학적 특성). 애덤은 앞으로 몇 달 안에 그리고 그 이후에도 근육 손실에 대한 후성유전학적 기억을 가진 더 많은 유전자를 발견할 수 있기를 기대했다.

과학자들은 동물계의 다른 종들이 어떻게 선천적으로 근위축을 방지하는지도 연구하고 있다. 나는 동면 중인 흑곰의 혈액에서 추출한 혈청이 실험실 배양 환경에서 인간의 근육 세포에 첨가됐을 때, 그것이 근 위축을 예방할 뿐만 아니라 해당 세포의 질량을 **증가**시킨다는 사실에 매료됐다.

인간은 신체 활동을 하지 않으면 몇 주 내에 근육량이 감소하기 시작해 갖가지 연쇄적인 신체 및 대사 기능 장애를 일으키지만, 동면 중인 곰은 먹거나 마시지 않고도 근육량과 근력을 유지하며 6개월 이상 가만히 있을 수 있다. 여름과 가을에 영양분을 잔뜩 비축한 곰은 근육을 움직이지 않고 겨울을 난다. 이렇게 근육을 사용하지 않는데도, 곰의 혈액 속 무언가는 곰이 병에 걸리지 않게 하고 봄에 깨어날 때를 대비해 근육이 유지되도록 한다.

인간을 위한 곰 혈청은 아직 먼 미래의 이야기지만, 가능한 많이 움직이면 노화로 인한 질병을 예방할 수 **있다**는 사실은 변함이 없다.

아버지는 할아버지가 일찍 돌아가셨을 때 큰 충격을 받으셨다. 그래서 자신도 젊은 나이에 죽게 될까 봐 늘 걱정했다. 그 후 아버지는 그런 운명을 피하려고 매일 복싱, 발차기, 줄넘기, 리프팅 등 근육을 키우기 위한 운동을 하며 건강해지려 노력했다. 내 동료들 사이에서 아버지는 건강한 부모의 전형, 인내와 장수의 본보기다. 어쩌면 77세의 아버지는 강한 근육이 어떻게 나이 들어가는 사람을 건강하고 탄탄하게 유지해줄 수 있는지 그리고 실제 나이보다 15년은 젊어 보이게 할 수 있는지를 보여주는 운동 홍보 대사가 될 수도 있을 것이다.

볼주립대학교의 인간 성능 연구실Human Performance

Laboratory에서 근육과 노화를 연구하는 스콧 트랩Scott Trappe에 따르면 평생 운동을 해온 70대는 수십 년 더 젊은, 활동적인 사람들만큼이나 심혈관 기능이 좋다. 이들의 근육에 있는 호기성 대사에 관여하는 효소는 운동하는 20대의 그것과 같다. 일반적으로 운동하는 사람은 근육 모세혈관이 더 많고, 동맥이 더 유연하고 탄력적이며, 근육에 영양분과 산소를 공급하는 혈액의 흐름이 더 좋다.

물론 우리는 늘 지름길을 찾는다. 운동 중 팔과 다리에 지혈대 같은 밴드나 혈압계 밴드를 사용하는 혈류 제한처럼 새롭게 유행하는 기법은 지구력 운동을 하는 선수와 100세 이상 모두에게 사용되는데, 이는 근육 조직을 회복하고 재건하는 정상적인 과정을 더 빠르게 하기 위해 몸을 속이는 것이다. 일본에서 처음 도입된 혈류 제한은 운동선수들이 훈련량과 시간, 반복성 긴장 장애의 위험을 줄이는 데 도움이 되며, 노년층이 보다 적은 무게로도 근육을 빠르게 키울 수 있게 해준다. 심지어 나사NASA 연구원들은 우주 비행사가 이 기법을 사용해 무중력 상태에서 근육을 만들고 뼈 손실을 줄일 수 있는지 확인하기 위해 우주로 장비를 보내고 있다.

애덤이 말했다.

"저희는 저항력 운동을 하면 노화된 근육에서도 후성유

전학적 특성을 어느 정도까지는 젊은 사람들의 근육과 비슷한 수준으로 되돌릴 수 있다는 사실을 발견했습니다."

늦은 나이에 운동을 시작한 사람이라 해도 근육량과 근력은 눈에 띄게 좋아질 수 있다. 나이를 얼마나 먹었든, 우리 모두에게는 회복할 수 있는 능력이 있다.

일련의 테스트가 모두 끝난 오후, 애덤과 다니엘 그리고 나는 눈밭으로 나가 송스반Sognsvann 호수 주변을 기분 좋게 걷기 시작했다. 차가운 회색빛 겨울 햇살 아래 호수를 따라 몇 마일을 걷는 동안 우리의 발은 뽀드득거리는 소리를 냈고 이리저리 미끄러졌다. 우리는 근육의 유연성이 삶에 대해 무엇을 가르쳐주는지 이야기했다.

"근육은 매일 적응하고 변화하는 몇 안 되는 조직 중 하나죠."

다니엘이 작은 물방울이 맺힌 안경을 통해 나를 바라보며 말했다. 세포 생물학자이자 운동 과학자인 다니엘과 애덤은 근육과 그 탄력적인 슈퍼 파워에 매료된 유쾌한 괴짜들이었다. 이들은 근육이 지닌 놀라운 회복력과 재생력 그리고 훈련을 통해 근육의 크기와 힘, 지구력이 한층 빠르게 향상될 수 있다는 점에 큰 흥미를 느꼈다.

요즘 근육은 젊음의 샘을 좇는 데 큰 관심의 대상이 됐다. 그럴 만도 한 것이, 최근 과학자들은 운동을 반복하면 **근육 자체**의 T 면역세포가 염증을 조절하고, 근육 건강을 유지하며, 지구력을 향상시킨다는 사실을 발견했다. 예를 들어, 더 강한 다리 근육은 심장마비 후 더 나은 회복과 관련이 있다. 악력(손의 근육이 얼마나 강한가)은 심혈관 건강과 장수의 좋은 지표이며, 인지 기능과도 양의 상관관계가 있다. 근육은 또한 포도당 흡수 조절과 같은 기본적인 대사 과정에도 관여하기 때문에 당뇨병 환자에게 운동은 매우 중요하다. 비만인은 이러한 과정을 돕는 근육이 적다.

근육 건강은 전반적인 건강을 정확하게 반영한다. 애덤의 오랜 멘토인 클레어 스튜어트Claire Stewart가 보여주었듯이, 근육 세포는 암과 같은 질병과 관련된 기능 손상의 기억을 때로는 치료 후 수년 동안 간직할 수 있다. 2023년 애덤의 연구팀은 치료 후 10년이 지난 유방암 생존자에게서 채취한 근육이 고령의 근육과 유사한 후성유전학적 특성을 보인다는 사실을 확인했다. 하지만 이 점에 주목하자. 5개월간 유산소 운동 훈련을 한 후, 참가자들은 **자기 근육의 후성유전학적 특성을** 건강한 또래 여성 대조군의 수준에 가깝게 **되돌릴** 수 있었다.

암에서 회복한 후 댄서 에보니 잉그램이 내게 했던 말이 기억난다. '전 그래도 뛰어야 해요.'

스트롱맨과 스트롱우먼, 스포츠 역사학자, 예술가와 해부학자, 과학자와 과학사학자, 점프하는 사람과 서핑하는 사람, 요가 수행자와 러너, 이들 모두와 함께한 시간 동안 내가 배운 것은 움직임, 즉 몸을 쓰는 물리적인 움직임이 근손실을 막는 데 중요하고 기본적인 부분이라는 것이다. 내 근육은 아주 별나지도 않고 터무니없는 가격표처럼 사람들의 눈길을 사로잡지도 않지만, 나는 그 가치를 안다. 스트롱맨처럼 보일 필요는 없다. 여러분도 마찬가지다.

"우리는 모두 몸과 함께 삶을 살아갑니다."

USA 서핑 의료 책임자인 케빈 딘Kevyn Dean이 물리치료 클리닉에서 환자를 살피며 내게 한 말인데, 나는 이 말을 결코 잊지 못할 것 같다. 그는 올림픽 선수든 은퇴한 사람이든 근육과 가동 범위에 대해 똑같이 세심한 주의를 기울인다. 그가 말했다.

"저는 운동선수도 사랑하지만, 높은 선반에서 캔을 집으려는 80대 노인도 사랑하죠."

근육은 우리가 성장하고 회복할 때, 종목을 바꿀 때, 나이를 먹어갈 때, 우리와 함께 적응하고 유연해진다. 케빈이 설명했다.

"누굴 훈련하고 치료하든 근력과 통제력을 기르는 기본

원리는 같아요."

그는 나이가 들어도 근육을 움직이는 일이 끝나는 것이 아니고, 오히려 더 중요해진다고 말했다.

"이런 훈련이 지구력과 장수를 만들어줍니다."

그래서 나는 역기를 든다. 팔굽혀펴기, 줄넘기, 요가 연습을 한다. 근육을 스트레칭하고 마사지한다. 친구와 함께 아침 부트캠프에 참여하고, 수영장을 몇 바퀴 돌고, 트랙에서 인터벌 러닝을 한다. 사는 동안은 몸을 쓰며 살아가려 한다.

지구력

결승선이 가까워졌을 때 필요하다면
몸을 늘이고, 괴로워하고,
얼굴을 찡그린다.

— 마고 제퍼슨Margo Jefferson

14장

우리가 짊어진 것

오늘날 인간이 달릴 때 발휘하는 지구력에 대해 우리가 갖는 인식에 가장 큰 영향을 끼친 사건은 아마도 기원전 490년으로 거슬러 올라갈 것이다. 페르시아 군대가 아테네를 공격하기 위해 아티카Attica 동부의 평원에 상륙한 해였다.

이 넓고 비옥한 평원에는 마라톤이라는 마을이 있었는데, 이는 그리스어로 '회향밭'을 뜻한다. 그리스 작가이자 역사가인 헤로도토스Herodotus는 페르시아 군대의 상륙 소식이 아테네에 전해지자 스파르타로 달려가 도움을 요청한 페이디피데스Pheidippides라는 장거리 전령을 칭송했다. 그는 스파르타에 가기 위해 험준한 산길을 150마일(약 240킬로미터) 넘게 달려야 했다.

헤로도토스에 따르면, 페이디피데스는 이튿날 스파르타에 도착했다. 스파르타군은 제때 전투에 합류하지 못했지만, 그리스 연합군은 마라톤 전투로 알려진 싸움에서 훨씬 더 규모가 큰 페르시아군을 물리치는 데 성공했다. 그 후 아테네군은 다시 도시로 행군해 추가 침공을 성공적으로 막아냈다.

페이디피데스 일화의 한 변형에서는 우리의 영웅이 승전보를 전하기 위해 마라톤에서 아테네까지 달렸다고 전해진다. 이 버전의 이야기는 로버트 브라우닝Robert Browning의 시 〈페이디피데스〉에 영감을 주었다("그리하여, 페르시아가 먼지가 됐을 때, 모두가 외쳤다. '아크로폴리스로! 달려라, 페이디피데스여, 한 번 더 달려라!'"). 그리고 이 시는 다시 우리의 오랜 친구인 피에르 드 쿠베르탱 남작이 1896년 첫 근대 올림픽에 마라톤 경기를 도입하는 데 영감을 주었다. 그래서 초창기의 마라톤 대회는 마라톤과 아테네 사이의 대략적인 거리를 기준으로 25마일(약 40킬로미터) 정도에서 다양하게 진행됐다. 42.195킬로미터를 뛰는 마라톤은 1908년 런던 올림픽에서 처음 도입된 후 곧 표준 종목이 됐다.

이 버전의 이야기에는 페이디피데스가 승리를 알리고 죽는 장면도 있다("피 속의 기쁨이 심장을 터뜨리며, 그는 죽었다– 더없이 행복했다!"). 헤로도토스의 원전을 근거로 역사학자들은 이 가외의 사건이 실제로 일어났을 가능성은 적다고 생각하지만, 중요한 점은 이것이다. 그는 마지막 순간까지 최선을 다했다.

2,500년의 세월과 수십억 켤레의 나이키 운동화를 거쳐, 우리는 **마라톤**이라는 단어를 광범위하게 거의 모든 긴 여정이나 시련을 설명하는 데 사용하게 됐다. 심지어 그 단어 전체를 쓰지 않아도 그것의 더 넓은 의미를 떠올릴 수 있다. 다시 말해, 접미사 '-athon'만으로도 오랜 시간 이어지는 활동이라는 뜻을 전달하기에 충분하다. 예를 들면, 달리기 이외의 스포츠인 스위머톤swimathon(마라톤 수영), 바이커톤bikeathon(마라톤 자전거), 완전히 앉아서 하는 활동인 리더톤readathon(독서 마라톤), 토커톤talkathon(긴 연설)이 그것이다. 마라톤은 지구력 그 자체를 상징한다.

마라톤은 오늘날에 이르기까지는 많은 우여곡절이 있었다. 하지만 처음부터 지금까지 변함없는 것은 마라톤이 지칠 줄 모르는 결의의 시험이라는 생각 그리고 그 노력에는 어느 정도의 고귀한 몸부림과 고통이 내재해 있다는 생각이다.

인체의 구조와 생리는 여러 면에서 인체가 부상 없이 멀리, 오래, 효율적으로 달리기 위해 진화해왔음을 반영한다.

많은 사람이 우리 종種이 어떻게 시작되고 진화해왔는지에 대한 대략적인 이야기에 익숙하다. 그러니까, 평탄한 지형에서 살아가는 데 적응하고, 장거리를 이동하며 수렵·채집과 끈질긴 추격 사냥을 하던 인류의 조상으로부터 우리가 어떻게 생겨났는지, 또 어떻게 한낮의 더위 속에서도 먹잇감이 지쳐 쓰러질 때까지 쫓는 데 탁월하게 됐는지를 말이다. 이러한 추격에 도움이 된 적응 형태가 있다. 바로 과열을 방지하는 다수의 땀샘, 효율적인 추진력과 유연성을 위한 짧은 발가락, 세로로 길고 발바닥이 아치형인 발, 길쭉한 아킬레스건, 피로에 강한 지근 섬유의 높은 비율이다.

크리스토퍼 맥두걸Christopher McDougall이《본 투 런》(2016, 여름언덕)에서 썼듯이, 인체는 신체적 요구에 빠르게 반응해 심박수부터 미토콘드리아 활동, 적혈구 수까지 모든 것을 급격히 끌어올려 에너지를 필요한 곳, 즉 근육에 전달할 수 있다. 심장은 다리에 영양분과 산소를 꾸준히 공급하며, 운동 중에는 골격근으로 가는 혈류량이 안정 상태에서보다 **최대 100배까지** 증가할 수 있다. 오래 달릴 때 중요한 것은 페이스 조절이다. 적당한 속도와 강도로 달리면 지방이 에너지원으로 사용되어 근육 조직이 보존되고, 글리코겐 고갈이 늦춰지며 피로도 더디게 찾아온다. 마라톤 초반에 전력을 다해 질주하면 일찌감치 체력이 바닥날 것이다. 반대로 너무 오래 밀어붙이면 근육 자체가 연료로 소모되기 시작한다. 에너지를 아끼기 위해 달리기와 걷기를 병행하는 방식은 끈질긴 사냥에서도, 현대의 울트라 마라톤에서도 흔히 발견된다. 장기적으로 보면 우리 몸은 지속적인 요구(혹은 그러한 요구가 없는 상태)에 맞춰 스스로를 재구성할 수 있다. 근육은 조건만 갖춰진다면 계속해서 기능할 수 있는 뛰어난 능력이 있다.

지구력이 인류 진화에 필수적이었다면, 특히 중심적인 역할을 한 근육이 하나 있다.

대둔근은 인체에서 가장 큰 근육으로, 이렇게 큰 대둔근을 가진 동물은 지구상에서 현대인이 유일하다. 과학 작가 헤더 라드케Heather Radke는 "사바나에서 살아남으려면 큰 둔근이 필수였다"라고 말했다. 둔근은 걷는 동안에는 이완되어 있다가 달릴 때 활성화되어 조여지는 인간 특유의 근육이다.

하버드대학교 인류학자이자 진화생물학자인 다니엘 리버만Daniel Lieberman은 생체역학적으로 볼 때 달리기는 일종의 통제된 낙하라고 설명한다. 둔근은 다리를 뻗을 수 있게 하고, 착지 시 몸을 안정시켜 부상 없이 오랫동안 꾸준히 달릴 수 있게 해주는 중요한 근육이다.

적어도 한 과학자는 대둔근을 '다기능 스위스 군용 칼'이라고 불러왔다. 대둔근은 장거리 달리기를 효율적으로 할 수 있게 해줄 뿐만 아니라, 들어올리기, 쪼그려 앉기, 오르기, 던지기, 점프 등 생존에 필수적인 다른 움직임들을 수행하는 데도 도움을 주기 때문이다.

대둔근이 이제는 아마도 추진의 엔진으로서가 아니라 앉는 데 더 많이 쓰이는 시대에, 장거리 달리기는 더욱 깊은 울림을 준다. 이 행위는 고통과 피로를 마주한 상황에서도 계속 나아가는 육체적 지구력과 정신적 강인함을 시험한다.

인간 수행 능력의 한계에 대해 광범위하게 글을 써온 스포츠 저널리스트 알렉스 허친슨Alex Hutchinson은 "지속하려는 의지는 어느 한 생리적 변수와도 확실하게 연결 지을 수 없다"라고 지적한다. 정신 역시 매우 중요한 역할을 한다.

장시간 운동의 후반부에 접어들면 근육과 간에 저장된 글리코겐이 고갈되고 혈당 수치가 떨어진다. 이때 뇌와 근육은 연료 탱크가 비었다는 신호를 감지하며 '봉크bonk' 상태에 들어간다. 몸은 에너지를 얻기 위해 근육을 분해하기 시작하고, 근육의 아미노산을 포도당으로 전환한다. 이때 멈출 것인가, 계속할 것인가를 선택해야 하는 순간이 다가온다. 멈추라는 모든 신호에도 불구하고 계속 나아가기로 선택하는 것이 이 노력의 핵심이다. 그렇다면 우리는 왜 달리는 걸까?

리버만과 인류학자 연구팀이 최근 인간과 장거리 달리기에 관한 논문에서 설명한 것처럼 목적이 있는 달리기는 중요하다. 멕시코 북서부의 타라후마라족Tarahumara(라라무리Rarámuri족이라고도 함)과 같은 원주민 사회에서 장거리 달리기는 기도의 한 형태이며 공동체 내와 공동체 사이에서 사회적 유대를 형성하는 수단이다. 이러한 의미는 팀 단위로 벌이는 경주는 물론 사냥, 춤이나 농사처럼 지구력이 필요한 다른 신체 활동에도 적용된다.

인간은 지극히 사회적인 동물이다. 달리기에는 실용적, 사회적, 정신적 이유가 있으며, 연구자들은 이러한 요소들이 전 세계 주요 마라톤에서 공통으로 발견된다고 말한다.

내가 여기에서 말하고자 하는 것은 단순히 칼로리 소모나 연료 보충 전략, 근육이 완전히 지쳤을 때 그 안에서 벌어지는 일에 관한 것이 아니다. 나를 가장 감동하게 하는 것은 사람을 계속 앞으로 나아갈 수 있게 하는, 말로 표현하기 힘든 어떤 힘이다.

마라톤에 도전하는 것(혹은 페이디피데스가 약 240킬로미터 이상 달렸을 수도 있다는 점에서 울트라 마라톤에 도전하는 것)은 단순히 근육과 신체적 능력으로 먼 거리를 달리는 일이 아

니다. 이는 중요한 것을 향한 변함없는 헌신의 상징이기도
하다.

15장

기억하기 위해 달리기

별이 빛나는 서늘한 저녁, 나는 쿠 스티븐스Ku Stevens가 달리는 것을 지켜보았다. 여유로운 자세와 편안한 팔, 흐릿할 정도로 빠르게 움직이는 망아지 같은 다리, 번쩍이는 핫핑크색 러닝화가 눈에 들어왔다. 남자 1만 미터 경기 초반, 그는 다리가 스물네 개인 하나의 날렵한 유기체처럼 보이는 무리에 끼어 오레곤대학교의 유서 깊은 헤이워드 필드Hayward Field 주변을 돌고 있었다.

이곳은 유진Eugene, 일명 트랙타운Tracktown USA로 불리는 곳으로, 장거리 달리기의 전설 스티브 프리폰테인Steve Prefontaine을 비롯한 육상 스타들의 고향 같은 곳이다. 프리폰테인은 빌 바우어만Bill Bowerman 코치 밑에서 달렸고, 빌 바우어만은 오레곤대학교 졸업생 필 나이트Phil

Knight와 나이키를 공동 창업했다(공항에서 만난 택시 기사는 75세의 은퇴한 은행원이자 열렬한 육상 팬이었는데, 유진에서 태어나 오레곤대학교를 다녔고 프리폰테인과 함께 여러 경기에 출전한 적도 있다고 자랑했다).

경기장은 최근 새롭게 단장해 최신식 육상 시설을 갖추고 있었다. 짙은 주황색 트랙 바로 아래층에는 지하 트랙이 하나 더 마련되어 있어 날씨가 좋지 않을 때도 훈련과 경기를 계속할 수 있었다. 몇 달 전 헤이워드 필드는 세계 육상 선수권대회를 개최했는데, 이 대회가 미국에서 열린 것은 이번이 처음이었다. 이제 이곳에서 NCAA 봄철 야외 육상 대회의 개막전이 열리고 있었다. 쿠는 마르고 다리가 긴 19세의 신입생으로, 자신이 꿈꾸던 팀인 오레곤 덕스 Oregon Ducks에서 뛰고 있었다.

그는 늘 다리가 빨랐다. 나는 쿠의 부모님인 미스티Misty 와 델마 스티븐스Delmar Stevens와 함께 관중석에 앉아 있었다. 델마는 아들이 아직 어릴 때, 아들을 유모차에 태워 달리러 나가곤 했다고 말했다. 쿠는 델마가 유모차를 미는 동안 빨대 컵을 들고 앉아 있었다. 주목할 점은 쿠가 자주 유모차에서 내렸다는 것이다.

쿠는 네 살 때 처음으로 도전한 0.5마일(약 0.8킬로미터) 징글벨 달리기 대회Jingle Bell Run에서 우승했다(델마가 말하길, "아이는 처음부터 끝까지 전속력으로 달렸죠. 팔을 힘차게 흔들면서요."). 여덟 살 때는 처음으로 5킬로미터 경주에서 우승했다. 그리고 중학교 2학년 시즌 마지막 대회에서는 처음으로 1마일(약 1.6킬로미터)을 5분 안에 주파했다.

빠른 다리는 자유를 의미했고, 재미를 의미했으며, 그가 상상할 수 없었던 많은 것을 의미했다. 고등학교 졸업반 가을, 쿠는 네바다주 예링턴Yerington에 있는 작은 시골 학교의 단 한 명으로 구성된 크로스컨트리 팀으로 출전해 주 챔피언이 됐다. 네바다 전체 고등학생 중 가장 빠른 크로스컨트리 주자가 된 것이다.

오레곤대학교에는 경이로운 달리기 선수들이 많이 있었다. 하지만 쿠 같은 선수는 없었다. 쿠는 아직 어리지만, 그의 달리기에는 수많은 삶이 담겨 있다. 그에게 다리가 빠르다는 것은 단지 트랙을 빨리 도는 것만을 뜻하지 않는다.

쿠의 대학 기숙사 방 벽에는 그가 2022년에 3,200미터 기록을 깰 때 신었던 주황색과 흰색이 섞인 운동화가 걸려 있다. 각 신발의 나이키 로고에는 문구가 적혀 있는데, 한 짝에는 '나의 가족을 위해'라는 말이 적혀 있고, 다른 한 짝에는 증조할아버지의 이름인 프랭크 '토고' 퀸Frank 'Togo' Quinn이 적혀 있다.

프랭크 퀸이 스튜어트 인디언 학교에서 처음 도망쳐 나왔을 때, 그는 겨우 여덟 살이었다.

이 기숙학교는 네바다주 카슨 시티Carson City 외곽에 자리 잡고 있었는데, 그의 집이 있는 예링턴 파이우트Yerington Paiute 보호구역과는 약 50마일(약 80킬로미터)에 이르는 광활한 사막을 사이에 두고 있었다. 스튜어트 인디언 학교는 19세기와 20세기에 연방 정부가 운영한 400여 개의 원주민 기숙학교 중 하나로, 강제 동화 정책 아래에 운영됐다.

실질적으로 이는 프랭크와 같은 어린아이들이 자신의 의지에 반해 가족과 헤어지게 됐음을 의미했다. 아이들은 모국어를 사용하면 벌을 받았고, 머리를 짧게 잘라야 했으며, 기독교로 개종해야 했다. 기숙학교에서는 학대가 만연했다. 많은 어린이가 목숨을 잃었고, 여러 곳에서 묘지가 발견됐다. 캐나다에도 비슷한 학교가 있었다. 2021년 브리티시컬럼비아주 캠룹스 인디언 기숙학교 부지에서 200명이 넘는 아이들의 유해가 발견된 사건은 원주민 사회 전체에 대대로 이어져 내려오는 트라우마를 고통스럽게 상기시켰다.

어렸지만, 프랭크 퀸은 저항했다. 1910년대에 그는 학교에서 탈출한 후 50마일을 달려 가족이 있는 곳으로 돌아갔다. 험난한 사막 지대에서 그를 인도하는 것은 오직 기억뿐이었다. 그는 집에 가고 싶었다. 그의 다리가 그를 집으로 이끌었다.

곧 연방 요원들이 나타나 프랭크를 학교로 다시 데리고 갔다. 하지만 그는 두 번 더 학교를 빠져나가 두 번 더 그 길을 달렸다. 결국 학교 당국은 그를 포기하고 놔주었다.

쿠 스티븐스는 프랭크 퀸이 목장주, 자주개자리(콩과의 식물-옮긴이) 농부, 광부, 존경받는 부족 원로로 여생을 보낸 곳에서 약 400미터 떨어진 곳에서 자랐다. 육상과 크로스 컨트리 유망주로 주목받던 10대 시절, 그는 한때 증조할아버지가 죽기 살기로 달렸던 바로 그 고지대 사막 언덕에서 훈련했다.

델마 스티븐스는 할아버지를 스튜어트 인디언 학교에서 겪은 일을 절대 입에 담지 않는 조용하고 온화한 분으로 기억한다. 그는 할아버지의 탈출 이야기(한 번, 두 번, 세 번 가족에게 돌아가겠다는 의지가 강력한 귀향 신호처럼 그를 이끌었던 이야기)를 어머니에게서 전해 들었다. 델마는 쿠가 프랭크가 집으로 도망쳤을 때와 같은 나이인 여덟 살이 됐을 때, 그에게 그 이야기를 들려주었다.

"정말 어렸죠."

지금은 대학생이 된 아들이 트랙을 도는 모습을 지켜보며 델마가 말했다.

"하지만 쿠는 할아버지가 세 번이나 학교에서 도망쳐 나왔을 때의 그 나이였어요. 할아버지는 자유롭게 살고, 존재하고, 인간으로서 학살에 굴복하지 않으려는 마음을 가진 사람이었다고 아이에게 말해주었죠. 저희는 원주민으로서 쿠에게 어떤 것도 숨기지 않았어요. 쿠는 태어나기도 전부터 파이우트족의 전통과 문화 속에 깊이 몸담고 살아왔습니다."

2021년 봄, 쿠는 부모님께 전국을 횡단하고 싶다고 말했다.

"쿠는 경쟁심이 아주 강해요."

미스티가 웃으면서 말했다.

"아이는 특정 시간 내에 그 일을 해낸 18세 소년이 있다는 것을 알고 있었는데, 자신도 적절한 방식으로 페이스를 유지하면 18세 미만으로서 새로운 기록을 세울 수 있다고 생각했죠. 그래서 제가 그랬어요. '음, 그렇다면 게토레이가 얼마나 필요한 거냐?' 주자를 따라다니는 차량과 지원 인력도 필요했는데, 저흰 그럴 만한 돈이 없었죠. 그래서 '규모를 좀 줄여보자'라고 했어요. 그러다 '네바다주를 횡단하는 건 어떨까?' 하는 생각이 들었고, 그다음에는 '토고가 그랬듯이 기숙학교가 있던 곳에서 집까지 달리는 건 어떨까?' 하는 생각이 들었죠."

토고는 파이우트족 언어로 '외할아버지'를 뜻하는데, 미스티의 설명에 따르면 프랭크는 직접적인 친척 관계가 아니어도 모든 사람에게 그렇게 불렸으며, 이는 그에 대한 존경의 표현이기도 했다.

스티븐스 부부는 스튜어트 인디언 기숙학교가 있던 곳을 방문하기 위해 카슨 시티로 차를 몰고 갔다. 델마는 '실제 스튜어트의 모습을 확인하고 싶어서'였다고 설명했다. 당시 스튜어트는 박물관이 되어 있었지만, 그들이 도착했을 때는 이미 문을 닫은 상태였고, 밤이 깊어가고 있었다.

세 사람은 어둠 속에서 비포장도로를 뛰어다니며 이 길을 달리면 어떨까 가늠해보았다. 그때 미스티가 휴대폰으로 무언가를 읽기 시작했다. 마침 캠롭스 기숙학교가 있던 곳에서 드러난 참혹한 진실에 대한 뉴스가 세상에 속속 전해지고 있었다. 미스티가 말했다.

"우리 세 사람은 서로를 바라보며 말했어요. '좋아, 해보는 거야.'"

그해 여름, 쿠는 증조할아버지와 기숙학교에서 살아남은 많은 아이를 기리고, 집으로 돌아오지 못한 아이들을 기억하기 위해 스튜어트에서 집까지 50마일(약 80킬로미터)에 이르는 길을 달렸다. 100명이 넘는 사람들이 그와 함께 뛰거나 걸었다. 미스티와 델마는 스튜어트 인디언 문화 센터 및 박물관Stewart Indian Cultural Center and Museum의 자원 봉사자와 진행 요원들과 함께 이들 모두를 지원할 실무적 준비를 함께했다. 미스티는 후미 차량을 운전하며 아무도 뒤처지지 않도록 마지막까지 확인하는 역할도 했다. 쿠가 사막으로 출발하기 전에 참가자들에게 말했다.

"이것은 시위가 아니라, 추모입니다."

그들은 이를 추모 달리기Remembrance Run로 불렀다. 〈뉴욕 타임스〉와의 인터뷰에서 쿠는 이렇게 말했다.

"저는 달릴 때, 저의 역사, 특히 프랭크 퀸과 함께 달립니다."

증조할아버지의 발자취를 따라가는 이런 달리기는 의도적인 풍경 속 새김과 같았다. 육상 대회 다음 날, 쿠와 나는 그가 즐겨 찾는 캠퍼스 밖 카페에서 아침 식사를 함께하며 그 달리기가 마치 상처의 흔적을 되짚는 행위 같기도 하다는 이야기를 했다. 상처를 입었을 때의 통증은 날카롭고, 극심하고, 강렬하다. 도저히 나아질 것 같지 않은 기분이 든다. 하지만 시간이 흐를수록 그 경험은 무뎌져 잔잔한 아픔으로 남는다. 치유와 희망이 될 수 있는 무언가에 대한 기억이 된다. 쿠는 다른 사람들에게 함께 뛸 것을 부탁하면서 그들이 눈으로 보고 몸으로 느낄 수 있길 바랐다. 그 상처가 새로운 무언가가 될 수 있기를 바랐다. 달리기는 물론 추모를 위한 것이었지만, 회복을 위한 것이기도 했다.

"저는 제가 왜 달리는지에 대해 진지하게 생각했을 때 최고의 레이스를 펼쳤어요."

쿠가 말했다.

"저는 마음으로 달립니다. 달리기는 육체적인 것이지만, 영적인 것이기도 해요. 저는 제 가족을 위해, 그들의 힘과 회복력을 위해 달립니다. 한 걸음, 한 걸음이 기도예요. 그걸 기억하려고 노력하죠."

페이디피데스처럼, 쿠는 달리기를 통해 메시지를 전한다.

트랙에서 달리는 쿠를 지켜보던 때와 비슷한 시기에 나는 오리건주의 또 다른 지역, 포틀랜드 위쪽의 우거진 공원지대에 있는 친구를 방문했다. 그리고 그곳에서 이끼 낀 거목들 사이로 난 길을 따라 달리기 시작했다. 눈으로 덮인 길을 정신없이 내달리며 넘어지지 않으려고 애썼다.

순간적인 편안함과 흐르는 듯한 기분을 얼핏 느낄 수 있는 때도 있긴 했지만, 달리기는 내게 결코 쉬웠던 적이 없었다. 나는 늘 수영을 선호했다. 수영은 물이 그 결과(열과 땀)를 흡수해 몸에 가해지는 충격이 작기 때문이다. 어린 시절 내게 달리기는 한 가지 방식밖에 없었다. 바로 있는 힘을 다해 달리기. 지금도 또렷이 기억에 남는 것은 저녁 식사 후 가족 달리기를 한다고 교외 거리를 내달리던 아버지와 오빠를 쫓아갈 때의 그 타는 듯한 폐와 다리, 노면을 내리치던 발이다. 매년 체육 시간에 대통령 체력 검사Presidential Physical Fitness Test의 하나로 치러졌던 1마일(약 1.6킬로미터) 달리기도 쉽지 않았다. 나는 얼굴이 화끈거리고 속이 울렁거려 결승선에서 거의 쓰러질 뻔했다.

여전히 철인 3종 경기 중 가장 두려운 종목은 달리기다. 달리기가 수영과 사이클에 이어 마지막 순서라는 것도 별 도움은 되지 않는다. 요즘은 다른 운동을 할 수 없을 때 최후의 수단으로 달리기를 하는 편인데, 도로 위를 몇 마일쯤 달리면 왼쪽 무릎의 십자인대 수술 부위가 영락없이 불평을 시작하고, 곧이어 오른쪽 대퇴사두근의 팽팽한 바깥쪽 장경인대iliotibial band도 뒤질세라 자기 할 말을 한다.

그래도 그곳 숲속에는 그냥 지나칠 수 없는 것들이 있었다. 이끼로 뒤덮여 소리가 거의 나지 않는 부드럽고 촉촉한 나무줄기에 딱따구리가 쿵쿵하고 찧어 내는 둔탁한 소리. 숲을 따라 굽이치는 길 위로 내리쬐는 햇살.

숲속을 걸으면서 나는 어느덧 내 몸에 집중하게 됐다. 흙길이라 무릎에 부담이 덜했다. 스코틀랜드의 시인이자 산악인이었던 낸 셰퍼드Nan Shepherd가 "지속되는 움직임의 긴 리듬"에 대해 썼던 글이 떠올랐다. 그녀는 자연 속을 걷는 일은 가장 고양된 방식으로 몸을 경험하는 것이라고 했다.

"몸은 무시할 만한 것이 아니라 가장 중요한 것이다. 육체는 소멸하는 것이 아니라 채워지는 것이다. 우리는 실체 없는 존재가 아니라 온전히 몸으로 존재한다."

뿌리가 얽혀 있는 기복이 있는 길은 천천히 달려야 했는데, 이는 더 오래 달릴 수 있음을 뜻했다. 나는 심장의 고동, 팔의 흔들림, 눈 속에서 뽀드득 소리를 내는 발의 감각에 집중했다. 이러한 자각은 하늘을 향해 뻗은 나무의 팔을 바라보는 나의 시선과도 깊이 얽혔다. 나는 달려야 할 이유가 있음을 느꼈다. 내가 듣는 눈 밟는 소리, 내가 남기는 발자국, 그것들은 덧없는 기록이자, 대지 위에 쏟아낸 노력의 흔적이었다.

다른 누군가가 갔던 길을 실제로 걷는다는 것은 생각보다 훨씬 의미 있는 일이다. 신체적 움직임은 더 잘 배우고 더 잘 기억하는 데 도움이 된다(많은 과학 논문이 뇌와 신체 간 상호작용에서의 이러한 상관관계를 보여준다). 몸을 움직이는 것과 그에 대한 반응은 우리가 정보를 얼마나 잘 흡수하고 처리하는지에 직접적인 영향을 줄 수 있다.

인지 과학자 시안 베일록Sian Beilock은 신체가 학습 과정에서 중요한 역할을 한다고 썼다.

"fMRI 스캔을 통한 연구 결과에 따르면, 운동 피질 내 유사한 영역이 발을 움직이는 것과 '차다'라는 단어를 이해하는 데 관여합니다."

그녀가 설명했다.

"읽는 뇌와 행동하는 뇌를 따로 보기는 어려워요."

손으로 글을 쓰는 행위는 키보드를 두드리는 행위와는 다른 방식으로 학습을 돕는다. 손의 물리적 움직임, 단어를 따라 쓰고 자기 것으로 만드는 과정은 개념을 기억에 새기는 것과 깊은 관련이 있다.

운동은 특히 도파민, 세로토닌, 노르아드레날린과 같은 신경전달물질의 분비를 촉진해 즉각적으로 집중력을 높인다. 해마와 같이 언어 기억과 학습에 관여하는 뇌 부분은 유산소 운동을 하면 더욱 커진다. 뇌의 상당 부분이 움직임을 담당하며, 최근 연구에 따르면 우리가 어떤 일에 쏟는 노력과 그로부터 얻는 보상 사이에는 연관성이 있다.

노르웨이에 있는 국립 읽기 교육 및 연구 센터National Center for Reading Education and Research에서 체화된 인지와 문해력을 연구하는 교수인 아네 망엔Anne Mangen은 "우리 몸은 우리를 둘러싼 세상과 상호작용 하도록 설계됐기 때문에" 움직일 때 가장 잘 배울 수 있다고 말한다.

몸의 움직임은 우리 뇌에 독특한 방식으로 각인되며, 새로운 연결과 가능성을 흔들어 깨우기도 한다. 언젠가 작가 토미 오렌지Tommy Orange는 내게 이야기를 구상할 때 몸을 움직여야만 하게 됐다고 말한 적이 있다.

"달릴 때 아이디어가 떠오르더군요. 다른 방법으로는 접근할 수 없는 제 안의 어떤 부분에서요."

나는 쿠르디스탄Kurdistan(쿠르드족이 사는 지역이라는 뜻으로, 튀르키예, 시리아, 이란, 이라크에 걸친 산악 지대를 이르는 말-옮긴이)에 최초의 장거리 하이킹 코스를 만들고 있는 로인 모하마드Lawin Mohammad라는 사람에 관한 기사를 읽다가, 길을 찾는 것은 온몸으로 하는 행위라는 그의 말에 깊은 인상을 받았다.

"저는 이 길 저 길을 걷는데, 근육에 통증이 느껴지면 뭔가 잘못된 겁니다. 가끔은 이가 아플 때도 있어요."

풍경을 따라 걷는 길에는 흐름과 이야기가 있다. 좋은 길은 오르막과 내리막을 따라 걷게 하며 멋진 풍경으로 우리를 이끈다. 때로 길은 즐거움이 아니라 다른 목적을 위해 계획되기도 한다. 모하마드가 설명했다.

"결국, 중요한 것은 길이 왜 여기에 있는가 하는 질문이에요. 왜 여기인가? 왜 이쪽인가? 근육은 길이 존재하는 이유를 알고 있습니다."

사막을 지나 산을 넘고 거친 지형과 야생을 가로지르는 험난한 길은 사람들에게 쉽게 잊을 수 없는 이야기를 전한다. 특히 그들이 함께 그 길을 달리고 여정을 함께했기에 그렇다. 자세히 보라. 이 그늘진 골짜기에는 개울이 흐르고, 저 너머엔 월귤나무 무리가 있다. 여덟 살짜리 소년이 위험을 피해 이 길로 왔다. 이 길이 힘들게 느껴진다면, 그것은 **정말로** 힘들었기 때문이다.

16장

진정한 투지

신체적인 것이든 다른 것이든, 인내심 테스트를 생각하면 결국 **버티다**, **저항하다**, **싸우다**와 같은 단어들이 떠오른다. 근육은 공격적인 특성, 즉 폭력을 가할 수 있는 능력이 있다.

여기에 실화가 있다. 아버지는 가끔 혼자 뉴욕 거리를 걷다 곤경에 처하시곤 했다. 강도 미수 사건도 있었고, 길거리에서 생각지도 못한 사람이 인종차별적 발언을 퍼부으며 다가와 위협한 적도 있었다. 아버지는 이러한 위협에 주먹으로 대응하셨다. 늦은 밤 어머니가 차에 우리를 태우고 롱아일랜드 마을의 기차역에 아버지를 데리러 갈 때면 아버지는 피로 얼룩진 주먹을 쥐고서 할 이야기가 가득한 모습으로 어둠 속에서 나타나셨다.

나는 1990년대 후반 어느 순간 끝이 난 이러한 일들에 대한 기억을 '우리 아빠가 했던 미친 짓들'이라는 이름으로 분류해두곤 했다. 그런데 요즘은 그 기억들을 그렇게 분류하는 것이 맞는 건지 잘 모르겠다는 생각이 든다. 요즘 들어 부쩍 나 역시 자세나 방어 동작, 눈과 급소를 찌르는 기술을 점검하게 됐기 때문이다. 늦은 밤 뉴욕이나 샌프란시스코에서 혼자 걸을 때면 그런 생각들을 하게 된다.

아버지가 자신과 우리를 그렇게 엄격히 훈련한 것은 언젠가는 우리 몸이 우리를 대신해 말해야 할지도 모른다는 생각 때문이 아니었을까 싶다.

근육('muscle'에는 '깡패, 폭력배, 보디가드'라는 뜻도 있다-옮긴이)이라는 말은 영화 속 마피아 두목들이 만나는 동안 보초를 서는 우람한 체격의 보디가드들을 떠올리게 한다. 나무 몸통만큼 두꺼운 목, 책장만큼 넓은 어깨, 이것이 자기 몸을 앞에 세우는 대가로 돈을 받는 이들의 모습이다. 이른바 '보디맨'들. 어쩌면 좀 더 세련된 외양(선글라스, 정장, 짧게 깎은 머리 등)의 비밀 경호원이 떠오를지도 모르겠다. 매우 중요한 사람들의 안전과 온전함을 지키기 위해 선발된 사람들 말이다.

뉴욕으로 이민 오기 전에 아버지는 홍콩에서 이소룡이 다녔던 것과 같은 고등학교에 다니셨다. 이소룡은 홍콩에서 아역 스타로 활동하다가 1973년 영화 〈용쟁호투〉로 절정에 이른 일련의 무술 영화로 미국에서 돌풍을 일으켰다. 이소룡처럼 아버지도 다양한 무술을 수련했다. 한때 논란의 여지가 있었지만, 이러한 수련 방식의 혼합은 오늘날 종합격투기의 기반이 된 것으로 평가된다.

나는 내 몸을 지키는 데 근육을 써야 할 거라곤 한 번도 생각한 적이 없었기 때문에 그런 종류의 근육은 나와 관련이 없다고 느꼈다. 아버지는 우리를 작은 닌자로 만들고 싶어 하셨지만 나와 오빠는 원래부터 평화를 선호했고 지금도 그렇다. 학교에서 백인 아이들이 우리의 동양인 얼굴을 보고서 가라데를 할 줄 아느냐고 물으면 우린 이렇게 대답하곤 했다.

"조금? 우리 아빠한테 물어봐."

하지만 우리는 이소룡이 나오는 영화와 성룡, 홍금보, 양자경과 같은 액션 스타들이 어안이 벙벙해질 정도의 스턴트를 선보이는 1980년대와 90년대의 홍콩 무술 영화를 집에서 반복해 보기를 좋아했다. 우리가 가장 좋아했던 부분은 영화 끄트머리에 나오는 NG 장면들이었다. 앞서 우리가 감탄하며 보았던 초인적인 점프, 낙하, 싸움 장면들이 완벽을 추구하다가 툭하면 다치는 실제 사람의 몸을 통해 연출됐다는 사실이 드러나는 순간이었다. 우리는 몇 번이고 테이프를 되감았다. 그 실수의 순간들 속에서 피와 살을 가진 우리의 영웅들이 받는 충격은 너무나도 생생해서 마치 우리 몸이 다 움찔거리고 쑤시는 듯했다.

어쩌면 나는 스스로에게 거짓말을 하고 있는지도 모른다. 잘 생각해보면 나 역시 길거리에서 크게 분노한 적이 있다. 어느 늦은 밤 내가 영어도 못하는 겁쟁이 이민자라 생각하고 나를 인도에서 힘껏 밀친 10대 소녀 무리에게, 비싼 양복이 자신을 보호해주리라고 믿고 대낮에 지나가며 내 귀에 성적으로 모욕적인 말을 속삭인 사업가에게, 나와 내 친구에게 "오래 사랑해줄게!"라고 외치는 것이 재미있다고 생각한 술집 밖의 남자들에게 말이다. 이런 순간에는 나도 소리쳐 맞받아친다. 심장이 쿵쾅거리고, 아주 작은 근육들이 목덜미의 털을 곤두세우면서 나는 실제보다 더 커지고, 싸움으로 번질 만큼 격한 분노를 느낀다. 이럴 때는 무슨 일이 벌어질 수 있을지 생각하지 않는다.

이와 대조적인 모습의 카림 압둘 자바Kareem Abdul-Jabbar가 생각난다. 어느 새벽, 그가 어디 먼 곳에서 들어와 경유지인 LA 국제공항을 느릿하게 걸어가는 모습을 본 적이 있다. 공항 터미널은 조용하고 어두웠는데, 선글라스를 끼고 키가 218센티미터에 달하는 우아한 기린이 내 쪽으로 걸어오고 있었다. 그는 눈에 띄지 않을 수가 없는 사람이었지만, 가장 인상적이었던 것은 그가 풍기던 차분한 분위기였다.

압둘 자바는 이소룡과 함께 수련하며 오랫동안 무술을 익혔다. 그는 이소룡과의 우정과 이소룡을 통해 쌓은 신체적, 정신적 수양이 어떻게 그가 NBA에서 20년 동안 거의 부상을 입지 않고 뛸 수 있었던 토대가 됐는지에 대해 썼다.

그는 이소룡이 공공장소에서 자신에게 공격적인 사람들을 대할 때 보여준 변함없는 품위를 기억한다. 두 사람이 함께 시간을 보내고 있을 때면 자주 누군가 다가와 큰소리로 이소룡에게 싸움을 걸어왔다. 압둘 자바에 따르면, "그는 늘 정중하게 제안을 거절하고 넘어갔다. 이소룡 파이트 클럽의 첫 번째 규칙은 다른 선택지가 없는 한 싸우지 않는 것이었다. 그는 자신을 증명할 필요가 없다고 느꼈으며, 자신이 누구인지, 진짜 싸움은 매트 위에서 벌어지는 것이 아님을 알고 있었다."

지난 몇 년 동안 많은 미국인이 소속감의 불안정성에 충격을 받았다. 전국적으로 살인, 산 테러, 노인 폭행, 공개적 괴롭힘 등 반反아시아 혐오 범죄가 급증했다. 한 친구는 내게 "후추 스프레이를 준비해"라고 말했다. 그러곤 "차이나타운에서 개인 경보기를 나눠주고 있어"라고 덧붙였다. 어머니는 기차 플랫폼 가장자리에 너무 가까이 서 있지 말라고 주의를 주셨다.

"벽에 등을 대고 서 있어."

물론 실제로 싸우는 것과 싸울 준비가 된 상태는 다르다. 압둘 자바는 신체적으로 도발하거나 해를 끼치려는 사람 앞에서 침착함을 유지해야 한다고 말한다. 단련한 근육을 사용하지 않는 것은 그것을 무기로 쓰는 것만큼 큰 억제력이 필요한 일이다. 어쩌면 그 이상이 필요할 수도 있다. 상대를 진정으로 이기기 위해서는 절제가 필요하다. 상대방의 한계점을 넘어 자기 자신에 대한 감각을 유지해야 한다.

인내한다는 것의 의미를 계속 쫓고 있는 지금도 나는 그 최고의 형태가 집단적 인내와 관련이 있다고 믿는다. 목적이 있는 달리기는 폭력 없이 저항을 보여줄 수 있다. 이것이 당신을 해치려는 사람들을 이기는 방법이다. 함께 고난을 겪으면 그 고통의 성격도 달라진다. 그 고난은 더는 당신의 것도, 내 것도 아닌 우리의 것이 된다.

17장

그 거리를 달리다

다음에 내가 쿠 스티븐스가 뛰는 것을 보았을 때는 무더운 늦여름, 일몰 직전의 네바다 사막에서였다. 세 번째이자 마지막 추모 달리기를 하루 앞둔 오후, 예링턴 파이우트 보호구역의 구름이 광활한 공간에 최면을 거는 듯한 그림자를 드리웠다. 그림자는 관목으로 덮인 평원과 자주개자리 농장을 지나 바위투성이의 능선 그리고 지평선 너머 더 높은 고도에서는 사시나무와 소나무로 덮인 산비탈까지 이어졌다. 시에라 네바다Sierra Nevada에 기록적인 눈이 내린 겨울이 지난 후 수위가 높아진 강물이 빠르게 흐르고 있었고, 8월의 풍경은 예상했던 것보다 더 푸르렀다. 스케이트 공원과 과실나무 숲 옆의 풀밭에서 수십 명의 주자가 밤을 보내기 위해 텐트를 설치하고 있었다. 하늘은 그 기분에 따라 빛과 색을 쏟아내는, 끊임없이 움직이는 한 폭의 그림 같았다.

나는 뉴욕주 북부에서 자란 서른 살의 호데노쇼니Haude-nosaunee(흔히 이로쿼이Iroquois로 알려진 북미 원주민 연맹 – 옮긴이) 출신 영화 제작자인 페이지 베스먼Paige Bethmann의 차를 타고 리노Reno에서 예링턴까지 이동했다. 도착하니 미스티, 델마, 쿠가 저녁 식사를 위해 그늘막과 의자를 설치하고 있었다. 그들은 우리를 가족처럼 반기며 따뜻하게 안아주었다. 나는 먼저 예링턴에서 스튜어트 인디언 학교까지 가는 길을 찾으려 했는데, 구글은 '경로를 찾을 수 없습니다'라는 오류 메시지를 반복해서 내보냈다(보아하니 이런 일은 흔한 모양이었다. 미스티에 따르면 구글은 해당 보호구역 주소를 인식하지 못했고, 그녀의 집까지 가는 길도 안내하지 못했다).

하지만 페이지는 이 길을 잘 알고 있었다. 거의 2년 전 그녀는 쿠와 그의 여정에 관한 다큐멘터리를 제작하기 위해 브루클린에서 리노로 이사했다. 이곳에는 조상을 기리기 위해 사막을 가로질러 50마일(약 80킬로미터)을 달리는 한 젊은이가 있었다. 페이지는 시각적 기록을 원했다. 그것은 잃어버린 역사를 보여주기 위한 것이기도 했지만, 희망을 품고 앞으로 나아가기 위해 기억하는 누군가를 보여주기 위한 것이기도 했다.

페이지는 쿠가 실천하는 원주민의 유산이 현대의 삶 속

에 단단히 뿌리내리고 있음을 강조했다. 달리기는 원주민의 오랜 전통으로서 메시지, 기도, 의식에 필요한 물건을 전달하는 수단이자, 치유, 건강, 장수를 위한 의례였으며, 살아 있는 풍경과 교감하며 그 풍경을 경외심과 자각 속에서 통과하는 방식이었다. 하지만 달리기는 과거에 갇혀 있지 않다. 달리기는 과거에서 현재로 이어지는 통로다.

"달리기와 공동체는 약과 같은 거죠."

그녀가 말했다. 해가 지평선으로 기울어갈 무렵, 나는 복숭아나무 아래에서 생각에 잠겨 위를 올려다보는 쿠를 발견했다. 그는 우리 주변에 펼쳐진 고리 모양의 흙길과 높은 산길을 가리켰다. 그는 집에 있을 때 거의 매일 머릿속으로 그 길을 달렸다.

쿠는 파이우트족 언어로 '어둠에서 빛을 이끌어낸다'라는 뜻인 쿠토벤Kutoven의 줄임말이다. 인디언 부족 사회에서 쿠가 맡은 사회적 역할은 매우 중요하다. 그런 만큼 이제 막 대학 1학년을 마친 10대에게 이 모든 책임을 감당하는 것은 무겁게 느껴질 수 있다. 하지만 나는 쿠와 시간을 보내면서 그가 사색적이고 침착하면서도 동시에 단순하고 엉뚱하다는 것을 알게 됐다. 그는 누나처럼 여기는 페이지와 장난치는 것을 좋아했다. 예술적인 감각이 있어 자신의 문신과 운동화를 직접 디자인했다. 랩 음악도 좋아했다.

쿠는 달릴 때 별로 지치지 않는다(그는 이 말을 하면서 약간 으스대는 표정으로 웃었다). 고등학교 시절 그는 5킬로미터 이상을 뛰는 경기는 출전한 적이 없다. 워낙 작은 마을에서 자란 탓에 보통은 그 자신이 코치 역할을 해야 했기 때문이다. 고등학교를 마칠 무렵을 돌이켜봤을 때, 그는 자신이 훈련을 너무 과하게 한 것 같다고 생각했다("이 언덕과 산길을 따라 매일 8마일을 1마일당 6분 10초 페이스로 달렸죠"). 하지만 그 덕에 쿠는 지구력, 체력, 절제력을 스스로 끌어올렸다. 그는 두 번의 마라톤을 연이어 달려보기는커녕 마라톤에 가까운 거리도 달려본 적이 없었지만, 목적의식이 뚜렷한 이러한 훈련 덕분에 프랭크가 집으로 달려간 그 길을 자신도 뛸 수 있을 거라고 생각하게 됐다.

아직 어리지만, 쿠는 우리가 모두 어떤 식으로 연결되어 있는지를 알았다.

"그래서 제가 지금 변화를 일으킬 수 있다고 확신하는 거예요."

그가 내게 말했다.

"전 제가 해낼 거란 걸 **알아요**. 그렇게 **해왔으니까요**. 저는 사람들의 마음이 어떻게 움직이는지를 알 수 있고, 무엇이 진짜로 그들에게 통할지도 알 수 있죠. 달리기는 사람들의 관심을 끕니다. 그것이 제가 대화를 시작하는 방법이에요."

지난 2년 동안 추모 달리기는 세 단계로 구성된 여정으로 발전했다.

"할아버지가 세 번 달렸으니 쿠도 세 번 달릴 거예요."

델마가 설명했다. 첫 번째 달리기는 사람들의 인식을 높이기 위한 것이었다. 흙길을 달리면서 그들은 이렇게 생각했다. '우리는 이 일을 해낼 거야. 그 이유는 분명해.'

이후 언론의 관심과 대중의 지지가 이어졌고, 이는 다시 책임에 관한 두 번째 달리기로 이어졌다. 2022년에 열린 이 행사는 예링턴에서 시작해 스튜어트에서 끝나는 반대 방향으로 진행됐다. 기숙학교와 묘지에서 열린 기념식에는 지역 부족 지도자, 미국 상원의원 캐서린 코테즈 매스토Catherine Cortez Masto, 네바다 주지사 스티브 시솔락Steve Sisolak, 그리고 1964년 도쿄 올림픽 1만 미터 경기에서 금메달을 딴 올림픽 달리기의 전설이자 오글랄라 라코타Oglala Lakota 부족의 일원인 빌리 밀스Billy Mills가 참석했다. 밀스의 비영리 청소년 재단인 러닝 스트롱Running Strong은 드림스타터Dreamstarter 기금 1만 달러를 쿠의 활동에 지원했다.

델마는 젊은 시절 새크라멘토에서 대학을 다닐 때 세상에 화가 났었다고 말했다. 하지만 그에게는 유령 춤, 태양

춤, 증기 목욕 의식 등 원주민의 전통을 가르쳐준 친한 친구가 있었다. 델마가 말했다.

"제 친구는 치유로 가는 원주민의 길을 다시 찾았고, 저도 그 길을 찾도록 도와주었어요. 친구가 그러더군요. '문화가 치유해, 델. 우린 아직 여기 있잖아.' 이게 이번 마지막 달리기의 핵심입니다."

그날 저녁, 우리는 모두 긴 테이블에 나란히 앉아 스튜어트 묘지에 묻힌 아이들에게 가져다줄 담배 묶음tobacco ties을 만들었다.

"만들 때, 품고 있는 소망이나 기도가 있다면 하나씩 함께 담아 넣으세요."

델마가 시범을 보이며 말했다. 그는 담배를 한 줌 집어 사각형 모양의 빨간색이나 주황색 천 위에 올린 후 이를 끈으로 묶어 작은 주머니로 만들었다.

나는 기도를 담아 담배 묶음을 만들기 시작했다. 스티븐스 가족의 오랜 친구인 피트Pete와 스테파니 카실라스Stephanie Casillas가 언제나처럼 사람들에게 이야기를 들려주고 별명을 붙여주었다. 반백의 머리를 높이 묶은 피트 아저씨는 목소리가 라디오 아나운서를 떠올리게 할 만큼 낮고 중후했다. 그는 내가 작가라는 말을 듣자마자 쿠를 처음 만났을 때 이야기를 꼭 들려줘야겠다며 입을 열었다.

"쿠가 아직 꼬마였을 때, 미스티와 델마가 리노에 있는 저를 보러 왔었어요."

하지만 어린아이가 집에 들어오지 않자 피트 아저씨는 현관문으로 나가 쿠를 찾았다. 쿠는 이마에 힘을 잔뜩 준 채 도랑 위를 왔다 갔다 하며 뛰어놀고 있었다. 피트 아저씨는 웃으면서 "마치 점핑 빈jumping bean(속에 든 벌레 때문에 씨가 뛰어다니는 것처럼 보이는 멕시코산 등대풀의 씨 – 옮긴이) 같았죠"라고 회상했다.

"점프할 때의 그 에너지와 집중력이란! 전 아직도 쿠를 그렇게 기억해요."

안경을 쓴 둥근 얼굴의 다정한 스테파니는 사탕을 나눠 주듯 아낌없이 포옹을 나눠 주었다. 그녀는 자신의 별명이 '프로기Froggy'라고 말했다.

"전 워터 클랜Water clan(물을 상징하는 씨족 – 옮긴이) 출신이거든요. 피트는 베어 클랜Bear clan(곰을 상징하는 씨족 – 옮긴이)의 '베어'예요. 그래서 우린 함께 '프로기 베어'죠."

그 주말, 그들의 트럭 창에는 '프로기 베어'라는 글자가 장난스럽게 휘갈겨져 있었다.

그들은 내게 '스크리블스Scribbles', 간호사가 되기 위해 훈련 중인 카일리Kylie에게는 '스크럽스Scrubs'라는 이름을 붙여주었다. 다큐멘터리 영상 편집자인 스테프Steph는 나

못가지나 의자 다리에 자꾸 부딪혀서 '닷지Dodge'라는 별명을 얻었다. 이름을 붙일 때마다 천막 안에 기분 좋은 웃음소리가 울려 퍼졌다.

저녁이 깊어지자 귀뚜라미 소리와 서늘한 바람이 찾아왔다. 나는 쿠와 페이지 옆에 앉아 모두와 함께 빨간색, 주황색 천 조각에 담배를 넣고 묶으면서 스테파니 아주머니가 스튜어트 인디언 학교에 다니던 시절의 이야기를 들었다. 참가자들은 담소를 나누거나 조용히 앉아 생각에 잠겨 있었다. 하지만 그 와중에도 그들의 손가락은 집고, 잡고, 묶는 등의 작업을 계속했다. 서로에게 재료를 건네기도 하면서.

사람들은 가족에 관한 이야기를 나누었다. 나는 특히 아픈 가족들을 생각하며 이들을 위한 기도를 함께 담배 묶음에 담았다. 테이블에서 이야기와 우정이 엮이는 모습이 어떤 의식처럼 느껴졌다. 이 유대감은 실재했다. 우리는 그것을 손으로 느낄 수 있었고, 남은 이틀 동안 온몸으로 느낄 터였다.

다음 날 아침, 나는 이들과 함께 달리기로 마음먹었다.

그것은 계획에 없던 일이었다(나는 달리기를 즐겨 하는 사람이 아니라고 이야기했던가?) 계획은 차를 타고 따라가며 이야기를 듣고, 관찰하고, 어쩌면 달리는 사람들과 이야기를 나누기 위해 한두 구간쯤 걸어보는 것이었다. 하지만 전날 밤 이후, 나는 스튜어트에 기도를 전하기 위해 네바다 사막을 가로질러 50마일을 달리는 이 집단의 일원으로 함께 뛰는 것이 어떤 느낌인지 알고 싶어졌다.

추모 달리기에 나타난 사람들을 보고 놀란 점은 그들 대부분이 실제로 달리기를 즐겨 하는 사람들이 아니었다는 것이다. 물론 선글라스 자국과 미소를 장착한 날렵하고 열정적인 쿠의 전 코치 루페 카바다Lupe Cabada와 그가 가르치는 엘리트 고등학교 운동선수들, 캘리포니아 출신의 울트라 마라톤 선수가 있었다. 하지만 그곳에는 오리건에서 온 클래머스Klamath강 수질 보호원, 뉴멕시코에서 온 음악가, 유타에서 온 퇴역 군인, 뉴햄프셔에서 온 기자도 있었다.

사막을 가로지르는 50마일의 여정을 완주하는 사람은 거의 없었다. 대부분은 지극히 개인적인 이유로 될 수 있는 한 많이 걷거나 달리고 싶어 하는 평범한 사람들이었다. 행사는 이를 실현할 수 있도록 계획됐다. 25마일(약 40킬로미터)씩 이틀을 달리게 되어 있었고, 5마일(약 8킬로미터)마다 그늘, 물, 음식이 제공되는 휴식 지점이 있었으며, 지원 차량도 함께했다. 누구도 뒤처지지 않게 되어 있었다.

햇살이 풀밭을 황금빛으로 물들일 무렵 우리는 개회식을 위해 나무 아래에 모여들었다. 피트 아저씨가 한 명 한 명에게 다가가 깃털로 몸 주위에 연기를 퍼뜨리며 보호를 비는 연기 의식을 행했다. 쿠는 낯선 사람과 대화를 나눠보든, 육체적으로 조금 더 버텨보든, 자신의 안전지대에서 조금은 벗어나보라고 모두를 격려했다. 우리는 한 명씩 풀밭을 가로질러 출발 지점으로 모였다. 그리고 모두 함께 환호성을 지르며 달리기 시작했다.

쿠를 선두로 첫 번째 무리의 주자들이 빠른 속도로 출발했다. 공기에 들뜬 기운이 감돌았다. 나는 새로운 친구 크리스타 플레처Krista Fletcher와 함께 달리면서 웃음을 터뜨렸다. 그녀는 활짝 웃는 얼굴과 반듯한 자세를 지닌 제대 군인으로, 올해 달리기에 참여하기 위해 아이다호주 보이시Boise에서 친구와 함께 차를 몰고 왔다.

크리스타는 2019년에 머리를 다쳐 3년 동안의 기억을 잃었다.

"제 조각들을 다시 맞춰가고 있어요. 새로 끼워 넣을 조각들도 찾고 있고요."

포장된 도로를 벗어나 언덕으로 올라가는 길에 크리스타가 말했다. 그녀는 재활 치료의 일환으로, 훗날 아내가 될 소녀를 잃을까 봐 인디언 기숙학교까지 따라갔던 자신의 원주민 할아버지에 대해 더 깊이 알아가고 있었다. 크리스타는 가족들이 오랫동안 놓치고 있던 기록들을 추적해 찾아냈다. 얼마 전에는 오클라호마주 피오리아Peoria 인디언 부족의 추장을 만나 조부모가 기숙학교에 다니던 시절에 대해 더 많은 것을 알아냈다. 그녀는 몸에 지니고 있던 부족장이 준 깃털 두 개를 보여주었다. 그것은 그녀가 혼자가 아님을 일깨워주는 물질적 연결 고리이자 닻이었으며, 자신이 누구인지에 대한 퍼즐, 또 사회로서의 우리가 누구인지에 대한 퍼즐에 더해질 또 다른 조각이었다. 그녀가 말했다.

"우리가 이런 일을 하지 않으면 다른 사람들이 어떻게 알거나 기억할 수 있을까요?"

크리스타는 이라크와 아프가니스탄 파병 그리고 캄보디아 단기 파병을 포함해 22년 가까이 군 복무를 했다. 우리가 달리는 동안, 그 움직임은 억눌린 무언가를 떠오르게 했다.

"이번 달리기는, 제 군 복무 시절의 모든 트라우마…"

여기서 그녀는 잠시 숨을 고르며 생각을 정리했다.

"감정을 느끼기 시작할 때, 전 다시 그 감정 상자의 뚜껑을 닫지 않으려 애쓰고 있어요."

달리는 동안 고통과 불편함을 비롯해 감정을 느끼는 것이 괜찮고 오히려 그것이 환영받는 일이라는 것을 처음부터 인식하자, 뭔가 해방되는 느낌이 들었다. 태양이 하늘 높이 떠오를수록 희뿌연 사막 지대가 우리 앞에 더욱 넓게 펼쳐지는 듯했다. 우리는 감정에 대해 그리고 여덟 살짜리 아이가 이런 곳을 한 번도 아니고 세 번이나 목숨을 걸고 달릴 때 어땠을지에 대해 이야기했다.

"달리기는 제게 정말 많은 것을 열어줘요."

크리스타가 경탄하며 말했다.

"지금 달리면서 소름이 돋을 정도로 많은 것을 느끼고 있어요."

그녀는 섭씨 35도의 더위에도 불구하고 신기하도록 오싹해진 자신의 다리를 가리켰다. 나는 그녀에게 소름이 돋는 것에 대해 내가 배운 내용, 즉 우리 몸에는 모낭 다발을 둘러싼 작은 근육들이 있다는 것과 그것이 추위와 공포, 경외감의 근육이라는 것을 알려주었다. 그리고 어쩌면 그녀의 몸이 다시 무언가를 느끼게 해준 것일지 모른다고, 때로 몸은 우리가 의식적으로 이해할 수 있는 것보다 더 많은 것을 알고 있다고도 말해주었다.

그녀는 머리를 다친 후 자신의 몸에 귀를 기울이는 것 외에 다른 선택지는 없다는 것을 깨달았다고 말했다.

"몸이 이끄는 대로 따르는 수밖에요."

8마일(약 13킬로미터)쯤 달리자 오른쪽 대퇴사두근이 너무 팽팽하게 당겨진 북처럼 욱신대기 시작했다. 한낮의 맹렬한 태양, 지면에서 올라오는 열기, 구석구석 스며드는 모래 먼지. 너무 건조해서 땀이 피부 위로 올라오자마자 증발해버렸다. 쉬지 않고 물을 마셨지만(식초의 초산이 근육 경련을 진정시키는 효과가 있다며 크리스타가 건네준 작은 피클 주스 병도 몇 개나 비웠다), 나는 종일 소변 한 번 보지 않았다.

그곳 네바다 지역의 풍경은 사람의 넋을 완전히 빼놓았다. 눈이 부실 만큼 강한 햇빛, 거친 지형을 따라 길게 풀려나가는 리본 같은 도로, 구름 한 점 없이 빛나는 푸른 하늘. 나는 이제 혼자 달리고 있었다. 왼발, 오른발, 왼발, 오른발, 내 앞을 달려가는 그림자를 바라보며 나는 내 숨소리가 그리듬에 맞춰 메아리치는 반주처럼 헐떡이는 것을 들었다. 마시고, 내쉬고, 마시고, 내쉬고.

화상, 탈수, 경련, 경직, 배고픔, 추위. 하나하나가 몸으로 느끼는 깨달음의 순간이었고, 프랭크 퀸을 느끼게 해주는 몸의 언어였다.

주말 동안 지난 1년간 달린 거리보다 더 많이 달리려 했던 것은 이제 고통스러울 정도로 터무니없는 시도처럼 느껴졌다('고통스러운'이라는 단어를 특히 강조하고 싶다). 땀 때문에 눈이 따가웠고, 신발 안에는 작은 돌멩이가 하나 들어와 있었다. 나는 속도를 늦춰 걷기 시작했다. 다리를 풀었고, 내가 여기서 뭘 찾으려 하는지 생각했다. 이 가혹한 환경을 헤쳐 나가며, 몸으로 무언가를 느끼며, 이 고난을 통해 새로운 무언가를 발견하길 바라며 한 걸음씩 나아갔다. 결국, 인간은 고난을 겪게끔 만들어진 존재다. 물론 지금은 생존을 위해 예전처럼 육체적으로 그렇게 고생하진 않아도 되는 시대이지만 말이다. 그렇다면 이렇게 다른 시대에, 이러한 몸으로 지금을 살아간다는 것은 어떤 의미일까? 인류 진화의 이 시점에서, 고통과 인내는 인간의 경험 속 어디쯤 자리하고 있을까? 우리가 몸의 한계에 조금씩 가까워질 때, 몸은 우리에게 무엇을 가르쳐줄 수 있을까?

10마일(약 16킬로미터) 휴식 지점이 가까워지자 고관절 굴곡근hip flexor이 타들어가기 시작했다. 하얀 그늘막 아래 줄지어 서서 응원하는 사람들이 시야에 들어왔다. 그중에는 쿠, 델마, 스테파니 아주머니, 피트 아저씨도 있었는데, 내가 들어올 때 하이파이브를 해주려고 기다리고 있었다. 그 순간 다른 모든 것은 잊히고, 미소와 따뜻한 말 한마디, 차가운 음료 한 잔이 내가 삶에서 원했던 전부라는 사실이 갑자기 분명해졌다.

잠시 재충전한 뒤 나는 결국 촬영팀의 차를 타고 앞서 이동해 세 번째 휴식 지점의 준비를 도왔다. 모두가 세 번째 구간을 마치고 도착했을 무렵에는 많은 사람이 경련과 열 탈진의 초기 증상을 보이며 그늘에 앉아 물을 끼얹고 있었다.

어떤 사람들은 슬픔을 달래고 혼돈 속에서 질서를 세우기 위해 오래달리기에 의지한다. 하지만 포기하지 않는 것에 대한 생리적 보상, 즉 켈리 맥고니걸이 '끈질긴 노력 끝에 맛보는 짜릿함persistence high'이라고 부르는 보상도 있다. 그녀는 성과, 거리, 속도에 대한 진정한 객관적 척도는 없으며, 대신 보상은 끈기 있게 달리는 데서 나온다고 말한다.

그날 밤, 해발 7,000피트(약 2,100미터)가 넘는 선라이즈 패스Sunrise Pass까지 25마일을 달린 우리는 소나무 아래에 캠프를 쳤다. 깊어가는 해 질 녘, 휴대폰 신호는 잡히지 않지만 은하수는 가까운 그곳에서 우리 50여 명은 빙 둘러앉아 왜 달리는지에 관한 이야기를 나눴다.

"전 증조할아버지를 위해 달립니다."

쿠가 먼저 시작했다.

"달리기를 잘하니까, 이 방법으로 할아버지를 기리는 거예요. 지난 3년 동안 매년 이 달리기는 저를 단단히 붙잡아줬어요. 달리기는 제 본모습을 되찾게 해줘요. 마음을 열고 약한 모습을 보여도 괜찮다는 것을 일깨워주죠."

사람들은 프랭크가 가족과 공동체를 너무나 사랑한 나머지 그들을 찾아 집으로 달려갔던 이 광활한 풍경 속에 진정으로 존재한다는 것이 어떤 의미인지 이야기했다.

데니스Denise는 조부모님께 존경을 표하기 위해 달렸다. 제스Jess는 자신의 몸에 새겨져 있는 그 길의 고단함을 느껴보기 위해 달렸다. 루페Lupe는 건강을 위해, 사랑하는 사람들을 위해 달렸다. 크리스타는 달리던 중 소름이 돋았던 이야기를 모두에게 들려주었고, 애슈턴Ashton은 약간의 육체적 고통이 어떻게 정신적, 정서적 이해를 가져올 수 있는지에 대해 이야기했다. 그가 말했다.

"아주 작은 평화를 위해 그렇게 열심히 애쓰는 거죠."

사람들은 말하기 힘든 일들에 관해 입을 열었다. 이들이 낮에 해낸 일은 이들을 이 모임에서 쿠처럼 경계심 없이 솔직하게 만들었다. 이들은 프랭크 퀸을 기억하기 위해 그리고 자신들의 원주민 역사든 다른 고난이든 트라우마에 맞서기 위해 함께 모인 이 공동체에 감사해했다.

과거를 바꿀 수는 없었다. 하지만 이 경험을 바탕으로 좀 더 너그럽게 미래를 바라보려는 열망은 강했다. 모두의 몸이 아팠지만, 거기에는 많은 아름다움과 기쁨이 있었다. 그 노력을 통해 우리는 서로를 새롭게 이해하게 됐다.

어느 순간, 나는 주변을 둘러보며 생각했다. '이런 것이 가장 아름다운 인간의 모습이구나.' 몸을 써서 배우고, 귀 기울이고, 다른 사람의 경험과 이야기를 느껴보려 애쓰는 것, 러너가 된다는 것은 이런 것이었다.

육체적인 노력은 여전히 인간 사회에서 의미가 있다. 누 군가를 위해 육체적으로 고통받는 것, 몸을 써서 열심히 노 력했다는 것을 보여주는 일은 가치가 있다. 이는 헌신을 보 여주고 그에 상응하는 무언가를 얻기 위한 본질적인 방식 이다. 움직임을 통해 실제 기부금을 모으는, 인간의 힘을 써 서 하는 모금 활동을 떠올려보라. 우리는 어떤 목적, 치유, 공동체를 위해 걷고, 수영하고, 달리고, 자전거를 탄다. 이는 우리가 직접 참여하고 있다는 것을 보여준다. 비합리적으 로 보일지 몰라도, 관심을 보여주는 방법이다.

그날 밤 다같이 둘러앉았을 때 페이지는 촬영을 시작한 지 3년 만에 처음으로 직접 달리게 된 것이 어떤 의미인지 에 대해 이야기했다.

"정말 힘들었어요."

그녀가 나중에 내게 말했다.

"전 사실 달리기는 잘 못해요. 하지만 그런 직접적인 경 험이 정말로 필요했죠."

그녀는 신발 속의 열기를 느꼈고, 땅이 끝없이 펼쳐진 것 같은 기분을 느꼈다. 그녀는 쿠의 여동생 스타Star가 함께 옆에서 달려준 것을 고마워했다. 그녀가 계속 달릴 수 있었던 것은 오로지 구름을 바라보며 해낼 수 있다는 희망의 감각을 찾았기 때문이다.

"5마일(약 8킬로미터)을 완주했다는 사실이 자랑스러웠어요."

페이지가 말했다.

"그런데 50마일이라고요? 어떻게 그게 가능하죠? 어린 아이가 그저 집에 가고 싶은 마음에 무엇보다 연결, 공동체를 택했다니. 국경을 넘는 아이들을 생각했어요. 손가락이 붓고 다리가 쓸렸지만, 시도하지 않았다면, 고통받지 않았다면 저 자신에게 실망했을 거예요."

다음 날은 최면을 거는 듯한 열기와 흐릿한 통증 속에서 시작됐다. 달리기가 거의 끝나갈 무렵, 우리는 카슨 시티 외곽에서 강을 만났다. 우리는 시원한 물속으로 뛰어들어 그 속에서 잠시나마 위안을 얻고 선명한 푸른 하늘을 향해 다시 떠올랐다. 나중에 나는 생각했다. '프랭크도 그 개울물에서 위안을 얻었을까?' 스튜어트 인디언 학교에 도착하기 전 마지막 200야드(약 180미터) 지점에 이르렀을 때, 우리는 모여서 함께 묘지로 걸어 들어갔다. 쿠가 맨 앞에 그리고 그의 옆에는 빌리 밀스Billy Mills가 있었다. 우리는 전통 복장을 갖춘 어린 무용수들의 환영을 받았다. 묘지에 묻힌 아이들이 죽었을 때 나이의 아이들이었다. 우리는 그 작은 묘비에 우리의 기도를 담은 담배 묶음을 올려놓았다. 감정과 고단함이 뒤섞인 눈물이 흘렀다. 그 후 무용수들은 우리가 이날을 마음속 깊이 간직하게 도와줄 기쁨의 춤을 추었다. 그들은 지친 우리의 마음을 채워주었다.

작가 레이첼 쿠시너Rachel Kushner에 따르면, "'인내하다', '참다', '버티다'와 같은 단어들은 모두 어떤 사람이 자신에게 주어진 어떤 종류의 짐을 견뎌낸다는 뜻을 담고 있다." 목적지보다 여정에 초점을 맞추고 길고 힘든 길을 걷기 시작하는 것은 말하자면 그 짐을 짊어지겠다고 **선택**하는 것이다. 그 경험의 세밀함이 시간에 대한 우리의 이해를 바꾸기 때문이다(깨달음의 관점에서 말하자면, "인간의 발걸음 하나하나가 시간의 단위를 확장한다").

우리가 시간의 흐름을 어떻게 이해하느냐는 그것이 어떤 방식으로(초침으로 혹은 심장의 박동으로) 측정되느냐에 달려 있다. 1분에 60~100번, 하루에 10만 번, 1년에 3,500만 번, 평생 30억 번 이상. 심장은 피가 올바른 방향으로 흐르도록 근육이 다발로 배열된, 그 자체로 하나의 시계다. 누군가의 발걸음을 따라가는 일은 움직임과 시간에 대한 이해에 또 다른 차원을 제공한다. 그것은 현재와 과거를 함께 품는 일이다. 당신의 길 그리고 다른 누군가의 길.

노벨상을 받은 근육과학자 얼베르트 센트죄르지Albert Szent-Györgyi에게는 근육을 통해 세상을 바라보는 것이 매우 자연스러운 일이었다. 그는 액틴과 미오신 단백질을 발견했고, 어떻게 ATP의 첨가가 근육 수축이라는 근본적인 반응을 일으키는지를 발견했다. 생물학자 스티븐 보겔은 이 천재 과학자를 이렇게 묘사했다. 센트죄르지에게는 "움직임이 동물의 생명animal life을 정의하고, 근육이 그 움직임을 가능하게 한다." 'animate(살아 있는, 움직이는)'라는 단어를 떠올려보라. 근육을 연구함으로써 "그는 생명의 본질에 가장 가까이 다가갈 수 있었다."

우리의 동물적 몸에서 지나친 인내는 파괴적이다. 근육은 엔진 역할을 멈추고 몸이 스스로를 소모하면서 사용하는 연료가 된다. 그 자체로서의 인내는 끝이 없다. 하지만 인간이 한계까지 밀어붙이는 것을 경외한다면, 아마도 이는 우리가 목적을 향한 인내(그 목적을 이루기 위해 새로운 균형 상태에 도달할 때까지 버티는 것)가 인내를 완전히 다른 무언가로 변모시킨다는 것을 발견했기 때문이리라.

18장

균형을 잡고 땅에 입 맞추기

긴 이야기를 돌아 마침내, 소박한 팔굽혀펴기로 돌아가 보자.

매일 단순한 시험이 반복된다. 상대는 바로 나 자신이다. 바닥에 엎드려 손과 발로 몸을 지탱하고 몸을 일직선으로 유지하며 내린다. 손목, 팔, 어깨, 등의 긴장을 느끼며 들어 올린다. 반복한다. 들어 올리고, 내리고, 들어 올리고, 내린다. 어떤 날은 목의 긴장이 더 많이 느껴지고, 어떤 날은 등이나 엉덩이, 허벅지 뒤쪽의 근육이 먼저 반응할 수 있다. 많은 신체학자가 팔굽혀펴기가 체력의 지속적인 지표라는 데 동의한다. 이는 기능적인 목적을 지닌 전신운동이다.

팔굽혀펴기는 아침에 친구와 함께하는 부트캠프에서, 아이들과 하는 운동 속에서, 서핑보드 위에서 몸을 일으킬 때마다 실현된다. 우리는 바닥으로 내려갔다가 다시 올라오기를 반복한다(이것이 삶에 대한 적절한 비유가 아니라면, 무엇이 그러할까). 팔굽혀펴기에는 우리가 매일 어떻게 처신하고 살아가는지를 측정하는 도구로서의 특별한 효용성이 있다. 시간이 지날수록, 그 효용은 누적된다.

"팔굽혀펴기를 하려면 힘이 필요하고, 팔굽혀펴기를 많이 하려면 인내가 필요합니다."

이 사실을 아마도 가장 잘 알고 있었을 피트니스의 선구자 잭 라랜의 말이다. 그는 1951년부터 1985년까지 30년 이상 방송된 〈잭 라랜 쇼〉에서 미국인들이 그와 함께 운동하게 만들며 팔굽혀펴기의 대명사가 됐다. 라랜은 23분 만에 팔굽혀펴기 1,000회를 하는 데 성공해 세계 기록을 세운 바 있다.

잭 라랜과 그의 아내 일레인이 어떻게 만났는지에 대한 귀여운 이야기는 실제로 팔굽혀펴기와 관련이 있다. 1951년 샌프란시스코의 〈레 말로이 쇼Les Malloy Show〉 촬영장에서 일레인 도일Elaine Doyle은 12인조 밴드가 함께하며, 도시를 찾은 영화배우들이 자주 출연하는 이 TV 프로그램의 섭외 담당자였다. 그녀는 어느 날 캘리포니아 오클랜드에 사는 한 남자에 관한 흥미로운 전화를 받았는데, 제보에 따르면 그는 쇼가 이어지는 90분 동안 쉬지 않고 팔굽혀펴기를 할 수 있었다. '와, 재밌겠는데.' 일레인은 생각했다. '무대 한쪽에 자리를 만들고 팔굽혀펴기를 하게 하면 되겠다. 가끔 얼굴을 비춰주고.' 첫 번째 팔굽혀펴기와 1,000번째 팔굽혀펴기 어딘가에서 혹은 그 후 500번째 팔굽혀펴기를 할 때쯤, 잭은 고개를 들어 일레인을 보았다. 이 글을 쓰는 지금, 일레인 라랜은 97세의 나이에 캘리포니아에서 여전히 팔굽혀펴기를 하고 있다.

근력 운동선수이자 스포츠 역사학자인 얀 토드조차도 알고 보니 이 기본적인 동작에서 배울 것이 있었다. 최근 누군가가 스타크 센터에 팔굽혀펴기의 기원에 대해 문의했는데, 덕분에 그녀는 오랫동안 잊고 있던 기억을 떠올렸다. 그것은 한 소녀가 아버지의 무릎에 손을 얹고 변형된 팔굽혀펴기를 하는 그림이었다. 이는 19세기 운동 전문가인 포키온 하인리히 클리아스Phokion Heinrich Clias의 책에 실려 있었다.

얀은 팔굽혀펴기가 역사상 특정 시점 이전에는 **팔굽혀펴기**로 불리지 않았을 것으로 짐작했고, 그녀의 생각은 옳았다. 그녀는 기록 보관소에서 얼마간 시간을 보내다가 1819년에 발표된 클리아스의 책《체육 기초 과정An Elementary Course of Gymnastic Exercises》의 영문판 사본을 발견했다. 애초에 프랑스어로 출간된 이 책에서 그녀는 당시에 이 동작을 '팔과 발끝으로 균형을 잡고 땅에 입 맞추기Kissing the Ground in Equilibrium on the Arms and the Points of the Feet'라고 불렸다는 사실을 알게 됐다. 그녀는 이 말을 할 때면 여전히 웃게 된다.

안은 조사의 목적이 실제로 팔굽혀펴기의 기원을 알아내는 데 있었던 것은 아니라고 말했다.

"최초의 팔굽혀펴기, 최초의 스쿼트, 최초의 물구나무서기를 한 사람이 누구인지 확실하게 말할 수 있는 방법은 없어요. 어쩌면 스파르타 전사나, 초기의 인도 레슬링 선수나, 아니면 넓은 검을 휘두르기 위해 더 많은 힘이 필요했던 중세 시대의 기사였을 수 있죠. 누군가는 분명히 상체 근력을 키우기 위해 최초로 앞으로 엎어져 '땅에 입 맞추는' 자세를 취했을 겁니다. 하지만 우린 그 사람의 이름을 결코 알수 없어요."

안은 이 과정을 통해 지난 200년 동안 인류가 단순히 팔굽혀펴기를 해온 것이 아니라, 그 모든 기복을 겪으면서도 균형을 잡으며 실제로 땅에 입 맞춰온 것임을 알게 됐다고 말했다. 이는 그녀에게 더욱 강해진 기분을 느끼게 했다.

팔굽혀펴기처럼 마라톤도 하나의 시험이다. 지구력 운동은 끈기, 고난, 힘을 상징하며, 강력한 소통의 방식이 될 수 있다.

　사회는 원주민 공동체를 계속해서 지우고 잊고 있다. 쿠스티븐스의 달리기는 기억하고 알리는 방법이다.

　미스티 스티븐스가 말했다.

　"멀리서 다른 부족 사람들이 우리와 함께하기 위해 왔어요. 그들은 각자의 여정 중에 있죠. 비인디언 지역 사회 사람들도 직접 나와서 정말 많이 도와줘요. 그들의 이야기를 듣는 것도 좋아요. 그들은 학교에서 이런 것을 배우지 못했기 때문에, 배우기 위해 이 여정에 참여하죠."

　캘리포니아 마크리빌Markleeville에서 온 초등학교 교사 제니퍼 무냔Jennifer Munyan은 교내 원주민 대표를 통해 추모 달리기를 알게 된 후 처음 이 행사에 참여하게 됐다고 말했다. 그녀는 집으로 돌아가 인디언 기숙학교에 대해 배운 내용을 5, 6학년 역사 교육 과정에 통합했으며, 지금은 자신이 가르치는 많은 학생과 함께 스튜어트로 여행을 떠날 계획을 짜고 있다.

　"작년에 무더위 속에서 30마일을 달렸는데, 학생들 생각이 많이 났어요."

　제니퍼는 그 육체적 노력이 어떤 인상을 남겼는지에 대해 이렇게 말했다.

　"이틀째 되는 날엔 몸이 굉장히 아팠어요. 여덟 살짜리 아이가 얼마나 절망적이었으면 사막을 가로질러 50마일이나 달리는 것을 유일한 희망으로 여기게 됐을까 생각하니 분노가 치밀었죠." 그녀는 학생들 하나하나를 위해 담배 묶음으로 기도 목걸이를 만들었고, 달리면서 그들의 가족을 생각했다.

그 여름날의 더위를 견디고 마침내 묘지에 도착했을 때, 그녀는 감정이 북받쳐 올랐다.

"제가 아는 성씨들이 있었어요. 크리스텐센Christensen 과 네버스Nevers였는데, 워쇼Washoe족 친구들의 성이었고, 제가 가르치는 학생들의 성이었죠. 그건 제가 아는 사람들의 실제 이야기였어요."

그녀가 내게 말했다.

"인간에게는 어두운 면이 있죠. 무지와 증오가 어떤 잔혹함을 불러올 수 있는지 학생들이 이해하도록 돕는 것이 우리의 의무예요."

세습되는 트라우마에 대한 강력한 답은 한 세대에서 다음 세대로 이어지는 지속적인 변화다.

얼마 전 쿠는 전국의 학교로 배포된 청소년 잡지 표지에 등장했다. 미스티는 미국 공립학교에 이렇게 널리 인디언 기숙학교의 역사가 소개된 것은 이번이 처음일 거라고 생각했다. 미스티가 말했다.

"그건 엄청난 승리였어요. 이번 달리기가 확실히 변화를 만들어낸 겁니다. 한 세대 전체가 이 정보를 접하고 있어요. 모든 것이 쿠 덕분이죠."

원주민의 역사가 지워지는 것을 보면서 어린 시절을 보낸 10대 원주민 소년에게 이는 결코 가벼운 일이 아니다. 기록을 깨고, 첫 번째가 되는 것은 기억될 수 있는 가장 확실한 방법이다. 하지만 이것만이 유일한 방법은 아니다.

"우리 팀원 중엔 정말 말도 안 되게 재능 있는 사람들이 많아요."

쿠가 말했다.

"저요? 저도 **꽤** 재능이 있죠. 하지만 제가 왜 달리고, 어떻게 그렇게 잘 달릴 수 있는지에서 중요한 것은 이거예요. 저는 진심으로 달려요. 경기를 하다 보면 늘 '계속할까? 여기서 그만둘까?' 하고 고민하는 순간이 찾아와요. 갈까, 말까, 둘 중 하나를 선택해야 하는 순간이죠. 바로 그때가 정말 도움이 필요한 순간이에요. 왜 이걸 하는지, 다시 힘을 얻기 위해 떠올릴 게 필요해요."

인내는 온몸이 멈추라고 외칠 때도 계속 버틸 수 있는 분명한 이유에서 비롯된다. 그가 말했다.

"그 순간에요? 전 그냥 보통은 '내 가족을 위해'라고 말해요. 그 세 단어뿐이죠. 그리고 계속 달리는 거예요."

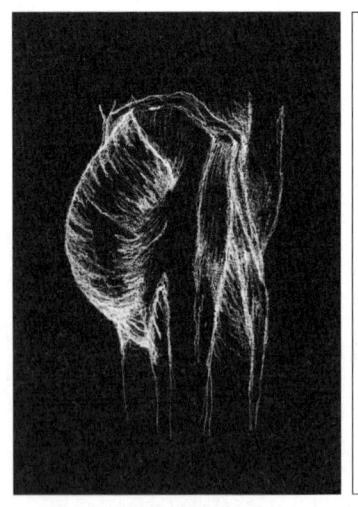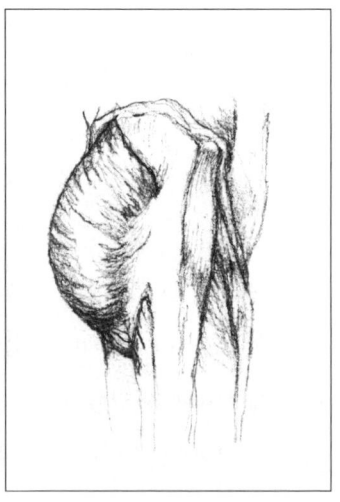

대둔근. 저자가 직접 그림.

에필로그

어느 날 새벽 서핑하러 차를 몰고 가던 중 어둠 속 전화기 너머에서 아버지가 내게 물으셨다.

"네게 서핑은 어떤 의미니? 물 위를 걷는다는 건 어떤 기분이지?"

나는 아버지께 서핑은 마치 마법과도 같다고 말씀드렸다. 에너지를 소모하긴 하지만, 서핑과 수영은 내 몸을 최상의 상태로 돌려준다. 힘든 일도 우아하게 처리할 수 있는 나의 어떤 모습을 되찾게 해준다.

아버지는 자신도 동트기 전에 일어나 아무도 없는 동네를 달린다고 말씀하셨다. 우리가 예전에 그랬듯 어둠 속에서 말이다. 아버지가 일찍 일어나시는 이유는 세상이 깨어나 다른 사람들로 가득 차기 전에 움직이기 위해서다.

"내가 사람들을 얼마나 싫어하는지 알지."

아버지가 말씀하셨다. 아버지는 오후가 되면 턱걸이나 공중제비 같은 맨몸운동을 하는 놀이터 철봉 옆에 할머니들이 모여 수다를 떤다는 것을 알고 계신다. 그들은 아버지가 운동하는 모습을 발견하면 손을 흔들면서 "저기, 아저씨! 지금 하는 게 뭐예요?"라고 소리칠 것이다. 아버지는 굳이 설명하고 싶어 하지 않으신다. 그래서 고요히 세상에 머물기 위해 나처럼 일찍 일어나신다. 고요함과 빛으로 가득한 고독의 시간. 우리가 이른 시간에 몸을 움직이는 것은 우연이 아니다.

가끔은 서핑도, 아버지와의 일도 내가 너무 무리하게 애쓰는 건 아닐까 하는 생각이 든다. 그럴 때 나는 다시 몸을 움직일 때의 기쁨을, 근육이 어떻게 우리를 행복으로 이끄는지를 떠올린다. 시인 샤론 올즈Sharon Olds는 고관절 수술 후 다리를 꼬지 말라고 권고받았는데, 다리의 장난기를 억누를 수 없었다. 그녀는 다리를 가만히 두어야 한다는 말을 듣고서야 자신이 다리를 얼마나 자랑스러워했는지를 깨닫고 이렇게 썼다. "아니 / 신호기 흔들 듯 다리를 흔들지 말고 / 로케트Rockette(뉴욕의 유명 댄스 그룹, 특히 다리를 높이 들어 올려 추는 춤으로 유명하다 – 옮긴이)처럼 뻗지도 말고."

내가 요즘 가장 즐겁게 연습하는 것은 물 위를 걷는 것이다. 물 위를 걸을 때는 뛰지 않으려고 노력한다. 서프보드 위에서 뛰는 것은 재앙을 부르는 일이기 때문이다(신호기 흔들듯 다리를 흔들어서도 안 된다). 땅과 달리 물은 불안정한 기반이어서, 롱보드 위에서는 신중하고 여유로운 걸음으로 통제력을 유지하는 것이 관건이다.

이러한 태도는 우아함grace으로 이어진다. 안톤 체호프 Anton Chekhov는 우아함을 '어떤 행동을 최소한의 움직임만으로 해낼 때' 드러나는 것으로 설명했다. 우아함은 어떤 의미에서는 절제, 불확실성 앞에서도 신체적으로 침착함을 유지할 줄 아는 능력이다.

서핑의 물리학이 도저히 이해되지 않았던 시절이 있었다. 물 위에서 우아하게 춤추기 위해 필요한 것들은 정말 상상을 초월할 정도였다. 나는 파도를 발견하고, 끊임없이 움직이면서 변화하는 수면과 호흡을 맞추고, 올바른 방향으로 노를 저어 나가고, 일어서서 균형을 잡고, 발을 보드에 붙인 상태에서 체중을 옮기기 위해 발을 움직여야 했는데, 이 모든 일을 물의 변화를 읽고 속도를 유지하면서 해야 했다. 물론 동시에 다른 수많은 사람과 보드의 움직임도 인지해야 했다.

자기 수용 감각은 4차원적인 능력이다. 단순히 몸이 세 가지 공간 축에서 어떻게 움직이는지 인식하는 것을 넘어,

다음 파도를 만날 때 내 몸이 어디에 있게 될지를 예측하는 능력이다.

물속에서 치러야 할 대가를 피할 방법은 없다. 여러 구체적인 변수들을 모두 익히고, 이것들을 다양한 상황에 맞게 종합해 하나의 의미 있는 전체(게슈탈트)로 만들어낼 수 있어야 하기 때문이다. 여러 근육이 마치 심포니처럼 함께 조화롭게 움직이는 데는 연습이 필요하다. 이는 오랜 시간에 걸쳐 반복해야 하는 일이기 때문에 시간적인 요소도 중요하다. 따라서 우아함은 인내에 관한 것이기도 하다.

우아함은 좀 더 단기적 관점에서의 인내에 관한 것이기도 하다. 오랫동안 서핑, 달리기, 수영을 하고 난 후 느껴지는 근육의 피로감은 내가 무언가 가치 있는 일을 했음을 말해준다. 몸이 아픈 상태가 항상 나쁜 것은 아니다. 이 경우, 남아 있는 통증은 진정으로 육체의 삶을 산다는 것이 어떤 것인지 보여주는 증상이다. 척추를 따라 흐르던 불안한 진동이 잠잠해졌다. 몸이 이완되고 마음이 편안해진다.

작가 제임스 기어리James Geary는 이렇게 말했다.

"우리의 몸은 우리의 은유를 형성하고, 우리의 은유는 우리가 생각하고 행동하는 방식을 형성한다."

근육은 은유이며 기억이다.

이번에 근육을 탐구하면서 나는 나 자신의 인격을 헤아

려보게 됐다. 힘, 형태, 행동, 유연성, 지구력, 이 모든 것은 근육의 특성이자 우리가 인간으로서 추구하는 자질이다. 육체적인 것과 철학적인 것 사이에서의 이 끊임없는 밀고 당김은 많은 것을 드러낸다. 우아함, 아름답고 품위 있는 움직임은 힘들이지 않은 듯한 자연스러움에서 비롯된다. 하지만 우리는 모두 노력 없이 이루어지는 것은 아무것도 없음을 안다. 이제 그 편안해 보이는 움직임 뒤에 숨은 노력을 들여다보자. 몸과 세상이 하나 되는 그 순간을 위해, 무언가 또는 누군가와의 연결을 느끼기 위해 (몸을 늘이고, 괴로운 숨을 내뱉고, 얼굴을 일그러뜨려가면서) 들인 그 모든 시간과 노력을 존중하자. 우리를 둘러싼 삶이라는 발레 속에 온전히 존재하기 위해서 말이다. 내가 이 여정에서 얻은 깨달음은, 근육이 우리가 무엇을 갈망하고 어떤 사람이 되고 싶은지를 아주 복합적으로 드러낸다는 것이다.

2023년 여름, 나는 아버지를 설득해 홍콩에서 만나는 데 성공했다.

직접 얼굴을 마주했을 때 나는 기쁨에 젖지 않을 수 없었다. 우리는 팔을 맞대고 함께 걸으며 운동 루틴을 이야기했다. 아버지가 내 어깨를 꼭 쥐어주셨다. 우리는 홍콩 예술관 Hong Kong Museum of Art을 찾았다. 갤러리를 거니는 동안 아버지는 예술가의 시선으로 나를 바라보셨다. 그리고 가장 먼저 내 강인함을 언급하셨다.

"좋아 보이는구나. 강해 보여."

많은 사람이 서로를 반기는 방식은 아니었지만, 그게 아버지가 세상을 바라보는 방식이었기 때문에 내게 이는 아주 자연스러운 인사였다. 아버지 역시 강해 보이셔서 나는 기뻤다. 우리는 한 수영 선수의 그림 앞에서 등을 맞대고 섰다. 아버지는 사위인 매트에게 우리의 어깨너비를 비교해 보라고 하셨다.

아버지는 걸음을 멈추고 테디와 함께 커다란 액자에 담긴 한 예술 작품을 살펴보셨다. 고개를 기울이는 방식, 손을 쥐는 방식까지 두 사람이 사색에 잠긴 모습은 서로를 똑 닮아 있었다. 이제 열 살이 된 테디는 예술에 뛰어난 재능이 있고, 그의 작품은 개성으로 가득하다. 테디는 친구들의 초상화를, 좋아하는 책과 영화 속의 인물들을, 할머니를 위해 캘리포니아 양귀비를, 주말에 해변에서 마주친 소라게를 그린다. 아이는 보는 눈이 예리하며 방 안에 있는 모든 사람의 말에 귀를 기울인다. 아이의 손길은 섬세하다.

박물관에서 아버지는 테디에게 수채화, 구아슈화(고무를 수채화 물감에 섞어 불투명 효과를 내는 회화-옮긴이), 유화 등 그림에 대해 그리고 실수하는 것이 왜 괜찮은지에 대해 이야기해주셨다. 그러고는 언젠가 자신의 작업실에 한번 놀러 오라고 테디를 초대하셨다. 테디는 할아버지의 열렬한 관심에 기뻐하면서 할아버지의 말씀을 귀담아듣고 고개를 끄덕였다. 두 사람은 태평양을 건너 그림을 주고받는 그림 펜팔이 되기로 했다. 아버지가 테디에게 말씀하셨다.

"네가 내게 그림을 보내면 나도 네게 그림을 하나 보내줄게. 알았지?"

테디가 고개를 끄덕이더니 나를 바라보며 물었다.

"괜찮죠, 엄마?"

우리는 항구가 내려다보이는 서예 체험 전시관을 발견했다. 바닥부터 천장까지 이어진 통유리창에 **물**, **하늘**, **바다**, **바람**을 뜻하는 한자가 찍혀 있었다. 이 전시에서는 방문객들이 빨리 마르는 표면에 세 가지 종류의 붓을 이용해 물로 서예를 연습할 수 있었다. 몇 분 후면 글씨가 마르고 사라져 다른 사람이 다시 글씨를 쓸 수 있었다.

우리는 각자 도구를 골랐다. 그리고 생각할 틈도 없이 아버지와 나는 곧바로 서로를 빠르게 스케치하기 시작했다. 이 장난스러운 그림 대결에는 들뜬 즐거움이 있었다. 아버지는 내가 머리를 틀어 올리고 있는 모습을, 나는 아버지가 야구 모자를 쓴 채 활짝 웃고 있는 모습을 그렸다. 펠릭스와 테디가 그 광경을 지켜보면서 낄낄거렸고, 매트는 뒤로 물러서서 우리 모두의 사진을 찍었다.

"이래서 가족은 그리기가 힘들어."

아버지가 조용히 말씀하셨다.

"늘 자기를 잘못 그렸다고 생각하거든."

어쩌면 나는 아버지를 잘못 이해했는지 모른다. 어쩌면 근육에 대한 이번 탐구를 통해 내가 배운 것은 아버지가 뻗고, 자라고, 변할 수 있는 여지를 허락하는 것일지도 모른다. 아버지를 아버지가 아닌 다른 사람이 되게 할 순 없다. 하지만 근육은 가능성을 품고 있다. 그것이 잠재력, 앞으로 바뀔 수도 있다는 가능성이 아니고 무엇이겠는가?

아버지가 박물관에서 내게 물으셨다.

"그래서 나한테 뭘 묻고 싶은 거야?"

아버지는 어느 정도 내가 아버지에게서 어떤 대답을 얻길 기다리고 있다는 걸 알고 계셨기 때문에 나는 웃으면서 짧고 솔직하게 답했다.

"그냥 아버지와 함께 있고 싶어요."

집으로 돌아온 후 테디와 나는 함께 그림을 그렸다. 나는 시각 예술이 움직이는 대상을 관찰하고, 손을 움직여 그 모습을 포착하고, 관객의 눈을 통해 감상되는 움직임의 기록이라는 사실을 다시금 떠올렸다. 이제 내게 예술은 다른 의

미이지만, 그것이 다시 새로운 것, 아들과 소통할 수 있는 언어가 됐다는 점이 좋다. 이 책의 시작과 끝에 나오는 근육 그림을 그릴 때 아들은 좋은 친구가 되어주었다. 그림을 그리는 중간중간 우리는 버피 테스트를 하거나 블록 주변을 몇 바퀴 돌곤 했는데, 이는 우리 집에 남아 있는 팬데믹 시기 체육 수업의 유물이다. 우리는 우리만의 머슬 아카데미를 개발하고 있다.

얼마 전 테디가 자신이 그린 자화상을 할아버지께 보내 어떤지 물어봐달라고 부탁했다. 아버지는 테디가 그림에 자신만의 독특한 개성을 잘 표현했다고 칭찬해주셨다.

타고난 기질과 후천적 양육은 사실 상반되는 개념이 아니다. 모든 가정에서 이 둘은 끊임없이 맞물려 작용한다. 우리는 부모님을 기쁘게 해드리려 애쓰고, 자녀들을 기쁘게 해주려 애쓴다. 이 반복되는 패턴 속에서 우리는 영원히 양쪽을 만족시키려 할 것이다. 그리고 이 둘 사이를 조율하는 과정 어딘가에 재발견의 기회가 있다.

'근육 만들어볼게.' 실제로 그렇게 했을 때 나는 처음으로 내게 능력이 있다고 느꼈다. 지금껏 삶을 살아올 수 있게 한 원동력은 이러한 근본적인 자부심이었다.

몇 년 전 아이들이 어렸을 때 아버지가 드물게 캘리포니아에 있는 우리를 보러 오셨던 일이 생각난다. 아버지는 내가 그림을 그리기 시작한 스케치북을 넘기며 진지하게 다시 그림을 그려보라고 격려해주셨다.

"안 될 게 뭐 있어?"

그 말은 내가 오랫동안 느끼지 못했던 무언가를 느끼게 해주었는데, 그것은 꼭 예술에 관한 것이 아니었다.

아버지는 내가 무엇이든 할 수 있다고 느끼게 해주셨다.

감사의 글

곧 이 책은 제 발로 일어나 제 갈 길을 가게 될 것이다. 그 전에 이 책이 세상에 나올 수 있도록 도와주신 많은 따뜻하고 훌륭한 분들께 감사의 인사를 전하고 싶다.

믿을 수 없을 만큼 대단한 얀 토드, 댄 오코너, 에보니 잉그램, 조이 존스, 로빈 엡에게 깊은 감사의 마음을 전한다. 이들은 일상 속에서도 공중 부양이 가능하다는 것을 보여주었다. 점보와 그 자신의 이야기를 들려주신 시아버지 짐 엘리엇, 기품이 무엇인지 아는 매튜 샌포드, 안젤리크 렐레, 몰리 바흐만, 낯선 사람을 가족으로 맞아 잠시 머물도록 해준 스티븐스 가족(쿠, 미스티, 렐마)에게도 깊은 감사의 뜻을 표한다. 이분들 덕분에 나는 영원히 달라졌다. 사막에서 나를 돌봐준 페이지 베스먼과 쉬 캐리스 허 하우스She Carries Her House 팀에게도 감사드린다. 앞으로 어떤 일이 벌어질지 기대된다.

신체가 부리는 마법이 각 신체 부위의 합보다 훨씬 더 크다는 것을 보여준 앰버 피츠시몬스, 매디 노리스, 바비 클라인, 다나 로드, 근육과 움직임의 모든 과학적 원리를 인내심 있게 설명해준 다니엘 울퍼트, 대커 켈트너, 애덤 샤플스, 다니엘 터너, 마그네 룬드-한센, 해리스 매스킷, 케빈 딘에게 진심으로 감사의 뜻을 표한다. 이들이 나눠준 친절과 전문 지식이 없었다면 이 책은 나올 수 없었을 것이다. 방대한 지식의 세계로 들어가는 문을 열어준 UCSF, 노르웨이 스포츠 과학 학교, 영국 도서관에도 특별히 감사드린다.

다니엘 스베트코프Danielle Svetcov, 대리인, 슈퍼 영웅, 소중한 친구들에게 고맙다. 덕분에 내 삶이 점점 더 나아지고 있다는 것 외에 무슨 말을 더 할 수 있을까.

믿음직한 독자이자, 응원단이자, 내 두뇌와 마음의 발판이 되어준 린제이 스키바Lynsay Skiba, 제니 푸Jenny Fu, 캐롤라인 폴Caroline Paul, 레이철 레빈Rachel Levin, 크리스 콜린Chris Colin에게 큰 사랑을 보낸다.

반짝반짝 빛나는 나의 편집자 에이미 개쉬Amy Gash에게 감사한다. 처음부터 당신이 내게 딱 맞는 사람이라는 걸 알고 있었어요. 앨곤퀸 북스Algonquin Books는 정말로 내 가족이나 다름없다. 여러분 모두를 사랑합니다. 데브라 린Debra Linn, 마이클 맥켄지Michael McKenzie, 브런슨 홀Brunson Hoole, 벳시 글릭Betsy Gleick, 크리스토퍼 모이산Christopher Moisan, 캐시 쇼트Cathy Schott, 스티브 고드윈Steve Godwin…, 제 비전을 알아봐주시고 팀에 합류해

주서서 감사합니다. 스티브 칼린다Steve Kalinda, 아름다운 표지를 그려주셔서 감사합니다. 엘리자베스 존슨Elizabeth Johnson, 당신은 교열의 천재이자 진정한 보석입니다.

내가 하는 일은 수많은 사람의 전방위적인 사랑과 지지 덕분에 가능하다. 안나 벨라Anna Vella, 에스더 착Esther Chak, 마라 글래드스톤Mara Gladstone, 프랜시스 던컨Frances Duncan, 제임스 윌슨James Wilson, 톰 데이비슨Tom Davidson, 멜리사 깁슨Melissa Gibson, 미셸 카푸토Michele Caputo, 미렉 보루타Mirek Boruta, 나는 이분들께 많은 빚을 졌다. 부트캠프에 함께해주고 배꼽 잡는 웃음을 선사해준 사라 맥카시Sarah McCarthy, 새벽부터 함께 움직이고 이런저런 이야기를 나눠준 주헤어 벨쿠라Zouhair Belkoura, 다정하게 내 손을 잡아주고 해부학 실습에 적합한 옷을 입혀준 제시카 배스Jessica Bath에게도 감사한다.

나의 글쓰기 인생에서 오랫동안 특별한 의미를 지녀온 뜻밖의 안식처, 메사 레퓨지Mesa Refuge에 감사드린다. 이곳은 내가 이 책을 정말로 쓰고 싶다는 것을 깨달은 곳이기도 하다(리즈 로스너Liz Rosner, 당신의 은혜와 좋은 기운 덕분에 제 머리와 부러진 갈비뼈가 다시 괜찮아질 수 있겠다는 생각이 들었어요). 보라색 꿈의 집에 초대해준 레베카 스클루트Rebecca Skloot에게 큰 사랑을 전한다. 볼리나스Bolinas의 마법을 나

뉘준 린다Lynda와 밥 발잔Bob Balzan에게도 늘 감사한다.

책을 퍼내는 데는 아주 오랜 시간이 걸린다. 내가 작은 시도들, 이상한 실험들을 마음껏 해보고 결국 여기까지 올 수 있게 해준 모든 편집자와 그 과정에서 나를 지탱해준 글쓰기 커뮤니티(그중에서도 라이터스 그로토Writers Grotto와 노토Notto)에 진심으로 감사드린다.

내게 든든한 사랑의 토대가 되어주신 어머니께,

예술과 운동에 관한 것이라면 뭐든 늘 함께 고민해주시는 아버지께,

나의 첫 번째이자 최고의 스파링 상대이며 진정한 친구인 오빠 앤디에게 감사한다.

그리고 내가 가장 사랑하는 세 사람, 매트, 펠릭스, 테디에게 가장 큰 감사와 사랑을 전한다. 덕분에 불가능한 일도 가능해졌고, 팬데믹 시기 체육 수업까지도 특별하게 느껴졌어. 세 사람과 함께라면 무엇이든 해볼 가치가 있지.

**On
Muscle**

머슬

초판 1쇄 인쇄 2025년 9월 16일
초판 1쇄 발행 2025년 9월 30일

지은이 보니 추이
옮긴이 정미진
펴낸이 유정연

이사 김귀분
책임편집 조현주 **기획편집** 신성식 유리슬아 황서연 정유진 **디자인** 안수진 기경란
마케팅 반지영 박중혁 하유정 **제작** 임정호 **경영지원** 박소영

펴낸곳 흐름출판(주) **출판등록** 제313-2003-199호(2003년 5월 28일)
주소 서울시 마포구 월드컵북로5길 48-9(서교동)
전화 (02)325-4944 **팩스** (02)325-4945 **이메일** book@hbooks.co.kr
홈페이지 http://www.hbooks.co.kr **블로그** blog.naver.com/nextwave7
출력·인쇄·제본 (주)삼광프린팅 **용지** 월드페이퍼(주)
후가공 (주)이지앤비(특허 제10-1081185호)

ISBN 978-89-6596-754-5 03840